中国网络文学双年选（2020—2021）·女频卷

肖映萱　邵燕君　主编
北京大学网络文学研究论坛　编选

漓江出版社
· 桂林 ·

图书在版编目（CIP）数据

中国网络文学双年选．2020—2021．女频卷 / 肖映萱，邵燕君主编；北京大学网络文学研究论坛编选．--桂林：漓江出版社，2022.3

ISBN 978-7-5407-9217-6

Ⅰ．①中… Ⅱ．①肖… ②邵… ③北… Ⅲ．①中国文学－当代文学－作品综合集 Ⅳ．①I217.1

中国版本图书馆 CIP 数据核字（2022）第 024612 号

ZHONGGUO WANGLUO WENXUE SHUANGNIANXUAN（2020—2021）· NÜPIN JUAN

中国网络文学双年选（2020—2021）· 女频卷

肖映萱　邵燕君　主编

北京大学网络文学研究论坛　编选

出版人：刘迪才

责任编辑：辛丽芳

书籍设计：石绍康

责任监印：张璐

出版发行：漓江出版社有限公司

社址：广西桂林市南环路 22 号　邮编：541002

发行电话：010-65699511　0773-2583322

传真：010-85891290　0773-2582200

邮购热线：0773-2582200

电子信箱：ljcbs@163.com

微信公众号：lijiangpress

印制：三河市中晟雅豪印务有限公司

［河北省三河市沟阳镇错桥村　邮编：065200］

开本：690 mm × 1000 mm　1/16

印张：23.75　字数：331 千字

版次：2022 年 3 月第 1 版

印次：2022 年 3 月第 1 次印刷

书号：ISBN 978-7-5407-9217-6

定价：52.00 元

目 录

contents

001 / 序言：女孩们的“叙世诗” 肖映萱

001 / 小蘑菇 一十四洲

029 / 克苏鲁也可以是童话——评一十四洲《小蘑菇》 徐 佳

032 / 薄 雾 微风几许

064 / 时间辗转，唯爱永恒——评微风几许《薄雾》 肖映萱

067 / 异世常见人口不可告人秘密相关调查报告 郑小陌说

102 / 爱生命，就像爱你——评郑小陌说《异世常见人口不可告人秘密相关调查报告》 刘心怡

105 / 欢迎来到噩梦游戏 薄暮冰轮

134 / 爱是永不止息——评薄暮冰轮《欢迎来到噩梦游戏》 王玉玊

137 / 寄生之子 群星观测

166 / 本文适合 9 岁至 99 岁阅读——评群星观测《寄生之子》 黄馨怡

170 / 爱呀河迷案录 扶他柠檬茶

203 / 这是一条“人间”的河流——评扶他柠檬茶《爱呀河迷案录》 王 鑫

206 / 装腔启示录 柳翠虎

235 / 起于“装腔”，止于“启示”——评柳翠虎《装腔启示录》 马 哲

238 / 十六和四十一 三水小草

268 / 把她还给她——评三水小草《十六和四十一》 许 婷

271 / 美人挑灯看剑 吾九殿

306 / 人间待少年——评吾九殿《美人挑灯看剑》 王玉玊

309 / 成何体统　七英俊
344 / 多重穿书的社畜猜心游戏——评七英俊《成何体统》　肖映萱

347 / 2020—2021 中国网络文学大事记

序言：女孩们的“叙世诗”

肖映萱

2021年10月，晋江文学城宣布将逐步实施“分年龄阅读推荐体系”[①]，一石激起千层浪，晋江要搞作品分级的消息立即引发网络热议。晋江的这一举措，究竟如何推行，是否如网友推测的那样能够开创国内文艺作品分级的先河，目前尚未可知。但晋江之所以敢于主动分级，这份底气很大程度来源于如今女频作品呈现出的多元化面貌，不必再去依仗“少儿不宜”的部分。以小众“女性向”文化起家的晋江，已经在大众商业化的道路上走了很远。2018年以来，短短数年间晋江的注册用户规模翻了一倍[②]。这一变化此前并未得到研究者足够的重视，半数新用户的涌入，必然使女性的文学土壤发生剧烈的酸碱变化，孕育出新的用户生态和类型趋势。老一代“大神”作者集体转入IP导向的写作后，一批被新用户供奉的新“大神”也已悄然改朝换代。此外，推动剧变的还有主流化诉求、外部审查目光的外因，以及代际更迭、媒介融合[③]的内因。比起已然“身相完成”的男频网络文学，以晋江为核心的女频世界正在历经一场至关重要的转型，过往关于女性网络文学的种种刻板印象，到了要被打破的时刻。

在2018—2019年的综述中，笔者将这一转型描述为“嗑CP”、玩设

① 2021年10月21日，晋江文学城向全站用户发送了一则《关于开始逐步实施分年龄阅读推荐体系的说明》的站内通知，宣布晋江出于保护未成年人的目的，将尝试进行作品的分年龄推荐工作，逐步“把作品按照不同的标签、类型及其他特点，做不同年龄的阅读推荐体系，让那些有争议的、尖锐的、思想性更复杂的文章，暂时远离那些心智还不够成熟的读者，同时也是留给成年人一个更加安心的阅读空间”，并会优先把“最受社会关注的小众题材按轻重缓急逐步做分级”。

② 数据来自晋江文学城“关于我们”。该数据由晋江官方公布，但并非逐月统计，且不定期更新，更新时会覆盖过往数据，因而只能依据笔者长期进行的跟踪记录。据统计，2017年7月晋江注册用户数量为2097万，2018年7月为2700万，最新数据为2021年10月，超过5000万。由此，大致可以得出2018年以来晋江注册用户数量翻倍的论断。

③ 参见邵燕君、肖映萱、吉云飞：《媒介融合 世代更迭——中国网络文学2016—2017年度综述》，《文艺理论与批评》2017年第6期。

定[①]的新趋势。而经历了2020年以来全球新冠疫情的突发现实，猛然进入“后疫情”时代的女作者们，更加鲜明地表现出了对世界的热切关注。她们纷纷从亲密关系的小小幻境中走出，大举朝着辽阔天地、星辰大海进军，以蓬勃的创造力、早熟的笔力和天真烂漫的理想主义，书写着属于女孩们的“叙世诗”。“叙世”的“世”，既是“世界设定”的“世”，即小说中推陈出新、花样繁多的世界观架构；也是“现实世界”的“世”，指向女作者们通过网络类型小说的诗性幻想，展现出的现实观照。

一、倒映现实的异世界幻想

近两年，科幻、恐怖、悬疑成了女频小说最常见的类型元素。作为纸媒时代就较为成熟的小说类型，传统科幻、悬疑推理和惊悚恐怖，过去一直处于网文版图的边缘地带。这些原本小众的题材如今却大放异彩，与女频的类型融合趋势直接相关。继穿越、重生之后，“系统”[②]成为女频最主流的网文结构方式，“系统发布多个任务—主角进入多个副本完成任务”的“主线/支线”结构，使一篇系统文得以容纳多种高度幻想的世界，大大丰富并鼓励了女频作者对世界设定的勇敢探索，并且将各种类型元素叠加、融合在一起。小众类型纷纷被召唤回归，形成了一个类型元素和世界设定的数据库，供作者任意调用。

写下这些作品的，大多是近几年才开启创作生涯并崭露头角的新作者[③]，她们对科幻、悬疑、恐怖等类型元素的熟练运用，展现出一种早熟的写作能力。这得益于她们身后丰富的多媒介文化资源，这一批“网生代”作者零时差地接收着全球流行文艺作品，与全世界的科幻、悬疑、恐怖爱好者们站在了同一起跑线上，而中国网络文学二十多年来孕育的成熟生产机制，赋予了她们在类型

① 参见肖映萱:《“嗑CP”、玩设定的女频新时代——2018—2019年中国网络文学女频综述》,《文艺理论与批评》2020年第1期。

② “系统”是由电子游戏的操作系统这一概念引申而来的世界设定。近年来“系统”越来越多地出现在网文当中,“系统”发布任务，主角完成任务，成为网文最常见的结构方式之一。

③ 本文提及的这类作者中，郑小陌说2013年开始在晋江发布作品，一十四洲2016年，微风几许2017年，她们的成名作都写于2018年之后，而群星观测2020年才开始写文,《寄生之子》是她的处女作。

小说创作上的先天优势。与已经冠上“经典”头衔的前辈作品相比，不同时代境遇倒映出不同的文学幻想，促使她们通过作品发起挑战，谱写属于她们的新篇章。

1. 科幻：“后大局观”与“去人类中心”的“后人类”想象

在女频的科幻热潮中，一十四洲的《小蘑菇》(晋江文学城)十分突出。它不仅是过去两年里女频最热的IP新作，斩获商业成绩与读者口碑双丰收的佳绩，更得到了传统科幻届的认可，摘下星云奖2020年度长篇小说银奖。《小蘑菇》的科幻题材，当然不是作者灵光一闪的开创，它承接自女频2011年以来的末世文写作脉络[①]。比起强调科学技术对世界的改变，甚至带有某种技术预言性质的传统科幻小说(science fiction)，女频的末世文或许更应该被理解为一种关于异世界的未来幻想(future fantasy)，它所涉及的“科学”是一种纯粹的设定，重要的不是技术的可操作性，而是设定发生之后，关于人类社会的“异托邦”寓言。此前的末世文，如非天夜翔的《二零一三》(晋江文学城，2011)，借鉴的是好莱坞科幻灾难大片的英雄主义内核，故事的主线是主角代表最后的人类挣扎求生，并在废墟中重建文明。在此基础上，《小蘑菇》最大的突破在于两种新变量的引入——克苏鲁的世界设定和非人类的主角，由此打开了一种全新的“后人类”想象。

克苏鲁(Cthulhu)是20世纪30年代美国恐怖小说家洛夫克拉夫特创造的远古邪神神话体系，近年来因美剧《怪奇物语》(2016)等影视作品的全球流行而被中国观众熟悉，并被《诡秘之主》(爱潜水的乌贼，起点中文网，2018)等作品转化为网络小说的流行世界设定。《小蘑菇》的克苏鲁设定，不仅表现在拼贴风的变异怪物，更抓住了“克味”(“克苏鲁风味”的简称)的核心要义——不可名状的恐怖、非理性反科学的混乱。小说中人类及所有物种相互“污染”

① 参见肖映萱:《劫后余生的异世界幻象图景——晋江2012年度耽美作品观察报告》，载《网络文学评论》第四辑，花城出版社，2013年11月。

的变异是毫无缘由、不可阻挡的，整个世界以荒诞的姿态摧枯拉朽地坠入深渊。正如现实中同样荒诞的新冠疫情，猝不及防地将全球日常秩序彻底搅乱。写在疫情之前的《小蘑菇》与其他克苏鲁网文，仿佛一种超前的寓言，以与过去完全不同的底层逻辑，颠覆了一贯的人类中心和发展主义叙事。

以往的灾难想象中，人类在生存危机面前总是表现出某种“大局观”，为了整体文明的保存可以不惜一切代价，如刘慈欣的《三体》，其著名的“黑暗森林法则”正是个中经典。而《小蘑菇》却说，人类为了所谓的“大局”付诸的所有“舍小谋大”的“牺牲”都是毫无意义的。宁可错杀绝不放过的疑似感染者，节节败退直到退居最后的“诺亚方舟”路途中放弃的所有次要阵地，无数的“蝼蚁”为“大局”而被割舍掉了，然而，人类不仅没有因此存活下来，还丢掉了最后的人性和尊严。一切努力都是徒劳的，陆夫人和玫瑰花园里女孩们的故事，更是打碎摇摇欲坠的“大局观”最猛烈的一击。作为繁育者被重重保护起来的女性，她们的生存只剩下唯一的目的——成为人类的子宫。物种在生殖中确实得到了延续，但如果只有生殖，她们还能被称为“人”吗？于是陆夫人主动推开窗，被蜜蜂感染成为蜂后，带领女孩们化身蜂群，她们终于第一次拥抱了自由的空气。人类失去了子宫，毁灭已成定局。不过故事的最后，作者通过设定给出了一个童话般的光明结尾，灭绝人性的“大局观”不能拯救的人类，最终被充满人性的“爱”拯救了。这或许是女性特有的温柔、女频网文固有的温情底色，但也不失为一种表态。它表明女孩们仍然相信世界的温暖和善意，相信人性的不朽，相信自由终将回归，相信爱能把风雨飘摇的世界重新黏合起来，治愈所有的裂痕。

垂死挣扎的人类社会仅能维持最低限度的“兽性”，一朵“非人”的小蘑菇却在旁观了人类的“末日审判”后获得了“人性”。非人类主角的设定，加强了《小蘑菇》的“后人类”特质，也带来了一种“去人类中心”的开放心态。这一主题在郑小陌说的《异世常见人口不可告人秘密相关调查报告》（晋江文学城，以下简称《异世报告》）中也是核心议题，小说的主角项静静每晚九点都会准时穿越到一个未知的异世界，进行为期一小时的冒险，结识那位因“想静静”而无意间召唤了她的“人”或“非人”。借助“快穿”（即快速穿越）结构，小说呈现了一场世界设定的盛宴，星际、虫族、赛博朋克、剑与屠龙骑士、魔法……每一种异世都不落窠臼，天马行空的想象力令人惊叹。而主角对待每种异世文明的态度，始终是给予最大程度的尊重，尽量不以己度“非人”，自觉地警惕着人类中心主义的狭隘。

在这两部作品中，作者借助世界设定进行了重重的人性试验，人类的各种属性被掰开揉碎了一点点剖析，人与自然、人性与兽性、人与权力、人与时间、人与自由、人如何面对恐惧和死亡……最终指向一个终极的叩问——何以为人？这构成了女频独特的“后人类”叙事。从亲密关系出发的女性，在面对世界时提出的第一重质疑，仍是关于人的心灵和秉性。

2. 悬疑、恐怖：治疗官能麻木的高度刺激

在近年的女频小说中，比科幻更加普遍的是悬疑、恐怖元素，不仅出现了刑侦文、惊悚文子类型的创作浪潮，如连载期间一直高居晋江文学城 VIP 金榜的《破云 2 · 吞海》（淮上）、《我在无限游戏里封神》（壶鱼辣椒）等热门作品，更广泛地融合进其他类型的叙事当中，把悬疑的烧脑和恐怖的肾上腺素飙升，打造成了女频网文最为流行的快感模式。

纸媒时代的悬疑和恐怖，为畅销书机制量身定做了一套固定的写作模式，有相对精致的文本结构和精准的读者定位，不容易适应网络媒介的超长篇连载形式，因此大多聚集在一些专门性的论坛空间①。主流文学网站发展至商业化成熟阶段后，恐怖、灵异、悬疑、推理等类型在垂直市场里也形成了各自的用户社群。而近年来女频中这类元素的全面复苏，却是对它们的泛化挪用，小说未必按照悬疑、恐怖的类型模式展开，但一定保留了烧脑、惊悚的阅读体验和

① 如 2001 年开版的天涯社区“莲蓬鬼话”，是中国最早的惊悚、悬疑类文学论坛，也是天涯社区最为活跃的文学版块之一。这里曾经孕育了天下霸唱的《鬼吹灯》系列，创造出网络盗墓文的全新子类型。

风格。如《小蘑菇》的克苏鲁本身就是一种恐怖设定——近年“克味”已经成了继“二次元欢脱风”之后又一种最时髦的小说风格，且男女频通吃;《异世报告》的男主虫哥是星际的虫族，其节肢动物的特殊形态——多节的肢体、锋利的外骨骼、黏液和复眼、卵生的繁殖方式，也是科幻电影里常见的恐怖元素；微风几许的《薄雾》(晋江文学城)则兼具悬疑和恐怖的双重特性，既有随时可能横死的惊悚气氛，又始终围绕着时空装置的玩法展开悬念，给科幻的内核增添了额外的刺激。

种种迹象表明，今天的女频读者是更加“重口味”的一代，她们不仅偏爱高度幻想，也追求高度刺激。这些“网生代”一直处于互联网信息的洪流当中，全球流行文艺消费市场针对她们的视觉、听觉、触觉等各种感官进行着大批量的工业生产，源源不断地塑造并满足着她们的欲望。这类感官刺激抬高了读者的阈值，她们需要的刺激越来越多、越来越强烈，消耗得也越来越快，逐渐进入了一种官能饥渴和官能麻木的状态，只有更多、更强的刺激才能引起她们的反应。以往女频网文的快感模式一直以情欲和情感为中心，当亲密关系的情欲张力被阻绝，就必须有其他的感官刺激充当替代物。“后净网”时代出现的第一种代偿是勾起口腹之欲的美食文，但显然食欲的最佳满足方式是亲自去吃。悬疑、恐怖在亲密关系反复书写的“甜”和“虐”之外，为女频网文创造了新的“爽点”和快感机制，成了女频读者新开掘的“肥宅快乐水”——可乐凭借糖分释放的荷尔蒙和二氧化碳对咽喉的冲击，成了让“肥宅”们快乐的情绪促进剂，而悬疑、恐怖带来的烧脑感和肾上腺素，造成了电击一般的生理刺激，也能起到相似的情绪促进作用。近年来线下火爆的剧本杀、密室逃脱等真人冒险游戏，以及类似题材的影视剧、动漫、电子游戏，也致力于激发好奇和恐惧，但无论是线下还是线上的一切文化消费产品中，唯有网络小说的庞大数量、低廉成本与类型写作的成熟程度，足以匹配这种官能麻木状态下的刺激需求。

此外，在“后疫情”的失序前景下，对于后现代都市生活图景中原子化的个人，世界是一团失焦的混沌。当小说的世界设定也趋于非理性、反科学、神秘主义，一切都失去了确定性，脚下的土地仿佛下一刻就会坍塌，人物的行动也不再建构意义。此时悬疑、恐怖带来的刺激，就提供了一种对自我存在的另类确认方式，给了读者一个感知这个世界的焦点，使之短暂地脱离自我失焦的状态。

二、回归女性自身的现世关怀

“叙世”的另一个侧面是现实世界。在网络小说中，高度幻想的设定与对现实世界的反映并不矛盾，甚至恰恰是互为表里的——“非日常”的世界设定可能蕴含着“异托邦”的社会观照，看似贴近现实的题材类型则往往异常魔幻、荒诞。重要的并非是否以现实为题材，而是在作品中是否寄寓了现世关怀。如果说科幻的“后人类”想象和悬疑、恐怖带来的刺激，是对社会的宏观倒映和对时代情绪的疗愈，那么另一些更具现实指向性的女频作品呈现的，就是与女性现实处境的正面交锋。

1. 职场：从“卷”到“苟”的“后丛林”转向

职场，一直是女性的性别身份、性别经验、社会境遇与生存困境最为集中的场合，不同的职场想象，即是女性投射、疏解这些问题和焦虑的不同方法的演示。在近期的作品中，七英俊的《成何体统》（微博）与柳翠虎的《装腔启示录》（豆瓣阅读），一个通过宫斗做职场的幻想模拟，一个描绘充满真实细节的现实白领生活，却异曲同工地传达出当下女频小说的职场想象从丛林法则到“后丛林”的转向。

自 2006 年的《后宫·甄嬛传》（流潋紫，晋江原创网 / 新浪博客）后，宫斗文就被赋予了某种“职场生存指南”的意义，后宫是将工作焦虑放大为生存危机的模拟职场。这一类型叙事的前提，是对弱肉强食、以恶制恶的丛林法则的绝对服从。这种服从是根深蒂固的，打心底里认为它天经地义、不可动摇，再没有别的出路，于是只能去“斗”。这种逻辑与当前流行的“内卷”有着极相似的内核，甚至完全可以用“内卷”来解读宫斗——皇帝即老板，嫔妃则是相同跑道内竞争的对手，大家都“卷/斗”起来了，女主角也就不得不“卷/斗”。而七英俊的《成何体统》借助穿书[①]的设定，让一位职场社畜[②]穿越到一篇宫斗穿书文中，不仅道出了宫斗即职场的本质，更把“斗”和“卷”的底层逻辑彻底抽掉了：宫斗只是小说的套路，那看似牢不可破的丛林法则只是纸糊的囚笼，既然大家本质上都是被压榨的职场社畜，何必把丛林游戏玩得那么认真，“斗”啊“卷”啊，不如一起坐下来吃小火锅，全世界“打工人”团结起来，“苟”过去得了！“苟”，这种由“苟且偷生”引申而来的人生态度，在抵抗“内卷”的社会处境中具有了某种反抗性。而《成何体统》穿到穿书文中的多重穿书设定，又进一步戳破了丛林法则的虚假性。穿书文的一种主流套路是，读者穿越到原本的“炮灰”角色身上，抢夺“胜利者”的故事线，实现命运的对调。作为“天外来客”的主角轻易地看透了这一套路，深知“炮灰”与“胜利者”之间的所谓“逆袭”，也仍旧是社畜之间无意义的“内卷”，“胜利者”还是困在笼子里的“纸片人”。赢得“内卷”不再是主角的终极目标了，至少不值得为它掉进以恶制恶的旋涡，只有跳出宫墙、逃出丛林去看看外面的世界，才无愧于现代女性的自由灵魂。此时，“苟”下去，不与恶法同流合污，就成了对“卷”、对丛林法则最大的反抗。

相比之下，《装腔启示录》所描绘的真实职场，乍一看简直将“内卷”逻辑贯彻到了极致：女主角毕业于名校，在北京国贸的律所工作，这里连空气都充斥着金钱和权力的味道，她与身边那些看似光鲜亮丽的精英，背地里各有各的困窘，只好变着法暗中较劲，比品位，比腔调。“装腔”成了她们标榜自己与众不同和优越感的方式，也是阶级固化的阴影下，她们最后的体面和保护色，用

① “穿书”即穿越到一本书中，这是网络小说近年来十分流行的一种情节设定。一般穿到书中的读者对原书情节会有大致的印象但记不清细节，且对自己身在书中、其他人物皆是“纸片人”有着较高的自觉。

② “社畜”即日语“しゃちく”，是日本上班族对自己被公司像畜生一样压榨的自嘲，近来成为中国互联网的流行语，与职场“打工人”类似，都是当下青年对职场境遇的特殊表达。

以掩盖实现不了阶级跃升的绝望。而《装腔启示录》对“内卷”更深的反讽，来自作者柳翠虎的亲身示范——这部小说带有鲜明的自传色彩，柳翠虎曾有与主角相似的履历，她最终放弃了“内卷”的人生，“弃法从文”投向了网络小说创作。这一改换赛道的选择，虽然仍可能是换一个地方继续“卷”，但至少离开了“996”的职场，走上了一条更具风险性但也更自由的另类道路，未尝不是一种“苟”的表现。

这两部作品从不同的侧面切入职场现实，殊途同归地显示出从“卷”到“苟”的“后丛林”转向，这或许也与“后疫情”的生存状况有关。早在疫情暴发之前，女性就已经窥见了丛林之外的缝隙，而全球疫情对日常生活的彻底摧毁，让她们越发清晰地辨识出笼子的边界：在日常秩序随时可能崩塌的前景中，没有什么比生活本身更重要，拼命去争去抢的“内卷”像是个笑话，即使赢了，能得到的奖赏也不过如此，不可能再像前代人那样实现一步登天的美梦。与此同时，把人生当成一种体验而不是一场竞赛的“体验经济”兴起，鼓励人们尝试更多的可能性，成了“内卷”的对立面。女性辗转于两端之间，试图寻找一个平衡点，既保障生存，又率性自由，这或许才是更高明的游戏玩法、更高级的“装腔”。

2.“无 CP”：女性写作的无限潜能

“无 CP”的类型标签，是一种特定历史情境下的产物，它的发明最初是为了规避纯爱类型的风险[①]，却恰好为女频不以亲密关系为核心的叙事预留了空间。这一特殊的类型，因其既非言情又非纯爱的残余物性质，天然地带有某种反叛性——选择“无 CP”，往往意味着作者主动规避了既有的亲密关系叙事，要另辟蹊径，为作品造一个新的“核”。这无疑是一项难度颇高的挑战，但也迫使女频叙事去挖掘更加多元化的潜力。因此，扶他柠檬茶的《爱呀河迷案录》（微博）、三水小草的《十六和四十一》（晋江文学城）、群星观测的《寄生之子》

① “无 CP”是 2014 年 6 月晋江文学城在“性向”分类下新增的标签，旨在为以情节为主、与爱情无关的小说归类。但在这一“净网”的特殊时间点上，“无 CP”很大程度上成了此后一段时间里纯爱类型的避风港。

（晋江文学城）这三部各具特色的“无 CP”作品，在过去两年的女频世界里就显得格外引人瞩目。它们分别向着现实主义、女性主义、儿童文学的道路出发，大刀阔斧地拓展了网络女性书写的疆域。

其中，《爱呀河迷案录》最为特殊，这是一部在微博连载的中短篇小说集，它把微博舆论场中正在发生的热点事件，改造成了爱呀河小区里的一桩桩离奇案件。这些故事没有遵循网络类型文的写作惯式，而是在微博的特殊场域中，让中短篇小说的文本形态和杂文式的现实讽喻传统，重新进入了网络读者的视野。每一个故事读起来都无比现实，因为压垮骆驼的每一根稻草都真实存在；但同时又无比魔幻，因为真实的人生中根本塞不下这么多的现实——是过量的现实，把主人公们逼上了绝路。小说浓缩地、集中地展示了现实社会中尚未愈合、仍在渗血的伤口，用鲜活的悲剧引人深思，与现实主义文学试图穿透时代、为现实问题把脉，有着非常相似的质地。这种特殊的尝试，充分展现了女性直面现实，将其转化为“网络现实主义”文学的潜力。

《十六和四十一》实现“无 CP”的方式，则是将关注点聚焦于女性内部，讲述一对单亲家庭的母女互换身体的故事。这部小说可以看作《枕边有你》（三水小草，晋江文学城）的续作，只是互换身体的双方从男女两性变成了母女之间。作者在这类性别身份的试验中，尝试疏解女性的性别焦虑和母职焦虑，这可以视为“网络女性主义”的性别意识探索在网文创作中的实践操演。

《寄生之子》的“无 CP”以星际科幻类型为介质，主角是附身于地球少年的外星生物，因其孩童的视角，给小说带来了一种儿童文学般的阅读体验。这种儿童文学就像“适合 9 至 99 岁公民阅读”的《儿童文学》杂志一样，绝不只是“写给儿童看”的。支撑《寄生之子》的“核”，是自由、平等和无邪的友谊，是善良、勇敢的赤子之心。因此，这部小说确实老少咸宜，开启了女频作品真正的全年龄可能性，这或许是晋江推行“分年龄阅读推荐体系”之后最希望见到的一种可能性，也为“网络现实主义”的布局增添了现实主义童话的维度。

三、言情模式的现实折射

无论在“叙世”上做了多少拓展，时至今日言情仍旧是女频网文的核心叙事，小说在展现世界设定或现世关怀的同时，也同样重视亲密关系想象。

近年来，“圈层化”逐渐成为互联网社群的常态，而日臻成熟的网络文学也理应进入市场细分阶段，从“大众文化”走向“分众文化”。男频在经历免费阅读与付费阅读的混战后，以收费模式为界，划出了大众与小众、“小白”与“老白”的界线。而女频从一开始就存在几股不同的势力：以晋江为代表的“女性向”高塔，由阅文旗下其他女频网站（如起点女生网、云起书院、红袖添香、潇湘书院等）组成的商业化矩阵，在粉丝拥护下坚持无偿“为爱发电”的零星小岛（如作者个人的微博/微信公众号，以及各大同人站点）。不同的商业模式在女频早已形成了各自的舒适区，而2018年以来的免费阅读浪潮，更大的意义是为女频版图拓展了年龄的广度。例如，此前女频主流读者的年龄层为18—35岁，而免费阅读的多宝文却成功俘虏了29—50岁的女性[①]。女频读者选择去哪里看文、看什么样的文，很大程度上不由付费与否决定，而是不同圈层自然生发的不同取向。因此，各个圈层的女频言情模式，便呈现出截然不同的风景。

然而，言情的亲密关系叙事，总是精准地折射女性婚恋价值与性别意识的微妙变化，即使在不同的圈层、平台以不同的类型面貌出现，也仍能殊途同归地反映一些相似的集体想象。过去两年里，各大女频网站的言情模式中，分别出现了四种较为特殊的子类型——买股文、马甲文、多宝文和女主升级文。它们的流行背后，是这个时代的女性全新的快感机制和性别想象，也无一例外是当下社会现实中女性爱欲与权力秩序的映射。

---

① 此前的主流读者年龄层，参考晋江文学城“关于我们－市场占有率”。多宝文的读者年龄层数据，来自笔者团队在番茄小说的协助下进行的问卷调查（回收有效问卷24638份），结果显示多宝文的读者中29—50岁的比例占到了49.55%。参见许婷、肖映萱：《由“一夫”至“多宝”：数字人文视角下女频小说的情感位移》，《文艺理论与批评》2021年第4期。

1. 买股文：选秀时代的爱欲与权力

买股是“嗑 CP”逻辑的最新形态，因而在粉丝文化较为高涨的平台中均有体现。买股文通常有一个女主和多个可能成为男主的男性角色，这种一对多的关系可以看作“乙女”①或“逆后宫”②模式的延续。与其说出现了一种新的文类，不如说是读者的阅读方式发生了变化，因为买股文实际上是由读者的买股行为定义的——她们在追文的过程中就像买股票一样挑选着男性角色，追一支热门股或押一支冷门潜力股，通过评论、投票的方式，左右作者的写作实践，影响角色的出场频率并决定男主花落谁家。这与粉丝文化中的选秀有着高度相似的逻辑：作者给出可供挑选的“秀男”角色，他们毫无疑问是“男色消费”的客体，通过不同的人物设定，充分满足女性审美趣味、情感结构和情欲想象等各种需求；读者参与买股的互动，目前以评论形式为主，与偶像粉丝真金白银的打榜行为，也有相似的数据逻辑。

买股行为背后，隐藏着特殊的阅读代入视角。参与买股的女读者代入的通常不是女主而是女主的母亲，要为女主——她的女儿挑选夫婿；或是“CP 粉”的角色，去嗑这个男性角色与女主的 CP 并为之应援。在这种渗透着选秀经济与流量逻辑的权力关系中，“嗑 CP”不再是圈地自萌、互不相干的平等权利，也变成了一件有“高低贵贱”的事，押对了宝的才是赢家。买股的阅读消费过程，鲜明地映照出选秀时代成为“男色消费”主体的女性特定的爱欲和权力关系想象。

2. 女频“爽文”：快感机制的拓展和女性意识的崛起

马甲文、多宝文和女主升级文是近年最为流行的女频“爽文”，前两种在付费或免费的商业化大众阅读平台风靡一时，后一种则在已然从小众走向大众的

---

① “乙女”来自日语的“おとめ”，意为“女孩子”，一般用来指称未婚的年轻女性。在日本，“乙女”是“女性向”更加细化的分类标签，如“乙女（向）”游戏，一般指女玩家操纵女主角，与可攻略男性角色（往往有两位以上）发生恋爱关系的恋爱养成游戏。

② “后宫”是皇帝坐拥嫔妃三千，“逆后宫”则是一个女生与多个男性建立情感关系，这是女频小说常见的一种人物关系想象。

晋江文学城蔚然成风。在这些以“爽”为宗旨的类型背后，不同“爽点”的变化预示着相同的趋势，表明今天的女性具有了更加独立自强的性别意识。

马甲文通常遵循这样的模式：看似平平无奇的女主，实际上有着许多个“马甲”，即不为人知的显赫身份，如异国公主、财团总裁、超级黑客、名校学霸等，因此每一个炮灰配角对她的轻视都会有“掉马”时刻的“打脸”反转；男主往往也“马甲”众多，两人“掉马”不停、装逼不止。一路烦花的《夫人你马甲又掉了》（潇湘书院）即是这一类型的代表作，靠着对以上套路的不断重复，长居阅文女频月票榜的前列。流行于番茄小说等免费阅读平台的多宝文，其套路则是女主意外发生一夜情，独自生下多胞胎，数年后多胞胎成长为多个天才儿童，为女主排忧解难，并在其与男主重逢后推动两人相爱[①]。这一次女主的“马甲”和“金手指”转移到了她的孩子们身上，作为母亲同样能够享受到装逼“打脸”的快感。可见女频的“YY”小说不仅有永远的“总裁”，还有永远的“玛丽苏”，简单粗暴大开“金手指”的快感机制依旧有效，只不过今天的女性更愿意把这些“金手指”点在女主和她的孩子们身上，不再单单寄望于男主。

马甲文和多宝文提供的逆袭、打脸、扮猪吃老虎等“爽点”，明显借鉴自男频的成熟模式，也正因如此，才在区分男女频的综合性商业平台尤为繁盛。而这一脉络在男频深耕已久，发展出了更多的花样，如最新的“稳健流”[②]，与之相比，女频的模式还处于较为初级的“小白”阶段。另一种在男频率先成熟，近年来才流行于女频的类型是女主升级文，它和女频常见的“女强”或“大女主文”的区别，在于层级鲜明的数值化“升级”体系，这也是男频文最主流的模式。不过，当“升级”碰上“网络女性主义”的性别意识，立即擦出了别样的火花，因此，晋江的女主升级文就出现了与其他平台截然不同的生态。

晋江的女主升级文往往极其偏重女主的“升级”或“事业线”，同时压抑着

① 参见许婷、肖映萱：《由“一夫”至“多宝”：数字人文视角下女频小说的情感位移》，《文艺理论与批评》2021 年第 4 期。

② “稳健流”是受到日本轻小说“慎勇流”影响出现的叙事套路。“慎勇”的名称取自日本轻小说《这个勇者明明超强却过分慎重》，其套路是主角明明很强大，却像有被迫害妄想症一样过分谨慎，真人不露相、扮猪吃老虎。后来这种“过分谨慎”的行为，就反过来让人脑补，把主角想象成特别强大。这都是“稳健流”扮猪吃老虎的反转和爽感模式。代表作有言归正传的《我师兄实在太稳健了》（起点中文网，2020）。

她的“感情线”——男主的存在绝对不能干扰女主“搞事业”，否则就会遭到读者“不务正业”的批判。如红刺北的《砸锅卖铁去上学》，靠讲述女主如何“升级”为星际最强单兵战士、最强机械师的故事，夺得了2020年晋江幻想言情类作品的第一名。小说的前半部几乎可以无视主角的性别身份，她从未因身为女性而被区别对待过，后期虽然加入了“感情线”，但被设定为星际最强指挥的男主，更多时候是来给女主的丰功伟业添砖加瓦的，这样的“感情线”更像是为了让女主的人生实现完满而附带的必要条件。这种对“事业心”的极致强调和对“恋爱脑”的过分压抑，与读者群体的价值取向有着直接的关系。这些读者在“网络女性主义”文化的洗礼中觉醒了性别革命意识，其中一部分进入了相对激进的状态。她们对小说的性别实践有着十分严苛的要求，既然要写“女强”就必须一“强”到底，否则就要打上“伪女强”乃至“厌女”的标签。这迫使作者不得不去塑造彻彻底底的“独立女性”，不能对父权制表现任何妥协。这样激进的性别革命，看似走向了犬儒的反面，实际是犬儒的另一种表现——她们只能将这种革命的暴力诉诸文学幻想，却无力处理现实的困境，挣不脱“女强”的执念，也就无法赋予性别更自由的发展可能。因此，这种女主升级文往往也难逃“升级”终将止步“小白”的命运，大多只能提供一“爽”到底的快感满足。

总体来说，过去两年的女频写作已经拓展出相当丰富多元的面向，无论是世界设定，还是现世关怀，抑或是爱欲、权力、快感机制的现实投射，都呈现了全新的面貌。虽然还有不甚成熟之处，但书写着这些“叙世诗”的“90后”“95后”乃至“00后”的女孩们，都还非常年轻。假以时日，她们必将把成长和岁月熔铸为亮丽的风景，为网文江湖献上更加精彩的表演。

小蘑菇

一十四洲

一十四洲，晋江文学城新生代人气作者，2016 年开始在晋江连载小说。创作题材以科幻、修仙两大类为主，尤其凭借科幻题材作品积累知名度，甚至“出圈”收获了一批非女频网文读者的粉丝。知名作品有《猫咪的玫瑰》(2017)、《C 语言修仙》(2019)。有理科和计算机相关背景，同时是文史哲爱好者。其作品设定瑰奇浪漫，将科学知识体系与文学想象力巧妙地结合，用女频作者特有的悲悯、柔软的笔触，抒发对人性、生存等命题的思考。

《小蘑菇》从 2019 年 10 月 17 日起开始在晋江文学城连载，2020 年 6 月 3 日完结，全文约 31 万字，连载期间长期位居晋江 VIP 金榜前列。2020 年 7 月由北京联合出版有限公司出版纸质书，此外其影视、动漫、有声书、海外出版等全版权开发均已签约，堪称 2020 年顶级网文 IP。2021 年 5 月，入围“第十二届全球华语科幻星云奖·2020 年度长篇小说”名单。小说带有近年来网文界流行的克苏鲁（Cthulhu）风格，由一朵小蘑菇进入人类社会寻找孢子的童话式开头，引出一段末世人类种族存亡史。

【标签】废土科幻　克苏鲁　童话

【简介】

2030年，地磁消失，地球暴露在宇宙射线和太阳风暴之中。百年过去，人类经历全球沙漠化、超级细菌等一系列天灾，在废土上建立了基地。如今他们最大的威胁来自全面变异的生物，一旦遭到基因污染，就会丧失自主意识，沦为异种。安折本是异种深渊里的一只小蘑菇，因获取了人类安泽的基因，化出人形，决定去基地找回自己丢失的孢子。“审判者”陆沨负责保卫基地的安全，拥有鉴别并处决异种的权力。他看到安折的第一眼，就怀疑他不是人类。安折却瞒过了基因检测系统，顺利混入基地。“审判者”和异种的故事就此展开，末日的危机也悄然逼近……

选文共有三段，分别来自正文第25章、第49至51章、第64至65章，对应小说《审判日》《玫瑰花》《默示录》三卷中的三次大灾难。第一段选文讲述的是虫潮入侵基地，侥幸逃过一劫的人们转移至暂时安全的6区。一场突如其来的暴雨却让仅存的超声驱散仪失效。城务所紧急挑选出一批年轻精英，作为“火种”运往主城。安折等人被骗上远去的列车，目睹了核弹将整个6区夷为平地。第二段选文讲述主城中掌管人类繁衍的陆夫人为了寻求个人的自由和尊严，宁愿变成蜂后，也要逃离囚禁、工具化女性的“伊甸园”。所有育龄期女性、幼童和胚胎都被陆夫人感染成了异种，人类失去了他们的未来。第三段选文讲述了安折和陆沨来到荒漠中的城市遗址，发现彼此污染的不只是生物基因，而是一切物质。任何有形之物都在畸变，世界陷入了无法解释的混乱，人类的科学认知体系终于彻底崩溃。三次灾难的危机感层层加码，不可名状的巨大恐惧逐步降临，足以见得小说宏大的构思和惊人的想象力。

【节选】

第25章

街道电线杆的顶端，广播装置循环放着机械女声的播报。

“目前6区物资充足，水电正常供应。城防所已实现超声驱散仪实时全方位严密保护。”

“气象台讯息，天气转阴，降雨概率大，请居民紧闭门窗，减少出行。”

“城务所面向全城的人员筛选已经开始，请符合要求的居民尽快前往城务所。下面重复待选人员要求……”

这是整条街上除去安折的脚步声外唯一的声音。基地出事后，城门封闭不允许进出，各个区域瘫痪，6区的气氛同样紧张。去城务所的路上，到处空空荡荡，只有楼壁上零星贴着的“反对《审判者》法案”的传单被风吹落，在地面飘荡。再多走一会儿，他注意到路上时不时有军方的装甲车经过，速度极快，都是开往门口方向的。

基地总共划分为8个区域，由驱散中心、城防所、审判庭共同确保城中安全，城务所和供给站管理城中事务。审判庭位于城门，城防所总部位于5区，驱散中心位于1区，城务所的总部建在6区——幸好是这样，城务所没有任何伤亡，维持正常运转，甚至还能招人。

城务所位于6区的中枢，背靠列车站点，旁边是警报塔。主体建筑是一栋七层大楼，中央是宽阔的办事大厅。此时此刻天已经完全阴下来了，明明是中午，气氛却像傍晚五六点一样昏沉，黑压压的云仿佛下一刻就要倾泻在城务所的建筑上。

直到走进大厅后，安折才终于感受到活人的气息。这里有五六百人，分成两条长队，都是一些年轻面孔。

他们招人的要求一直在广播里重复，安折也听见了——年龄必须在 18—25 岁，无疾病，无残疾，无犯罪记录，无言论不当记录。他对此思忖很久，自己虽然进过监狱，但只是被陆沨口头定罪，或许还没来得及录入系统。

而满足基础条件后，又有附加要求：应聘文职者，至少完成过三门基地基础课程；非文职者，必须以佣兵身份获得过五千以上基地货币的奖励。

光这两条要求，就能筛掉基地里绝大多数年轻人了。譬如乔西，他十几岁的时候没有选择学习基地的基础课程，而是跟着佣兵团训练，然而他身为佣兵的成绩也不算出色，功勋直到现在也没能到五千。

安折走进去，排在文职的队伍末尾，他可能来晚了，也可能天气太差，后面再没有别人了。

原本队伍末尾的那人听见他的脚步声，回头望了他一眼。

四目相对。

安折感到空气中弥漫着一丝尴尬。

下一刻，安折把目光移到旁边的墙壁，而那年轻人也迅速把头撇开了。

原因无他，他们也算得上是熟人，这就是最开始拉着安折去游行，喊他战友的那个男孩。就在昨天，城门处，他混在反对审判者的示威人群里，还和安折打了招呼。

然而，安折当场就披着审判者的衣服，和审判者一起离开了。

他不想搭理安折，安折也并不想搭理他，他们就这样沉默着排队。面试官是个戴着银边细框眼镜、五官精致薄冷的男人，一看就不好相处。但奇怪的是，队伍的缩短速度很快，每个人只被简单询问几个问题，就被引入大厅后的另一个通道。偶尔有几个被请离的，但数量极少。

不过一个半小时，队伍就只剩下零星几个人，轮到安折前面那男孩了。

面试官却打了一个暂停的手势，拿起了通讯器。

“麻烦转告陆上校，请他务必来一趟，以最快的速度，最多五分钟。”安折听见他说道，“将这些人送往主城已经是破例。主城安全是最重要的事情，不能出任何差错，审判者必须到场。”

“主城？”安折前面那男孩惊讶道，“去主城？不是城务所招人吗？”

“现在的情况确实是我们不想看到的，天气的剧烈变化没有被预测到，驱散中心收复不是短时间内能完成的事情。为了保证主城安全，审判者必须和我们一起撤离。人类利益高于一切，请你们记住这句话。”

说罢，他搁下通讯器，看了安折前面那男孩一眼。

男孩把ID卡放在感应器上，屏幕跳出信息。

姓名：柯林

年龄：21

ID：3260070412

面试官面前另有一块屏幕，安折想那应该是更加详细的信息。

柯林主动道：“我完成了数学、物理、生物的基础课程。”

面试官微一颔首，将ID卡还给他，道：“右转出去。”

下一个轮到安折。

他刷过卡片后，依照安泽以前的经历回答：“我完成了文学、语言学和经济学课程。”

“成绩不错。”面试官道。

就在此时，外面忽然响起浩大的雨声。

面试官将卡片塞回他手里，语速极快：“快去！”

安折快步跟上柯林走进右边的过道，过道后是一道玻璃廊桥，此时已经被硕大又密集的雨滴溅出密密麻麻的水花，完全看不清外面的情形。他们快步往前，却见这条廊桥所连接着的是列车站的站台，站台旁有个黑色衣服的地面交通指挥员。

“我爸还不知道呢！”柯林问他道，“现在就要去主城吗?！”

指挥员拽住他的胳膊，将他塞进车厢内，说："别废话！"

安折随即也被塞了进去，列车里坐得满满当当。柯林在疯狂拨通讯器，但没打通。他们一路到了最后一节车厢——这里倒是空的。

安折在角落处坐下，他后面就是列车的后车窗，能清晰看见后方景象，铁轨被淹没在茫茫雨雾里。柯林则坐在离他最远的地方，一边不停拨通讯器，一边自言自语："不对，肯定有问题，我得回去——"

他几乎是从座位上跳起来，随之而来的却是整条列车上所有车门同时紧闭的声音。

柯林狠狠捶了几下车门，却根本捶不动，反而引来了列车上的工作人员。

"好好坐下！"列车员是个强壮的男人，"马上就能去主城了，闹什么？"

"我爸还不知道呢。"柯林道，"我不能突然就走了，你们是不是有什么事情瞒着我们？"

列车员沉默了三秒，道："你爸会替你高兴的。"

柯林在座位上大口喘着气："不对，不对……"

但他"不对"了半天，也没有说出任何所以然来，只能转而继续捣鼓通讯器。

安折在角落安静等着，五分钟后远处传来车门响和几声说话声，大约十分钟过后，整节车厢忽然静了静。

"审判者来检查了。"他前面有人小声道。

随之而来的是脚步声。两个人，军靴特有的那种声响，很容易认出来。

脚步声越来越近的时候，他抬起头来。

然后正对上陆沨的眼睛。

"我的天。"陆沨身后的年轻审判官也看着他，道，"我们以为你没在。"

"我……在的。"安折看着陆沨的眼睛，心中有隐隐的不安，低声道，"是发生什么了吗？"

他第一次在陆沨的神态里看到那种东西，虽然这人的外表看起来和往日没有任何不同。

不是寒冷，很……沉。

陆沨道：“没事。”

他的通讯器传来声音：“情况怎样？”

陆沨：“确认安全。”

“收到。”

安折的不安逐渐放大，他仰头看着陆沨，陆沨也看着他，但没说话。

就在这时，柯林忽然声音颤抖嘶哑，道：“我知道了……我知道了……”

他转头看向一旁的列车员：“驱散仪还是失效了，是不是？是不是？”

“我学过物理，超声波，超声波是声波，声波传递要介质，现在大雨，空气温度、密度、气压全变了，介质变了，要重新调频率参数。但是，但是……”他扑过去，死死拽着列车员的胳膊，眼睛发红，浑身颤抖，“但是驱散中心没了，没办法调频了，是不是？原来的频率在大雨里失效了，是不是？”

他颤抖的话音落下，前面车厢里忽然传来一声尖叫。

“砰！”安折旁边的玻璃也猛地被撞了一下。

一只黑色的飞虫混着雨珠狠狠拍在了列车的玻璃上。安折看向窗外，飞虫六对血红色的复眼死死盯着他。他与这只有人的头颅那么大、胳膊那么长的虫子对视，然后目视着它在雨中飞起，撞向另一边窗户。

乒乒乓乓的撞击声连续不断在整辆列车外响起，一声尖锐的鸣笛后，安折看见车窗外面，穿荧光色制服的地面指挥员猛地打了一个向前的手势。

震颤声和轰鸣声同时响起来，几声哐当声响过后，列车缓缓启动，向前驶去。

柯林大叫一声，握着通讯器昏倒过去。

那个地面指挥员，被无数只大大小小的虫子一拥而上团团围住，雨幕里这些虫子也变成了模糊的影子。仅仅是五六秒之后，他的躯体就在这些影子的包围下，轰然向前倒在了地面上，溅起一片带血的水花。

列车的速度逐渐加快，转过一个弯后，他的身影彻底消失了。

安折睁大眼睛看着这一切，他站起来，面对着后面的车窗。

黑影。

铺天盖地的黑影，圆形的，长的，不规则的，地面上蜿蜒着的巨大蠕虫，和能够快速移动跳跃的、有巨大镰刀的昆虫。它们什么时候来的？或许就在大雨开始的那一秒。

车顶哐当作响，车窗的外玻璃出现几道裂缝，内玻璃还完好。

列车速度加快，向前飞驰而去，安折抬头望整个城市。

天上下的并不是雨。那些铺天盖地的东西，是混了血液的红色和绿色的雨滴、怪物、怪物的肢体、人的肢体的混合物，车窗隔绝了一部分声音，他仍然听见此起彼伏的尖叫和惨叫，还有车厢里面其他人干呕和颤抖的声响。大雨开始后，他在车里待了十分钟，他不知道外面正在发生一场什么样的屠杀，现在他能想象到了。

有多少人活着，多少人会死？

他想象不出，他看不见整座城市。

“基地昨天就做好了最坏的打算，”年轻审判官低声道，“转移年轻有用人员是应急手段的一种，只是我们没有想到，意外来得这么快。”

他声音有点哑：“抱歉。如果多给我们几天，军队或许就能够收回驱散中心，但是……”

但是没有时间了，谁都无法预测下一秒会发生什么——安折知道他想说什么，就像在深渊里，下一秒会发生什么，谁都不知道。

他将手贴在车玻璃上。车玻璃被血染了一层红色，混着一些组织的残屑。他看着外面，呼吸微微有些急促。

就这样，列车飞速驶离 6 区，血水渐渐淡了，车窗也被冲洗干净，变回透明。

在深渊里，他见过无数怪物的撕咬、挣扎、受伤和死亡。

可他从来没有见过这样，这样单方面的屠杀，顷刻间的沦亡。

他前面那人声音颤抖断断续续道：“就……这样，就……没了？”

就没了。

只需要一场雨。

安折看见成群黑色的飞鸟从视线最上方的边缘朝 6 区飞过去。

又过了几秒，他才注意到那些飞鸟的翼翅平展不动，向前直线行进。不是飞鸟，而是人类的战机——它们从主城的方向来，朝 6 区去，不出一分钟，已经悬停在 6 区警报塔的正上方。

他想这或许是主城对外城的援助。

于是他问：“要救人吗？”

“人类基因不能被怪物获取。”他听见陆沨道。

陆沨的声音平稳中带着一丝冰冷。几声脚步声响起，他也来到后窗前，站在了安折背后。安折能听见他的呼吸声，很近的距离，他只要往后稍稍一退，肩膀就会碰到陆沨的胸膛。

他听见陆沨对通讯器说了一句：“准备。”

是的，人类的基因不能让怪物获得。否则每当多一个人死去，世界上就会多一个或很多个具有高级智慧的异种。因此，无论是在野外还是基地，一旦出现感染，必须立刻击毙，尸体也要在焚化炉里销毁。所以，此时主城要派出兵力尽可能从外城救人，避免更多人被虫子感染——安折这样想。

他道：“……嗯。”

诗人和肖老板都在里面，希望他们能被救出来。

耳畔忽然响起轻轻的衣料摩擦声，陆沨伸出了手。安折不知道他要干什么，只是看着前方的画面，列车驶出了建筑区，进入外城和主城间空旷巨大的缓冲带。6、7、8 区林立的建筑在他视野里越来越远、越来越小，在雨雾中变成一片灰色的丛林。

一团刺眼的白光忽然从那里亮了起来！

安折本能地眯了眯眼，但强光仍然透过眼皮照进来，他眼前一片猩红明亮，然后突然归于黑暗——陆沨的手完全盖住了他的眼睛。

寂静和黑暗里，安折的感官被无限放大，三秒钟后，列车的地板、整个地面，忽然轻微震了一下。

银白的列车沿既定的轨道快速向前驶去，就在它的末尾车厢离开外城区域那一刻，一朵巨大的蘑菇云从6区升了起来。

第49章

（前略）

安折就这样被带到伊甸园的二十二层了，这里的气氛安宁，走廊的音响放着柔和的音乐，雪白的墙壁上绘满图案，都是花朵、蝴蝶、蜜蜂、云朵或圣母像之类的东西，与外面相比，这里像是另一个世界。

宽敞的走廊和大厅里，安折也遇到了别的女性，她们全都穿着洁白的长裙，披散着乌黑或栗棕的头发，面容宁静，见到陆夫人的时候对她友好地颔首致意。

在公共食堂的小隔间里，安折吃到了二十二层的晚饭，是加糖的牛奶、半只烤鸡和一碗蔬菜玉米汤。

吃完饭，夫人道："该把你的朋友送走了。"

莉莉对她撒娇："再让他待一会儿。"

夫人纵容她的要求，道："那和我一起去浇花。"

于是莉莉拉着安折的手，穿过雪白的大厅，来到了另一个圆形的房间。安折一眼就看到了这个房间里郁郁葱葱的红色与绿色，这个房间的中央被砌成一个几平方米大小的花圃，里面开满深红的玫瑰。

"我的爱人以前会从野外给我带来一些种子，"陆夫人对安折道，"后来陆沨也会做这件事，我记得你那天和他待在一起。"

安折点了点头。

“他很少愿意和别人离得很近。”陆夫人拿起了放在花架上的银色水壶。

就在此时，安折的余光里，忽然有什么东西闪了闪，他下意识转头，是这个房间的电视屏幕，没有人按遥控器，它自动打开了。

“应急反应部消息。”播报员的语速比平时快了许多，与此同时，屏幕上出现了安折的半身照片，“紧急抓捕该名嫌疑人，如有目击者，请立刻提供行踪消息。”

安折的身体微微绷紧，方才那长达一个小时的安宁似乎只是一种错觉，这个世界对他来说仍然危机四伏，他看向陆夫人。

却听陆夫人轻声道：“别怕。”

陆夫人的行为总是出乎安折的意料，他一开始以为夫人是基地规则坚决的拥护者，现在看来并不是。

安折：“您……”

“我不会帮你脱逃，但也暂时不会把你交出。”陆夫人微笑。

安折问她：“为什么？”

“他们总有很多理由抓捕一个人。”陆夫人的目光从屏幕上移开，她低下头，给她的玫瑰花丛浇水。那晶莹的水珠滚落在深红色花瓣的边缘，而后从碧绿的叶子上跌落下去，落进土壤里。“比如四十年前，他们抓捕了我的母亲。”

安折不知道她想说什么，但她好像很想讲一个故事。他遇到的很多人都想给他讲故事，好像每个人的心里都藏着一些值得追忆的往事一般。

于是他没有说话，只是静静听着。玫瑰花的芬芳环绕着他们，莉莉摘了一朵下来。她将花瓣从萼托上剥下，攥在手心，然后将它们向空中一抛，纷纷扬扬的花瓣就像一场雨一样，落了下来，落在她的头发和身上，也有一片落在了陆夫人的发梢。

“人类四基地，两万三千三百七十一名女性全票通过如下宣言：我自愿献身人类命运，接受基因实验，接受一切形式辅助生殖手段，为人类族群延续事业奋斗终身。”陆夫人用很轻的语气重复了一遍安折曾在莉莉口中听到过的那个《玫瑰花宣言》，只是，比起小女孩清脆欢快的声音，她的语调显得低沉。

“这条宣言被删去了一句话，一个前提条件，”陆夫人道，“在拥有基本人权的前提下，接受基因实验，接受一切形式辅助生殖手段。除此之外，宣言的发起者还与基地达成了共识，由女性来管理女性。”

她手指触碰着玫瑰花柔软的边缘：“不过，那是将近七十年前的事情了，那时候，一切都好像还有希望。人类命运就摆在面前，只要我们能够延续，事情就会好起来……假如我是当时的两万三千名女性之一，我也会毫不犹豫地同意。所有人都在牺牲，我愿意为人类利益做出力所能及的贡献。”

“那时候，胚胎的离体培养技术还没有成熟，孩子要在母亲体内待够至少七个月，基地希望为了更多的人口数量，她们子宫的休息时间不要超过十五天。”陆夫人抬头望着钢铁色泽的天花板，“生育的任务过于繁重，她们全部的生活都被破坏掉了，生命也在流逝。她们希望基地能够放宽要求，但是没有人同意。”

“自愿签订《玫瑰花宣言》的女性以及此后诞生的所有女孩，为这个宣言献身是理所当然的事情。而且，我们太需要人口了。灯塔和军方这样认为，主城和外城的大部分人也这样认为，连管理女性的女性都这样认为。”

她的语调温柔，这种温柔似乎能够勾起情感的共鸣。安折静静听着，他看见莉莉也安静地坐在了花圃的边沿。

“为了争取基本人权的保障，她们发起了一场抗议运动，是在四十年前，我的母亲是那场抗议运动的发起者——她好像也是《玫瑰花宣言》最初的几位发起者之一。”陆夫人笑了笑，“但所有影像和文字资料都被销毁了，那时候，我还太小，记不住太多事情。只能想起有一天晚上，统战中心的士兵闯进了我们的家门，她把我锁在房间里，再然后是一声枪响……我看见血从门缝下流进我的房间。再后来，我就被送进了伊甸园。”

“他们终于发现，只有将生育资源牢牢掌控在自己手中才是最有效的方法，于是他们删去了宣言中的那句话。新一代的女孩子们被集中在一起，由伊甸园教导长大，她们从小就牢记自己的职责，也不接受另外的教育。这样，基地不必担忧生育率的下降，也不会有女孩因为不间断的生育而感到丧失人权。”

她看向周围的墙壁，却又像是透过墙壁看着人类的整座基地：“我为此感到痛苦，但又知道我的痛苦只是微不足道的一部分。在这个地方，每一秒都有人死去。人类在这个时代生存下来的唯一手段就是变成一只整体的生物。不同职责的人是这只生物不同的器官，灯塔是大脑，军方是爪牙，外城的人们是血肉，建筑和城墙是皮肤，伊甸园是子宫。”

安折看着她，她仿佛读懂了安折的目光，道：“我从未怨恨这里。”

她俯身抱起了莉莉，莉莉将脑袋埋在了她的肩膀上。

“我只是经常困惑于一点，”她手指轻抚着莉莉的头发，道，“我们抗拒怪物和异种，抗拒外来基因对人类基因的污染，是为了保存作为人类独有的意志，避免被兽性统治……但为了达到这个目的，我们的所作所为，全部违背了人性的准则。而我们所组成的那个集体，它所做的所有事情，获取资源，壮大自身，繁衍后代，也都只能体现兽类的本性。人类实际上没有任何不同于外界怪物的地方，只不过因为大脑灵活，给自己的种种行为赋予了自欺欺人的意义。人类只是所有普通的动物中的一种，像所有生命一样诞生，也即将像所有生命一样消亡。”

陆夫人的眼睛有种死寂的神采：“人类的文明和它的科技一样不值一提。”

她不再说话了，抬头长久看着天花板。安折看见她的手掌按在一个深色的旋钮上，然后轻轻一转。

天花板上防止辐射的金属板轰然打开，这是伊甸园的顶层，玻璃外就是无垠的天光。夜晚是太阳风暂时停歇的时候，寂静的暮色和银河一起倾泻而下。

安折轻声道：“会有好起来的一天。”

或许真的会有审判者不必杀死自己同胞，士兵不必在野外牺牲，伊甸园的女孩子们也重获自由的一天。

“不会了。”陆夫人道，“这个世界彻底坏掉的时候快要到了。”

“莉莉，”她转向怀里的小女孩，道，“你想飞吗？”

安折看着她温柔的侧脸，听到这句话后，他背后忽然生起一股寒气。

莉莉抱住她的脖子，声音清脆，问道：“可以吗？就像司南那样吗？”

“可以的。”

这一刻，安折终于完全明白了司南让莉莉回到伊甸园的用意。

——与他们那时的猜测截然相反。

回到伊甸园，并不是因为伊甸园安全。

第50章

莉莉从陆夫人肩膀上抬起头，那双乌黑的眼瞳看着安折。她的眼睛里一直有一种特殊的色泽，雾沉沉的，让安折想起深渊里的生物。其实二十二层的每一位夫人和女孩都有这样一种不谙世事的神态，假如有审判官在这里，或许会断定她们并非真正的人类。假如一个人一出生就在伊甸园里，一辈子不能离开，那这个人与外面的人一定有不同之处。

安折的脑袋忽然微微一痛，那种波动又出现在了他的脑海里，但远远不如他深夜里所感受到的那样宏大而恐怖，而是具体得多，也近得多，仿佛源头就在他的身边。

他看着陆夫人，光线变幻，他在夫人的眼瞳里看到了一点似是而非的虹彩：“您……”

安折后退几步，他身后是每个房间都配备着的红色报警铃：“您不想做人了吗？”

陆夫人怔怔望着他，一颗眼泪从她眼眶里滚落。

“人类不会有希望了。”她道。

安折道："等陆沨回来……"

他话音未落，陆夫人忽然笑了起来。与此同时，眼泪从她眼里不断落下，她整个人在颤抖，像一片秋风中的落叶那样颤抖，右手捂紧嘴巴，只发出不成句的断续笑声。

"人类……带给我和我的孩子们太多痛苦了。"安折终于听到她开口。她或许是在疼惜陆沨，但下一刻，陆夫人的声音沙哑得可怕。

"陆沨……他比我坚定。他就像这个基地，为了人类的利益可以牺牲一切，但他永远得不到他想要的。"夫人伸手捏碎了一朵鲜红的玫瑰，尖刺扎进了她的手，但疼痛令她的声音更加镇定，"他想保护的东西都会被摧毁，他的信念是空中楼阁……他不得善终。不能亲眼看到他疯掉的那一天，不能看到这个基地覆灭的那一天……是我唯一的遗憾。"

这声音中隐藏的绝望的、悲伤的恨意让安折睁大了眼睛，他完全不知道发生了什么，难以置信地看向她。

玫瑰花瓣从陆夫人手里滑落，她的声音变轻了："我想做到的事情是离开这里。你来人类基地，来到他身边的目的又是什么，小异种？"

安折望着她，什么话都说不出来了。

但陆夫人好像并不想听他的回答，她的脖颈在变长，整个身体都在变化，拉伸弯折成诡异的弧度，然后膨起，胀大——

棕褐和漆黑的纹路在她身体上呈现，她的身体变成椭圆的蛹，手臂变成节肢动物细长的足肢，两对透明的翼翅撕裂洁白的长裙从后背生出来，短短一分钟之间，她就变成了一个半人半蜂的怪物。

那股诡异的波动愈发剧烈，但仅仅是笼罩着莉莉。莉莉的身体在这波动里也在发生同样的改变。

"时候快到了。人类的基因过于孱弱，感知不到这个世界正在发生的变化，也无法承受变异和选择，但其他生物也并不算强韧。"她轻声道，"我们都会死，我不仇恨人类，我为基地工作了三十五年，我减轻了女性的很多痛苦，也让基地每年生出更多新生儿。”

她微笑：“但在这场灾难面前，一切工作都是徒劳的，只是证明了人类的渺小和无力。我只不过是想在最后的和平时代，去感受那些我从没有得到过的东西。”

她的鞘翅在月色下闪闪发光，她的身体庞大、纤长、优美。

莉莉的变化先于她完成，她已经变成了一只稍小的蜂，在陆夫人身旁扑飞。她飞行的方式那样娴熟，像是与生俱来。安折在这只蜂上找不到一点儿和人类相似的地方。

安折看着陆夫人，却见陆夫人微微蹙起眉，闭上了眼睛。

她恬静的面容里微微有一些痛苦的神色，但随即，难以形容的变化就在她的头颅上生出，布满虹彩的复眼升起来，触角抽枝生长，属于人类的骨骼扭曲变形，变为坚硬的蜂蜜色甲壳质。这只生物的庞大和美丽远超安折所见过的昆虫类怪物，在这个六角形的蜂巢里，她就像蜂后。

沙沙声响起，是翅膀振动的声音，那透明的虫翅像是一条流淌的白纱抖了几抖，然后振直颤动，她的身体飞了起来，缓缓向穹顶上升，在接近那里的时候，猛地加速！

重重的震颤声响，坚实的玻璃穹顶出现蛛网状的裂痕。安折觉得穹顶的材质应当很坚固才对，但随着第二下、第三下撞击，哐当一声，无数玻璃碎屑迸溅出来，落在地面上和玫瑰花瓣里，像露珠一样。

警报被触动，整个房间里红光大作，警报声震耳欲聋。杂沓的脚步声响起，白色衬衫的工作人员破门而入，但看到眼前的这一幕时，他们都愣住了。

一个巨大的孔洞被撞了出来，莉莉化作的那只蜂飞出去，向上腾起，它的身影很快消失在茫茫的夜色中。

蜂后要慢一些，它站在穹顶的上方，头颅转动，向下看了一眼，或许它对这个地方仍然留有怀恋，然后缓缓转回头，翅膀微动，似乎打定主意要向上飞起。

然而，就在下一刻，翅膀的振动停止了，四下里死寂无声，那停止动作的翼翅像一个不祥的休止符。体形巨大的蜂后沐浴在月光里，它突然缓缓转身，一对灿金色的复眼直看着下面，下面的安折，以及整个伊甸园。

蜂后的右前肢探了进来，螯尖泛着冷冷锋利的银光，这一点螯尖逐渐放大，一整对前肢都进来了，随之探进来的是巨大的头颅。

安折心中陡然生起一股陌生之感。这动作太过诡异，打定主意离开这里、得到自由的陆夫人不会再回来，除非现在统治着这只蜂后的，已经不再是陆夫人；除非怪物的本能意识毫无意外、轻而易举地战胜了人类的精神。

一个完全的异种面对着伊甸园的人类，会做什么？

这一切都在短短几秒内发生，安折看着定在当场的工作人员，哑声道："……快走。"

然而就在话音落地的下一秒，蜂后扬起了头颅。一股无比强烈、难以形容的波动以它为中心，向这里的所有人席卷而来！

安折脑袋剧痛，一些模糊的画面在他眼前展开。

在安泽死前，他吸收掉他全身的血液和组织的时候，安泽过往的记忆像一幅幅图画在他脑海中出现。

在外城，虫潮来临的那一天，他被一只虫叮到了手指，那天晚上他做梦时，也见到了昆虫在野外飞行时见到的那些画面。

此时此刻，安折面对着眼前涌出的纷乱的记忆片段，意识到了现在在发生的事情是什么。

——蜂后正在对他们进行无接触感染。

第 51 章

（前略）

像一曲哀伤的音乐到了尾声，安折缓缓睁开眼睛。

他发现自己倒在玫瑰花坛旁边，视线往上，深红碧绿的花叶摇曳，玻璃碎片星星点点闪烁其间。一个黑影掠过他眼前，于是他目光再往上，穹顶上那个原本只能容纳蜂后进出的窟窿变大了。孔洞占据了穹顶的四分之三，它残破的边缘闪着光，一只有人的胳膊那么长的蜂正通过它飞到外面。

那波动已经消失，穹顶上也没有了蜂后的踪影，但玻璃有被击碎的痕迹，外面的夜空里，炮火像烟花一样炸开——人类的军队开始战斗了，不知道他们有没有杀死蜂后。但在夜间广阔的空间里击中一只蜜蜂是很难的，安折看见那只小型蜂渐飞渐高，在月亮银色的光辉下消失不见了。

随即又是几片黑影，伴随着翅膀振动的嗡鸣声，五只，十只，无数只蜂从四面八方拥来，有的蜂身上还带着白色的布料残片。安折看向它们的来处，二十二层已经空空荡荡，不见人影，所有人都化成了蜂，它们铺天盖地向外飞去。

蜂——

另一段飘忽不定的画面出现在安折脑海中。

它是一只蜂，一只平常的、不吃人只采花的蜂。

那是一个夏天，蜜蜂繁殖的季节，它却误打误撞飞到了人类的城市里。这座城市刀枪不入，人们门窗紧闭。它只是想找到可供食用的花粉，却始终无法做到。

最终，它看见了，在玻璃的后面，有一枝鲜红的、盛放的玫瑰。

一个女人在照顾这朵花，她站在窗台边，看向那枝玫瑰的目光含笑，良久，又怅惘地望向外面的天空。她好像很想推开这扇窗户，触碰外面的天空。

于是这只蜂等了很久，等到那个女人离开又回来，等到她望着外面，怔怔流下一滴眼泪。

她好像终于做出了什么决定，推开了窗——外面的风、自由的风灌了进来，她闭上眼睛，仿佛能随着风飞起来。

蜂已经饥饿很久了，它附上那朵玫瑰的花蕊，花粉沾满了它毛茸茸的后肢，它将细长的口器探入这朵花的中心。

但它很快被发现了。

那个女人伸手向它，手指微颤，眼神也微颤，甚至有一些疯狂，仿佛这是她毕生第一次见到这样的生命。她的速度很慢，并不像是要把它撣开，但蜂的本能注定了接下来会发生的事情。

当她的手指只差几毫米就要触碰到它的时候，蜂下意识蜇了她。

蜂死了，它的身体离开女人的手指时，一部分内脏被扯出来挂在刺的末端，一只蜂一生只能使用一次自己的蜇刺。

但它又好像没有死，它的身体落在玫瑰花丛里，它的意识好像成了这个女人意识的一部分，它就那样长久地蛰伏了下去，没有人知道它的存在，连那个女人本身都以为她仅仅被蜇，而没有被感染。

——直到它的那部分意识被远方奇异的波动渐渐激活。

（后略）

第64章

（前略）

死里逃生，他们都没再说话，寂静里，忽然响起一道苍老的声音。

“时候快到了。”爷爷声音嘶哑，“我活了六十岁，足够了。”

陆沨看向老人的方向。

他问：“什么时候？”

老人张了张嘴，他凝望远方天际，神情有一丝失去理智的疯狂：“到来……到来的时候。”

“什么东西到来？”

“说不出的，想象不到的……”他声音充满垂死的沙哑，“比所有东西都大的，看不到的，在这个世界上……快要来了。”

陆沨声音很低：“您是怎么知道的？”

“我快死了……我感觉得到，我听得到。”他的声音缓慢得像拉长了无数倍的呓语。

“听得到什么？”

“听到……”老人断断续续地说，“混乱的——”

说这话时，老人抬头看着城市上方灰暗的天穹，安折顺着他的目光看去。天空那么低，低得骇人，沉沉压在了视野的正上方。极光那么亮，那绿色的光芒也变低了，和灰黑的云层混杂在一起。陆沨说极光这么亮的原因是基地为了抵御畸变，将人造磁场的频率调得更高了。

“人长在地上，死在地上。天空……”老人神情安宁，声音越来越轻，“天空只会越发低沉。”

最后一个字从口中吐出后，他缓缓将双手交叠。

双眼缓缓、缓缓闭上。

西贝双膝一软，跪在了老人面前，双手放在他枯瘦的膝盖上：“爷爷？爷爷？”

没有回答。

老人的胸脯停止起伏，他已经离开了。

死亡只在顷刻间。

西贝怔怔流下两行眼泪，将脸埋在老人的膝盖上。

等他终于再次抬起头来，安折轻声道：“你还好吗？”

“我……还好。”西贝呆呆望着爷爷的面庞，喃喃道，“爷爷以前说，他不怕死。他说，人活着，都有自己的使命，他的使命就是保护矿洞里的大家。能看着矿洞活到今天，他已经……已经可以了。”

他抬头望向老人的脸庞，枯槁、布满灰尘的脸。白发凌乱，某些地方缠作纠结的一团，在昏暗的地下，没有人能体面地活着。

他说：“我……我去找个梳子。”

他失魂落魄地起身，走向其他的房间。

一个迟暮的生命死去了。

在这个房间里，还有另一个死去已久的生命。安折转头看向客厅的沙发，沙发上有一具骷髅。

它的血肉应该是自然腐烂的，因为整个沙发以它为中心，布满了绿色、黄色和褐色的斑驳痕迹，是霉菌层层生长过的痕迹。

“一开始是超级细菌和真菌、病毒，它们就在人类城市里繁殖，无差别感染所有人，城市里全是尸体，去过野外废墟的人都知道这件事。”诗人曾经说过的话在安折耳边响起。

他抬头望向窗外，这是一幢死去的楼厦，一座死去的城市，建筑里满是骷髅，每一个骷髅都是一个死去的生命。

陆沨看见了安折的目光，还是那平静的、仿佛置身事外的目光。但在灰暗天穹的映照下，他那张安静漂亮的面孔上细微的动作组合在一起，又呈现出一种难以形容的轻烟一样的悲伤。

移开目光，看着这座城市，他道：“人类基地建成，全面搜救的时候，基地的力量不够，很多小型城市没有得到及时救援。”

安折望着那些绵延不绝、无边无际、一片汪洋一样的建筑，从城市的这头走到那头，至少要好几个小时。他轻轻道：“这是小型城市吗？”

陆沨说：“是。”

安折微微睁大了眼睛。

在他看来无比宽广的一座城市，对于曾经繁盛辉煌的人类来说，竟然只是一座来不及救援的小城。

那么在灾难时代到来之前，人类的世界到底有多么宏伟？他不知道。

而既然在这座城周边零星有人类在灾难中苟延残喘，那么更多的地方，是否有无数没有来得及被救援的人在挣扎，绝望，死去？这座城里全是骷髅，基地并不安全平静，人类的世界里全是哭声。

这样一个宏大的整体渐渐沦陷的过程——想象这一幕，他好像看见黄昏时分巨大的夕阳渐渐沉入黑色的地平线，一场旷日持久的死亡。

“哐当——”

就在这一片死寂中，隔壁卧室里，忽然传来什么东西落地的声响。

陆沨问了一句：“怎么了？”

没有回答，只有西贝颤抖的呼吸声传来。

陆沨蹙眉，拿着枪，转身走了过去，安折跟上。

房间空空荡荡，没有怪物或敌人，但西贝背对着他们，后背正剧烈颤抖着。起先安折以为他在哭，接着，走到他身旁后，安折看见他死死注视着手里的一把梳子。

安折一时间难以形容那是怎样的一把木梳，因为它并不是一把，而是由两把融合而成。那是最普通的一种褐色木梳，有十厘米长的手柄和细密的梳齿，两把同样普通的木梳的手柄严丝合缝地长在了一起，像是由同一块木头雕琢而成。梳齿倾斜 45 度，一个向左，一个向右，像一条双头蛇吐出了它的芯子。

可它们如果一开始只是两个普通的梳子，怎么会长在一起呢？

木头，一块木头的制品，最寻常最安全的东西，却因为这诡谲超出常识的外表，带来了无与伦比的恐惧。

陆沨大步走向西贝获得梳子的那张梳妆台。这显然是大灾难时代前一个女人的房间，象牙白的梳妆台上摆着无数瓶子、罐子，以及其他大大小小的用具。

陆沨伸手去擦镜子上的灰尘，擦掉一层，下面还有一层，灰尘像是长在了镜子里面，镜面总是雾蒙蒙的，把他们的身影也扭曲成一团黑色。

安折望着这一切，忽然想起自己攀爬外城的城墙时，沙子落下一层，里面还是沙，仿佛城墙变成了沙与钢铁的混合物。

陆沨不再看镜面，他拧眉，目光扫过那大大小小化妆的用具，最后伸手抽出一副生了锈的长镊子——也不是镊子，因为这副金属镊子已经和一把塑料修眉刀粘在了一起，呈现“X”形，它们中间交叉联结的部位融为一体，天衣无缝，说不清是钢铁还是塑料，或者说是一种全新的人类不曾知晓的材质。

啪嗒一声，西贝手指颤抖，梳子掉在遍是灰尘的地板上。

"这个城市……"他说，"是有什么奇怪的东西吗？我们……我们快走吧。"

"不是这一个城市。"陆沨道。

他望着那粘连在一起的镊子和修眉刀，只说了三个字。

"发动机。"

这平平无奇的三个字，此刻惊雷一样落下。

发动机内部有复杂的机械结构，一旦那些精密的结构遭到破坏——

如果发动机的内部也发生了这种诡异的融合和改变，那飞机失事就是注定的。

安折俯身捡起那枚梳子。看不见任何拼接的痕迹，但柄上的雕花是混乱的，混乱又疯狂，无法想象是用怎样的方式混合在一起，就像那本飞行手册上漆黑的伸出触手四处扩张的字迹。

安折微微睁大了眼睛，突然，陆夫人化身蜂后飞往无边无际的天空前说的话在他耳边响起。

她说："人类的基因过于孱弱，感知不到这个世界正在发生的变化。"

"我们都会死……一切工作都是徒劳的，只是证明了人类的渺小和无力。"

一个念头划过他的脑海，像闪电划破天空。

如果，如果说……当人与怪物、怪物与怪物产生空间上的重叠或接近，会发生基因的污染——不，错了，完全错了。

"基因……"他喃喃道，"不是基因……"

问题根本不是基因。人类以为基因的改变是污染的根本原因。可污染是一个生物和另一个生物之间血肉之躯的混合与重组，它们本身的属性产生了变化，只是这种改变借由基因的改变来完成。

如果，如果相互污染这种事情会发生，如果一个活物的属性会瞬间改变，为什么别的东西不能？生物的身体，和那个 DNA 的螺旋，与世界上其他没有生命的物质又有什么区别？

所以纸张和木头也会相互污染，所以钢铁和塑料也会。

那么世上一切有形之物都会。

只是这个进程在渐进地发生，这场洪流刚刚开始奔腾，它以生物基因的污染为前兆，刚刚显露在人类面前。

地磁消失的这些天，那些混合类怪物疯狂地进食，疯狂捕获别的生物的形态来壮大自身，像人类囤积粮食应对冬天，它们是不是已经感觉到了什么？

西贝声音颤抖："到底……"

他什么话都说不出了。

这到底是一个怎样的时代？他们面临的到底是一场什么样的灾难？正在发生的事情到底是什么？是什么？是什么？

一道电光划破天际。窗户振动，来自旷远万古的风哭号着发出悠长的响声，从缝隙里灌进房间，他们的衣角被刮得飞起来，猎猎鼓动。

安折抬头，他和陆沨怔然对视，那双冷绿的眼睛里晦暗深沉一如外面的天空。

在他们对视的这一瞬间，一声炸雷在天边响起。苍穹更加低沉，茫茫的天地之间，倾盆大雨哗啦啦倾泻而下。

雨幕里，外面所有东西都看不到了，听不到了——无边无际的灰暗，无边无际的虚无，无边无际的恐怖。

陆夫人温柔圆润的声音，爷爷枯槁嘶哑的嗓音，它们重叠在一起，在安折耳边突兀地响起来。

"时候快到了。"

第65章

接着，他们在这个房间里发现了更多证据。

窗户很难推开，因为钢铁的窗沿已经与底座黏合在了一起。

而那具骷髅，仔细看过去，它的腿骨已经消失在了沙发里。最丑陋的存在是第二间卧室天花板上一簇倒垂的铃兰形状的吊灯，它的灯罩与金属支架相互混合，熔化了，向下流淌着，像烧到了最后的蜡烛。那原本雪白的灯罩上嵌满了漆黑的灰尘，每一粒灰尘都是一个针尖大小的黑点，它们密密麻麻地簇在一起，仿佛下一刻就要扑面蠕动而来。

这诡异的、原本不应该发生的、超出人类认知与科学极限的一切交会在一起，令安折生出一种错觉——这个世界就像被火熔化的蜡一样，正在渐渐、渐渐混成一团。

西贝回到了客厅。他呆呆坐在地板上，抱起爷爷的身体，把爷爷从椅子上搬起来。他带着爷爷远离那里，仿佛那椅子是最可怕的怪物，仿佛下一刻这具尸体就会与那把椅子不分你我。远离了椅子，他将爷爷放在地板上，可他脸颊上的肌肉立刻神经质地抖动起来——地板同样也是怪物。

下一刻他整个人浑身一震，忽然往后猛退几步——他自身的存在也是污染的源头。

安折见他惊慌无助的样子，抬脚走上前，然而刚迈出一步，西贝惊恐欲绝的目光就望向他，噔噔噔后退几步。

假如世界上的一切都会相互污染，那么只有远离一切物质才能保全自身。

安折能理解他的恐惧，主动再次与他拉开了距离。

“对不起，我……”西贝牙齿打战，道，“我得……静一静。”

陆沨带安折走进了卧室。

踏进卧室，重新看见那盏流淌着的吊灯的时候，陆沨突然顿住了脚步。安折望向他，见他绿色的眼睛里仿佛结了冰。

下一刻，陆沨从上衣口袋里拿出了通讯器。他死死握住那枚东西，指节泛白。

安折在一旁看着，西贝已经崩溃了，作为人类，他知道陆沨的状况不会比西贝更好。甚至，他感受到的东西比西贝更多。在克服这疯狂的世界带来的恐惧的同时，他还要想着远方的人类基地——为了人类基地，他必须冷静。

如果在物质的相互污染下，发动机会故障，那通讯器也会。卧室床头柜的抽屉里有螺丝刀，陆沨拿起了它，拧动通讯器外壳上的螺丝钉。

外壳、纹路复杂的芯片、交错的线路、无数细小的零件被摊开在床上。陆沨将它们一件一件拿起，借着光检查它们细微之处的构造。

通讯器的零件很多，看了一会儿，安折也从零件堆里拿出一些结构简单的部件，检查它们是否符合人类机械横平竖直、泾渭分明的标准。

关上卧室门后，世界上仿佛只剩下他们两个。他们谁都没有说话，雨声里，除了翻检零件的声音听不见任何其他声响。陆沨的进度很快，那些零件似乎都很正常。

但安折忽然愣住了。

他看着手中的一小片芯片板，那上面有两股并列的赤红色铜丝，每一股都由几十根细铜丝拧成，它们原本应该平行，中间有几毫米的距离，此刻却都松散了，彼此都弯了一个诡异的弧度。两股铜丝靠拢在一起，混杂不分，这绝不寻常。

在这一刻，至少有一片刻，安折忽然生出一个念头，如果连通讯器都因为物质的畸变彻底坏掉，如果陆沨永远无法回到基地，他们会怎样？

（后略）

［节选自晋江文学城］

【粉丝评论摘编】

@Sunspot：

《小蘑菇》是一个有关毁灭与新生的童话故事。雪白、孱弱的主人公从艳绿的丛林与鲜红的血肉中走来，平静地目睹人类从毁灭的开端，走向希望的新生。

说来也好笑，人们舍弃人性挣扎求生，是为了保全自己的人性；全文的极致人性，竟也绽放在两条冷血、泾渭分明的平行线的偶然交错之下。这大约也是这篇文章最希望传达的模糊的、难以言说的东西。

（选自晋江文学城评论区，2021 年 7 月 16 日）

@ 那你喜不喜欢兔子啊：

我真的好喜欢这种末日文学，它包含太多太多的艰难境地和痛苦抉择。或许是我想象浅薄，平时很难主动思考这些。但是作者引领我，让我体会这震撼的宏大场景和关乎人类存亡的时刻。参不破的真理、人类存在的意义、物质的本质、生与死、种族的覆灭与沦亡、死亡与真理的抉择……人类可死，但信仰不灭。追求人类延续的信仰不灭，追求宇宙真理的信仰不灭，与世界、宇宙甚至万物抗争追求生存的信仰不灭。就像作者在文中形容小蘑菇被人类震撼的那个时刻，心中暗自惊叹的那样："他知道基地无药可救，他知道人类穷途末路。可他们也真是永垂不朽。"

（选自微博，2021 年 4 月 30 日）

@ 春梦婆：

年轻人澎湃的想象力，和向往光明的情怀，真的好打动我。有些地方让我想起了大刘（编者注：指刘慈欣），但是又不一样。同样的是纵横捭阖的气势，大气磅礴的世界观，但年轻女性作者悲悯温柔的笔触，和大刘近乎铁石心肠的现实主义不一样——大刘的魅力也在于此，幻想部分极尽浪漫主义，浩瀚的宇宙，无边的星空；但是在人性和细节处理上，又十分现实主义，人心鬼蜮，人如蝼蚁。再如何可爱的角色，如果情节推进到他非死不可的地步，那就必死无疑，不必抱有作者金手指[①]的不切实际的幻想。而这本书的作者一十四洲要柔

① 金手指本是电子游戏的作弊程序，在网络小说中，主角利用正常规则之外的特殊规则来获得成功的情节被称为"开金手指"。

软得多，虽然写的是世界末日、克苏鲁、废土这种残酷的主题，主角们却基本上都全须全尾“苟”到了最后，这让阅读的人心中稍微放松了一些，削弱了真实感和文学性，却多了愉悦感。

（选自豆瓣读书，2021 年 8 月 15 日）

@淇水汤汤：

在我看来，开始的小蘑菇是富有神性的，这当然与他本是人类这一物种的局外人有关。后来的他依然保持了这种神性，他只是看着他们，看着看着他就成了他们中的一部分，他也拥有了人性，他愿意为了这些本与他无关紧要的人牺牲。后来陆沨问他：你为什么走进辛普森笼？他懵懂地回答不知道。人性的光辉是如此有魅力，以至于一个笨蛋小蘑菇的选择如此自然而然。他不必知道，他只是遵循了内心。活着与繁衍是本能，可如果生命只剩活着与繁衍，未免太可悲。保留人类的意识大约才是文明的希望。最后的最后，愿人类永远不会面临如此可怕的时刻。愿我们都能像陆沨一样坚定。愿我们都能遇到自己的命中注定，心甘情愿地被他审判。愿我们都有光明的未来。

（选自知乎，2020 年 2 月 29 日）

（导引、简介、节选、粉丝评论摘编：徐佳）

克苏鲁也可以是童话
——评一十四洲《小蘑菇》

徐　佳

末世、濒临灭绝的人类、立场敌对的两位主角、绝境中的爱情、大和解结局与光明的未来……如果单拎出小说的主线结构，《小蘑菇》似乎给读者们又炒了一碗“用爱拯救全世界”的冷饭。然而，让这部女频网文中相对冷门的科幻类题材作品大火，乃至于出圈的，是它用童话的方式，讲述了一个克苏鲁故事。正如作者一十四洲在连载开篇所说：“不清不楚，致敬克苏鲁。”而在完结感言中，她又提道：“最开始这篇文的分类标了‘童话’……现在想想总算也没背离童话的初衷。”一朵化成人形的小蘑菇为了寻找自己丢失的孢子，潜入人类基地，目睹了这一种族的生存空间、繁衍希望和科学理论体系被渐次摧毁，危机一重接着一重降临——这个克苏鲁式的童话足够残酷，却也足够温情与浪漫。

“克苏鲁”一词，来自美国作家洛夫克拉夫特（Lovecraft）发表的短篇小说《克苏鲁的呼唤》。2018 年，随着《诡秘之主》（爱潜水的乌贼）的大热，克苏鲁神话（Cthulhu Mythos）进一步从小众论坛流通向更广阔的亚文化空间，成为网络文学创作者借鉴的流行元素。《小蘑菇》的“克味”（“克苏鲁风味”的简称），不仅包括触手系、拼贴风怪物之类的外在设定，还在于它抓取了克苏鲁的一大核心创作理念，从一种非人类的宇宙视角，为末日求生铺垫了疯狂的悲剧底色。克苏鲁神话认为，“在浩瀚的宇宙中，人类的法律、利益和情感毫无意义”（洛夫克拉夫特语），宇宙对人类的存在漠不关心。《小蘑菇》中最动人、最惊悚的比喻，莫过于作者在剧情高潮处，使用通俗化同时也浪漫化的物理学弦理论，解释世界的本质：人类文明只是宇宙的琴弦偶然弹奏出的一段乐曲，如今到了换曲子的时候，先前的音符注定要消散。小说主角们发现，宇宙的真相不是和谐与稳定，而是混乱与荒诞。原来彼此感染的远不止生物体的基因序列，一切物质都在相互污染——一言以蔽之，世界疯了。

以纪伯兰博士为代表的“灯塔”科学家们的崩溃，预示人类有限的知识终将被巨大的“不能知”的恐惧碾为齑粉。由此，人们遵循种族利益至上的原则，做出的所有挣扎、牺牲都变得毫无所谓。这种荒诞感在“审判者”陆沨身上体现得尤为明显。他必须在杀死一部分人和杀死更多的人之间做出抉择，他曾坚信“没有人不会死，人类会活着”，坚信“虽然错误，仍然正确”。可在这场同“宇宙之弦”的博弈游戏里，无论人类选择或不选择，选择 A 或选择 B，全灭的结局都已经锁死。没有什么错误或正确，人类根本不值一提。

那么，陆沨的所有审判和选择都是笑话，克苏鲁式恐怖即将终结人类了吗？并不。一些读者偏爱《小蘑菇》“克味”十足的酷烈感，也有读者庆幸小说保留了作为童话的另一面。科学与理性幻灭的黑夜里，藏着一道乳白色的晨曦。如果说克苏鲁的宇宙视角奠定了《小蘑菇》的悲剧底色，那么安折这样一个非人类的故事叙述者，则为末日悲剧蒙上了童话色泽的柔光滤镜。遇到安折的人们将他形容为一个不谙世事的孩子，却同时是一名格格不入的旁观者。事实上，从打破人类中心主义的角度，一朵冷眼旁观的“局外菇”与漠不关心的宇宙神祇之间有相似之处，安折始终处在“发现人性—质疑人性—重新认识人性”交错反复的过程中。人类自以为高于其他生物的人性，终究被生存危机压抑成了最低限度的动物性，即种族繁衍的本能，和寻找孢子的小蘑菇并无差别，甚至表现得更加野蛮、狰狞。人类可以为了人性摧残同类的人性，为了生存制造同类的死亡。

然而，安折也如童话主人公一般幸运。他一路捡拾起熠熠闪光的人性碎片，亲手从动物性的坚硬甲壳之下剥离出专属于“人”的柔软内核。即便是在科学体系崩溃、物资几乎耗尽的至暗时刻，人们哭泣、祈祷、接吻，相拥而非相残，仍不懈地教导他们的孩子“不要温和地走入那个良夜”“不要温顺地接受灭亡”。

只有人类会为同类的死亡流下泪水，会为同类的延续放弃自我求生的本能。正如逃离外城的最后一班列车上，列车员在毁天灭地的虫潮降临的前一刻，对其中一个少年说：“你爸会替你高兴的。”

他没有说出口的话是：我们也会替你们高兴。

于是，人类没有感动高高在上的宇宙神祇，却感动了误入人间的小蘑菇。一个克苏鲁故事由“毁灭你，与你有何相干”的冷酷秩序，转向了“毁灭你，与你们有干，与我亦有干”的温情童话。故事结尾处，安折不出所料地成了救世的关键。对人类的共情让他选择跃入辛普森笼，用自身的惰性波动感染了所有物质。新年的“钟声”敲响，“宇宙之弦”的疯狂乐章暂停，人类得以幸存。经小蘑菇的波动感染后，谁都成了“异种”，世界上再也没有纯粹的人类。

救世之战尘埃落定后，陆沨说安折“是审判我的人”。小蘑菇作为一个“异种”中的“异种”——能抵抗一切感染的特殊菌类，从始至终无法被“审判者”的双眼和人类的基因检测仪器鉴别。“审判者”未能审判小蘑菇，反倒是小蘑菇最终审判了“审判者”，并且审判了人类：“他知道基地无药可救，他知道人类穷途末路。可他们也真是永垂不朽。”

人类或许终将灭亡，但人性永垂不朽。这便是小蘑菇对人类下的判词。

这是一个有关人类与人性的寓言，这是一个源于爱情神话又高于爱情的光明结局。一十四洲用一碗甜苦掺杂的“新饭”告诉我们，原来小蘑菇也可以是神祇，克苏鲁也可以是童话。

当审判的铁幕降临之日，我愿做一朵无法被鉴别的小蘑菇。

薄　雾

微风几许

微风几许，晋江文学城新兴人气作者，2017 年开始在晋江发布作品。创作题材以都市为主，且偏重恋爱情节，代表作有《小行星》(2019)、《发光体》(2020) 等。

《薄雾》于 2020 年 2 月至 6 月在晋江文学城连载，全文约 43 万字。这是微风几许首次挑战科幻题材的作品，也是一部强设定、主情节的系统文。作者初试牛刀就一鸣惊人，发挥出瑰丽宏大的想象力和成熟精湛的创作技巧。连载期间引起了众多关于其世界设定与物理知识的讨论，经常进入晋江 VIP 金榜，最终入选晋江官方评选的"2020 纯爱年度佳作"。实体书 1、2 卷分别于 2021 年 5 月、7 月由江苏凤凰文艺出版社出版，且已签出漫画、广播剧、海外出版等多种形式的版权。作为晋江新一代作者的科幻代表作之一，《薄雾》使"女性向"网文朝着"硬核"方向推进了一大步。

【标签】科幻　系统

【简介】

时空穿梭技术被发明后，人类建立起掌控时空管理的"天穹"系统，可运送"记录者"回到过去，但只能观测，不能改变历史；也可派遣"守护者"去到未来，阻止毁灭性灾难的发生。因患有“超忆症”事无巨细过目不忘的季雨时是个优秀的“记录者”，他被借调到“守护者”的天穹七队去完成一次高难度任务。整队人刚进穿梭舱，意外发生了——他们被产生了自主意识的“天穹”系统劫持到了其他时空。季雨时必须与原本看他不顺眼的七队队长宋晴岚通力协作，和其他队员共同完成一个接一个的副本任务，找出修复时空漏洞的线索和方法，才有可能回到原来的世界线中。

选文节选自第61至64章，季雨时与天穹七队进入了继“衔尾蛇”“卡俄斯”“我是谁”之后的第四个任务副本“魔方”。这是“天穹”系统发布给他们的最后一个，也是最艰难的一个任务。为了保证这个终极任务的成功率，“天穹”劫持了各个时空的“守护者”分队，分别投入“魔方”中，只有一支队伍能获得最终的胜利。面对令人摸不着头脑的“魔方”空间，落单的季雨时迅速冷静下来，发挥超出常人的推理分析能力，逐渐探索出“魔方”的正确玩法。选文将“魔方”世界因看起来毫无规律可循而格外诡异可怖的氛围烘托到极致，令人毛骨悚然，显示出作者奇绝的想象力，并有力地塑造了主角季雨时冷静和睿智的形象。

【节选】

第 61 章

（前略）

[检测到非法跃迁！]

几秒后，胶囊舱安静下来，这表示他已经跃迁到达新的目的地。

天穹系统连面子工程都不做了，虚头巴脑的那一套都收了起来。

季雨时解开安全锁扣，一边接过机械臂递来的营养液饮用，一边注视面前的透明面板。

面板上显示着一串乱码，取而代之的是天穹的任务提示。

[任务模式：魔方。]

[任务规则：死亡淘汰。]

[任务目标：拼接。]

这些信息只看一次就足够了。

季雨时关闭面板，然后打开胶囊舱的舱门走了出去。

光芒刺眼，季雨时用手背挡了挡眼睛。

等他适应了光线，才发现那刺眼的感觉来自何处——入目是一片雪白，就像人到了没有任何参照物的雪地里一样，很容易找不到视线的聚焦点。

在季雨时前面不远的地方浮着一颗红色圆球，大约棒球大小。全靠它的存在，他才勉强分辨出这里是一个四四方方的房间。

天花板、墙壁、地板，都是纯白色的。

因为某种原理，红球浮在房间的正中央。

季雨时回头往自己来的方向看去，明明就在他背后的胶囊舱不见了，取而代之的也是一堵雪白的墙壁。

这是任务目的地？

这时，有人出现在他身边。

像是某种全息投影的加载动画一样，雪白的墙壁后伸出的先是黑色短靴，然后是黑色作战服，然后是面孔。

李纯左脚迈步后落地，看样子也是刚从胶囊舱里走出来的。

他问："季顾问，这是哪？"

季雨时摇摇头："我还不知道。"

话音刚落，圆脸的队友出现了，看见面前的情景也是一愣，迅速朝身后看去。

李纯也回头看了一眼，毛骨悚然："卧槽，胶囊舱呢？！"

他们的胶囊舱和季雨时的一样不见了，或者说，他们在打开胶囊舱的同时，就已经迈入了这里。和在卡俄斯任务里打开大胡子的太空舱舱门，就一脚踩进镜像城市一个道理。

"这简直是一步一世界，搞不好又是一个裂缝什么的，不然怎么会叫我们拼接。"李纯在房子里四处打量，"死亡淘汰？这里什么都没有，怎么淘汰？"

（中略）

看上去这个房间暂时安全，再加上有三个人在，大家都并不慌乱。

这个房间里最吸引人注意的，也是唯一一个吸引人注意的东西，便是悬浮在房间中央的红球。

汤其走了过去，正要试着把手举高去触碰，季雨时便制止了他："别动！"

汤其立刻缩回了手："抱歉。"

他的确鲁莽了。

李纯则问："季顾问，这个会不会是什么杀人机关？"

"应该不是。"

季雨时已经看过圆球，它表面光滑，看上去只是很普通的一颗球，但具体是什么得触碰了才知道。

他继续道："天穹系统没道理把我们送进机关重重的密室来送死，死亡淘汰不会这么简单。我是在想，这个球状物出现在这里肯定有某种原因。"

"什么原因？"

李纯最会顺着思路提出问题。

季雨时回答了他："这里没有出路，我们被困在这里肯定没有办法完成任务，那么天穹系统分配给我们任务就毫无意义。我猜它即便是机关，也该是开启什么或者连通什么的机关。现在人还不齐，我们先不要碰它，等大家集合了再说。"

汤其恍然："说得对。"

李纯道："有道理，我差点也碰了。那样我们很有可能会走散。"

季雨时简短明确地发表完自己的意见，又在房间里走了一圈。

按照他刻意行走的步伐计算，每一步是 50 厘米左右，走完一面墙需要十步。

那么这个房间便是 5 米乘以 5 米，有 25 平方米。

他抬头，目测房间的高度和宽度差不多，这里像是一个立方体。

魔方……

季雨时思考着任务模式，这个立方体是不是魔方的一部分？

一切都还未知。

季雨时抬起手看了看通讯器，他们三人到达房间里已经超过五分钟了，却不见其他人进来。

他有一点焦虑。

在季雨时说完那段话以后，汤其已经试过连接公共频道："季顾问，公共频道无法接通，联系不到宋队他们。"

"我也发现了，可能与信号有关。"季雨时点点头，微微皱着眉，"你们还记得我们来的是哪堵墙吗？"

看似简单的一个问题，却让汤其与李纯一惊。

季雨时不说他们还没发现，进入这个房间后他们都有所走动，早已不在原来的位置了。

四面墙是一模一样的，没有任何帮助辨别的参照物，连季雨时都无法通过记忆辨认——他们连他们从哪里进来的都不能确定了。

汤其："我不记得了，靠。"

李纯："我也是！"

两人下意识去触摸墙壁，想要找到一点不同，手到之处却是一片光滑。

四面墙都没有门，也没有其他出口。

两人一头雾水。

他们不知道的是，这也是季雨时第一次无法通过记忆回溯有用的内容，所以才有此一问。

李纯摸完了每一堵墙后彻底放弃了，越来越觉得这个任务难度 max，干脆席地而坐："别想了，再等等，等宋队他们来了我们就能知道自己是从哪一堵墙来的了。"

季雨时没有说话。

看上去正在思考。

"等等吧，他们会来的。"李纯又说，"肯定是班次不同，有延迟。就像咱们被吸进裂缝掉落垃圾山那次，不也是一个接一个到达的？"

有这种可能性。

汤其表示赞同："你说得有道理，就是不知道要等多久。"

李纯还牢记着任务前的训话："就等呗，反正我们不能贸贸然走，万一先死了，拉低队伍成功率。"

有季雨时在，作为队友的两人并不是很慌乱。

但是就行动力这一点来说，他们还需要队长宋晴岚。一个是智囊，一个是执行者，这两人在队友眼里简直就是黄金组合。

而且，不知道怎么回事，他们总觉得当宋晴岚不在的时候，季雨时就清冷不少，不像宋晴岚在的时候那样富有生气。

两人比任何一次都要期待宋队的到来。

一个小时后。

在空荡荡的密闭房间内，仿佛无休止的等待让人的不安放大，三人逐渐有些烦躁起来。

李纯话最多，最开始还有一搭没一搭地找他们聊天。

但是汤其偏内向，季雨时不爱讲八卦，李纯说了一会儿口干舌燥，觉得没有意思也就不聊了。

“还要等吗？”李纯受不了了，“我怎么觉得他们不会来了？”

季雨时坐在墙角，手中本来在玩俄罗斯方块，洁白的墙壁衬得他眉目清澈，表情也十分冷静。听到问话，他没什么留恋地把游戏机收起来：“有可能他们去了别的地方。”

汤其问：“还有别的地方？”

季雨时说：“肯定有。天穹说过这是一个多人任务，所以这里必定不止我们这一支队伍。但是我们一个其他人也没碰见，说明他们在别的地方。”

这个“所有时代意义上的天穹”，既然设置了这样的任务，那么参与者到达目的地应当没有先后之分。

等了这么久，已经足够排除宋晴岚他们会来到同一个地方的可能性。

说干就干。

汤其走过去，决定去触碰一下那个红色圆球。

汤其将碰到它时，只觉得手中一重，它竟然落入了手中。

房间里所有人屏气凝神，唯恐有什么发生。

还好，什么也没有发生。

这个东西看上去好像只是一个普通的圆球。

季雨时从角落站起来，朝屋子中央走去。

“我看看。”李纯站在汤其旁边把红球接过去，翻来覆去地观察，“这里好像有点松——”

“嘀——”

一声轻响，地面陡然出现一个圆洞，站在屋子中央的汤其与李纯猝不及防，眨眼间掉了下去。

季雨时脸色一变，猛地扑向他们却没抓到一片衣角。

“操！”

季雨时也忍不住爆了七队“名言”，未等他看清下方的情景，又是“嘀——”的一声，那个圆洞又合上了。

与此同时，红球像有弹力一样，重新弹了回去。

它回到了半空中，稳稳悬浮着。

队友生死未卜，季雨时出了一点冷汗，立即把它重新拿了过来，再退后几步，观察李纯说的有些松的地方。

红球上的确有隐形按钮，不是一个，而是六个。

季雨时随便按下一个，“嘀——”一声，只见他面前的那堵墙出现了一个一米见方的圆洞。

六个按钮代表着房间的六面。

原来它真的是开启出口的钥匙。

季雨时又试了两次，地上的圆洞重新出现了。

“你们怎么样？”

他焦急地朝下方看去。

和他想象中一样，下方也是一个房间，同样是洁白的墙壁与地面。

可是房间是空的。

从他眼前掉落下去的李纯与汤其，竟然凭空消失了。

第62章

从汤其他们掉下去到季雨时重新打开门，只有十几秒钟的时间。

这么短的时间内他们根本不可能重新打开一扇门然后离开，更不可能抛下季雨时离开，可是他们去哪里了？

季雨时想到了任务模式——魔方。

他观察下方的那个房间，发现那个房间的半空中也悬浮着一个小球，颜色与他所在的这个房间相同，也是红色的。除此以外，这个打开的洞口下方还出现了一架银白色的梯子，可以帮助人顺利去到下方的房间里。汤其与李纯是因为来不及反应，才会直接掉了下去。

去，还是不去？

季雨时思考之后，用牙齿咬下了自己衣服的拉链柄。

他身上什么也没有，更没有笔，这是他唯一可以用来留下标记的东西。手指捏着小小的拉链柄，他用力地在地板上刻下了一个“七”字。

万一有其他队友在他们离开后来到这个房间，至少能知道他们曾经来过并已经离开了，不会在这里浪费时间。

刻完以后，季雨时把拉链柄放回了口袋里，然后抓住梯子，一步一步往下，到达了新的房间。

他的脚刚踩到地面，就听到“嘀——”的一声响起。

紧接着，左边那面墙上出现了圆形洞口与梯子，这个新房间打开了一扇门。

有人来了。

会是汤其和李纯吗？

季雨时瞳孔紧缩。

首先出现在洞口的是一个女人。

高加索人种，金发蓝眼，头发剪得很短，身穿黑金色相间的紧身服。她从梯子上爬下来，三两步就落了地，身高竟然比季雨时还高一点，整个人看上去分外飒爽帅气——如果她没有用枪指着季雨时的话。

季雨时后退一步，举起了手。

女人身后还跟着一个人。

这是个黑发的东方青年，也穿着制服，只不过款式不同。东方青年的脸上沾了血迹，发丝被血粘在脸上，已经快干了。

黑发青年看到季雨时一怔，似乎没想到这里会有个人。

“搜一下他的身。”女人开口了，用的是英文。

“好的。”黑发青年说。

这两人制服不是同款，看上去并不是队友，黑发青年没有武器，因此说话时明显有些不得不听女人的话的意味。

黑发青年先礼貌地说了声抱歉，然后把季雨时从头到脚搜了一遍，只搜出来一个药盒、一个游戏机，除此以外就什么也没有了。

“检查完毕，安全。”黑发青年说。

女人收起了枪，开始在屋内走动查看，像是在找什么。

季雨时放下手：“可以把东西还给我了？”

“啊？”黑发青年抬头，对上了季雨时的眼睛。

那是一双很漂亮清澈的眼睛，长长的睫毛半掩着眼中情绪，配上一张尤为出色的面孔，本该叫人觉得惊艳才是，但却让人感觉到一股凉意。

“我的东西。”季雨时又说了一遍，“麻烦你还给我。”

“哦哦哦！”黑发青年忙不迭地把手里的东西还给季雨时，又道了一次歉，“抱歉！真的很不好意思！”

季雨时把药盒与黑白游戏掌机都收了起来，强迫症般把它们放回了原来的位置。

“没有标记。”女人站在不远处说，“我们没有来过这里。”

说完，她从束腿带中抽出一把精巧的匕首，在地上刻下了记号。

季雨时远远看去，她刻的是一个阿拉伯数字 8。

因为一模一样的构造，魔方内部很难叫人分清楚身在何地，连季雨时都无法通过记忆来辨别，何况是这些普通人。人的思维在某些层面是共通的，季雨时能很快想到做记号提示队友，别人自然也能想到做记号提示自己。

黑发青年说：“我刚刚看见你的游戏机了，我在网上见过那样的，不过现实中很难有人买得到。你是来自哪个年代的？难道时空穿越那么早就已经发明了？”

季雨时拿回了自己的东西，神色稍缓，没那么冷了。

他回答了黑发青年的问题：“人际交往中询问别人来自哪里，应该先做自我介绍。”

黑发青年“啊”了一声，因为刚才搜身的事自知理亏，又连连道歉：“对不起！是我的不是！我叫森田佑，来自公元 2140 年，我是一位今年被天穹录取，刚工作了三个月的守护者！”

说着，他取出挂在脖子上的项链表明身份：“请多多指教！”

项链铭牌上刻着一个简单的花纹，是天穹的标志。

森田佑？

季雨时用日语道：“我叫季雨时，来自星元 1456 年。”

礼尚往来，季雨时也指了指自己胸前的标志。

黑色作战服上的那个“7”字，在某种特殊光线下会出现暗纹，彰显他们守护者的身份。

双方确认了各自的身份。

森田佑重复道：“星元 1456 年？”

说完，他反应过来一件更让他惊讶的事：“前辈，你会说日语？！”

“会。”季雨时在天穹工作了三年，当得起这一声前辈。

不过，公元 2140 年？这种纪元与他们的世界完全不同。所以，面前的这位森田佑，来自与他完全不同的时空。

森田佑的重点却在那个游戏机："前辈，你们的年代还在玩那种游戏机？"

连时间穿越都能掌握了，却还在玩那样的游戏机，森田佑很在意这种科技发展上的不同步。

季雨时还没回答，女人就打断了他们："说英文。"

她打量他们，对他们用她听不懂的语言交流这件事很在意："既然你们都会说英文，那么在这里使用英文交流才比较公平。"

显然她已经忘了方才用枪指着季雨时的事，现在竟大言不惭地要求公平。

森田佑急匆匆地告诉她："Zoe，这位穿越者来自星元 1456 年，纪元方式听上去和你的一样，你们会不会是来自同一时空的？"

"1456 年？"女人看向季雨时，表情震惊，"七十年前的穿越者？"

震惊之余，她拉高自己的衣袖。

只见她手腕上的皮肤里，属于天穹的标志正发着光，若隐若现。

季雨时皱了皱眉。

他知道了，这个叫 Zoe 的高个子女人来自星元 1526 年，来自与他相同的空间，来自七十年后。

"所有时代意义上的天穹"所谓的招募，果然和七队众人意料中的一样，根本就是劫持。

它汇集了不同时空的、正在进行穿越任务的守护者小队，把他们一股脑儿塞进了这个任务里，不管他们是否愿意，在这里他们都得不停地朝着任务目标前进，直到有人完成任务。

广撒网，多敛鱼，择优而从之。

非常典型的机械思维，冷冰冰，毫无人性。

季雨时暂时无法理解的是，他原以为既然这个任务存在竞争关系，那么任务肯定是同时开启的，可是房间里的三个人到达这里的时间都有所不同。

"从被劫持算起，我已经来了四五个小时了。"森田佑挺有意思，他讲话使用英文，称呼季雨时却使用日语，“前辈你呢？”

季雨时说：“一小时零二十三分钟。”

拥有帅气短发的 Zoe 则说：“大约一天。”

Zoe 来的时间最长。

据她所说，从到达这里开始，她已经去过了包括这个房间在内的十二个房间。而她刚刚在地板上刻下的那个阿拉伯数字 8，则是她遇到森田佑以后并开始做标记的第八个。

来了一天竟然只走了十二个房间？

看来 Zoe 在这里自有一番经历。

季雨时问森田佑：“你的脸上为什么有这么多血？你受伤了？”

提起这个，森田佑脸色一下子就苍白了不少：“有……有很多吗？！天，我以为我都擦干净了。”

Zoe 从刚才起就一直紧绷着的脸色也更难看了。

森田佑一边擦脸一边说：“不是我的血，是别人的。”

他讲起了刚才的事。

原来，他们一进来就用枪指着季雨时是有原因的。森田佑与队友走散后，并不是只遇到 Zoe 一个人，那时的 Zoe 身边还有一位叫 Chuck 的队友。三个人结伴同行，经过一个房间以后又遇到了另一位穿越者。

那个穿越者已经来这里两天了，看上去非常疲惫。

在那个新的房间，面临六个方向的选项，那位穿越者提议说选正前方那个，刚才他的队友抛下他进去了，他想追上队友。

Chuck 先一步爬上梯子，森田佑跟在他的身后。可是当 Chuck 探身进那个房间时，惨剧瞬间发生了：他的上半身被当场搅碎，鲜血内脏溅射了森田佑满头满脸，吓得他差点哭出声来。

Zoe 跳下梯子，发现提议的穿越者已经飞快地进了另一扇门——他非常有可能知道了某种规律，本来在两扇门中选择不定，直到等到了他们，就拿他们做实验，而 Chuck 成了牺牲品。

血腥悲惨的事件，季雨时见过不少，但听到这里也忍不住心惊。

他极力撇开那些画面不去联想，感觉 Zoe 的情绪好了一点，才开口问："所以，那个房间有什么不同？"

"那个房间的圆球是黄色的。"森田佑说，"我们跟着凶手的足迹进了另一个房间，发现那个房间的球就是红色的了。很巧的是，这一路我们走过来都是红色房间。我觉得，是不是相同颜色的房间就是安全的？可是，发生惨案的房间里还有四扇门等待验证。可就算我想倒回去，也不一定会遇到原来的房间了。"

就是因为这个，他们才开始做标记。

"要知道这个结论……"季雨时想了想说，"像魔方的六面颜色一样，这些房间里有六种不同颜色的圆球。假设一个人去过一个颜色相同的房间，一个颜色不同的房间，颜色不同的房间里出了事而颜色相同的房间没有，此时还不足以让他产生'相同颜色房间才是安全的'这种猜测，因为基数太小，而且颜色有六种之多。要形成这种想法，则需要再重复一次刚才的情况。那么他在产生这个猜测并等待你们帮他验证之前，可能已经至少看过或去过四个房间。"

两人齐刷刷地看向了季雨时，似乎对他缜密迅速的逻辑思维感到惊讶。

季雨时后知后觉，沉默一瞬。

这些分析还不足以帮助对手获得完成任务的信息，事实上他也没有头绪，不怕被人捷足先登。

他只是意外于自己无意间已经变成了一个不再自我封闭的人。

他继续问："你们的小队有几名队友？"

森田佑："四名。"

Zoe 擦了擦脸："加上 Chuck，六名。"

季雨时："你们在路上还有没有碰到其他队伍？"

两人都说没有。

"我们小队是七名队员。"季雨时道，"假设那个穿越者是一支五人小队，战损未知，暂时算他们全员存活，那么此刻这里可能有二十一个穿越者在同时活动。根据我们三个人、那个穿越者经历的房间数合在一起计算，假设这里已知的房间有二十一个。再按最简单的算法，假设二十一个房间是一个连一个平行排列，用六面来计算……除去连接的面，就有八十六个。但是我们是从不同方向来到这个房间的，和队友走散以后也看不到队友，房间似乎还会移动，我觉得房间可能不止这个数。”

在这里，重新碰见自己队友的概率有多大？

季雨时不知道。

森田佑已经被季雨时震惊到了。

会多门语言、会分析，这么聪明而又能力超凡的人，一定不简单。

“那个，”森田佑问，“前辈，你这么强，一定是队长吧？”

季雨时看过来，眸子里平静无波，只是淡淡道：“不，我们队长……是个比我更强的人。”

作者有话要说：

来了。

我在第59章作话[①]提过，这个副本灵感来源于*Cube*[②]，但是破解与规则、设定肯定都是与电影无关的，大家不用担心看不懂。

第63章

比季雨时更强的人？

这让森田佑感叹，看来纪年为星元的这个时空比他们的时空更加人才辈出，

① 即“作者有话要说”部分。

② 即电影《心慌方》。

而且装备等物也发达不少，应该是有一定科技差距的。

但是，三人除了交换当前在魔方里的信息，对自己的年代、背景皆是只字未提。

为了保持时空的稳定性，他们不会与来自别的时空的穿越者过多交流。

无论是来自哪一个时空的穿越者，天穹的三大定律都已经刻入了他们的骨子里：绝不改变过去，绝不谈论现在，绝不迷恋未来。

“这里的房间的确是在移动。”Zoe 开口道，“每当开启一扇门有人进去，再打开门后，原本的房间就会消失换成别的房间，可能是房间里有什么感应装置。”

她这一路上显然已经经历过好几次这样的情况，才会有此一说。

季雨时点点头：“有可能。”

Zoe 开始思考：“这样的话我们很难找到规律，有这么多个房间，魔方到底想让我们干什么、拼接什么？”

大家都知道要解答这个问题，只有靠试验和摸索，如果为了安全都待在原本的房间里不动，是永远都找不到答案的。

三人简短地说完话，便决定继续前进。

Zoe 取下悬浮在空中的红色圆球。

三人从上下左右前后六个方向按顺序查看了一遍，发现周围六个房间里的小球颜色各有不同，分别是两个蓝色、一个黄色、一个绿色、一个紫色和一个红色。

根据刚才森田佑的猜测，大家选择了有红色圆球的房间继续前进。

一路上，Zoe 都会在房间里用匕首刻下阿拉伯数字的记号。

安静、洁白的房间一个接一个，很容易让人产生隔离世外的感觉，事实上他们也的确如此。

森田佑会主动找话题，但是他不像李纯是个话痨，虽然说话啰唆了点，但讲的都是有用信息。

“前辈，你说估计在这里活动的有二十一个人，那我有一件事就想得通了。”森田佑说，“我和队友走散以后，在一个房间里待着时，有一扇门突然打开，可是我并没有按开关。那个门开了一秒钟，然后就关上了。”

他说得阴森森的，还比画着：“我想如果是我的队友的话他们肯定会叫我，但那时我没看见门后面的人，还以为这里有鬼。现在想一想其实很简单，肯定是别的队伍的人发现了我，但并不想和我一起行动，就离开了。说不定就是你的队友。”

如果这里真的只有四支守护者小队，那么森田佑遇到天穹七队的概率还是挺高的。

季雨时听了这话却在想，这里可能不止四支小队，他们说不定还会遇到更多其他时空的穿越者，就像他们在时空的裂缝里一样。

“应该不是我的队友。”季雨时说，“他们如果发现了你，不会直接走掉。”

就算是竞争者关系，天穹七队也不会这样做。

有效却又有所保留地交换信息，是在魔方里尽快与队友汇合的方式。

森田佑笑了，露出白牙：“啊，前辈不管是对队长还是队友都很有信心呢。真羡慕你们有这样的氛围。”

Zoe 话不多，也嫌森田佑话多，她只想快点从这里出去：“难道你们队里不是这样？”

“也算不上不是吧。”森田佑抓了抓头发，不好意思地说，“我之前一直是做文职工作的，本来打算去做记录者，守护者缺人我就报名了。战斗力、经验都还有点跟不上大家，所以和队友还不是特别熟。”

Zoe 并没有觉得他可怜。

每一个守护者进入新队伍时都有一段时间的磨合期，适应得了就留下，适应不了就离开。她在天穹见过太多这样的例子了。

季雨时听到森田佑的回答，似乎有所触动。

他回过头对森田佑说：“文职工作者自有长处。多出几次任务，你们就会慢慢熟悉了。”

他们来到了一个新的房间。

上、下、下。

这是他们到达的三个房间，房间里都是红色的圆球。

季雨时记得每一次进入房间的方向，脑中原本平行排列的基础房间的布局开始变形、重组，这里的排列比他想象的复杂许多倍，早已远远超过他随口以八十六个房间计算的基础。

拼接。

到底是什么意思？

Zoe 继续取下圆球，还是她按下开关，森田佑和季雨时分别查看房间内小球颜色。

森田佑看了左边的房间：“红色！”

季雨时顺着银白色的梯子爬上右墙，门开了以后他看了看：“红色……等等。”

右边那个房间里映入季雨时眼帘的，是地板上的一大摊鲜红血迹，还有一颗滚在墙角、后脑勺朝外的头颅。

见他反常，两人都问怎么了。

季雨时下了梯子，许久未见过的血腥场面重来，让他一时没了在 PU-31 看碎尸肉块看到麻木的承受力，一股股的恶心不适从胃部泛上来。他勉强忍住道：“里面有一颗人头。”

森田佑惊讶：“人头？！是死人？”

季雨时“嗯”了一声，不太想继续这个话题。

Zoe 表示怀疑：“你说圆球是红色的，里面怎么会有死人？”

这算不上不信任季雨时，毕竟他们是萍水相逢，他们之间完全没有默契、感情的沉淀，不管季雨时刚才分析情况时听上去逻辑多分明，Zoe 还是要亲自看看才能相信。

Zoe 爬上梯子看了，脸色一变："发生了什么事？"

听说果真出现了尸体，还只有一颗头，森田佑一点也没有爬上梯子去看看的想法，甚至他连一墙之隔的地方都待不下去了："快走吧，别管了，说不定就是那个害死 Chuck 的人干的，他就是个凶手！他一定会得到报应的！"

超 S 级任务被森田佑搞成了密室杀人案，他真情实感，既义愤填膺又中二[①]。

一边骂一边念叨，森田佑先爬上了左侧的梯子："走吧，不要浪费时间！人三天不吃饭就会爬不起来，我现在已经很虚弱了，我们得快点！"

季雨时跟在森田佑身后准备爬上梯子。

Zoe 也从右边的梯子上跳了下来。

季雨时抬头，就能看见森田佑的鞋底。他爬了两级，只见森田佑低头提醒他："前辈你小心，手不要被我踩到。"

话音刚落森田佑就钻进了圆洞，紧接着他的双脚猛地朝外一蹬，嘭一声重物落地，然后没了动静。

季雨时疑惑，又爬上去两步。

看清眼前的情况，季雨时刹那间浑身血液倒流："森田！"

这一声是惊恐至极的，连嗓音都几乎在颤抖。

Zoe 还站在地上，抬头喊道："怎么了？！发生什么事了？！"

季雨时耳边还残留着森田佑的那句"前辈你小心"，却眼见他倒在地上，是个摔下去的姿势。他死在当场，脖颈处鲜血呈喷射状溅射，创面整齐得如同一刀切下——

他的头不见了。

季雨时蓦地想到了什么，快速从梯子上滑下。

"给我！"

季雨时夺过 Zoe 手中的圆球，很快找到右侧房间的开关。

他利落地爬上了梯子朝右侧房间看去，那颗面向墙角的头颅霎时间有了归

---

① 网络用语，指某种自我意识过剩的精神症状。

属……那是森田佑的头!

Zoe 已经爬上左侧梯子，看到了森田佑的尸体:“什……什么?！为什么?!”

她无法接受，为什么刚刚还活生生的人转瞬间就身首分家，甚至哼都没有哼一声。

这种情况，任何感情健全的人都会感到悲痛，何况她与森田佑已经走过这么多房间。她忍不住眼圈发红，从梯子上退了下来。

“怎么会这样?！哪里出了问题?!”

按照之前相同颜色的房间是安全的这个理论，他们随便选择哪一个房间都可以继续。

他们已经靠这个理论走过了许多个房间，森田佑的死亡完全在两人的意料之外。

难道相同颜色的房间不是安全的?

那又要怎么样才能安全?

Zoe 在房间里烦躁地转了两圈，用枪托砸了下墙面:“也就是说另一个房间里面的头是森田的?可是怎么可能，他刚刚还在这里，我们到的时候那颗头就已经在了，这要怎么解释?说不通！”

她愤怒地说完这些话，转头看见季雨时站在右侧的梯子旁，闭着眼睛不知道在想什么。

这个来自东方、来自七十年前的青年短时间内就在她心中留下了冷静的印象。

除了那漂亮的外貌，冷静似乎就是季雨时身上最为吸引人的东西。

此时，却见季雨时脸色苍白，额头冒出阵阵冷汗。

季雨时无法控制自己。

看到森田佑的尸体与头颅后，他脑海中难以抑制地出现了混乱的记忆。

汤乐被丧尸咬破动脉后溅射的血液、钻石鸟子弹穿过李纯脑袋迸出的脑浆、挡风玻璃上的腐肉、一截穿着黑色短靴的小腿……还有昏暗雨天，插在某人胸口的一把刀。

他不想看。

也不想记起。

可是这里没有人告诉他别看。

睁开眼睛，眸子里蕴含着自己无法察觉的阴沉风暴，他很快拿出了药盒。

小小的药片倒入掌心，然后放进了口腔。

“你怎么样？还好吗？”Zoe 问，“你看上去精神不太稳定。”

没有水的送服，药片被嚼碎了，口中满是苦涩滋味。

季雨时嚼得细而慢，似乎有点享受这种苦味。他擦了擦自己额头的冷汗，仿若什么也没发生过一样，开口道：“两分钟。”

Zoe 以为他是要求休息两分钟，见他精神不佳，暂且将惊疑、恐惧都撇下，提议道：“不，你需要多休息。半个小时吧，你至少需要休息半个小时。反正我们现在也没办法离开，我们不可以选择红色圆球的房间了，这个理论不对……”

“从我们发现头颅到森田死亡，差不多两分钟。”季雨时言简意赅，“也就是说，有头颅的房间里时间是两分钟之后的。两个房间有时间差。”

他的思维有些混乱，说完又纠正自己：“不，是这三个房间有时间差才对。”

都是天穹的穿越者，时空理论自然都学过不少。

但是 Zoe 不像天穹七队面临这种情况已经见怪不怪，她当场震惊：“同一个时空怎么会出现时间差？这没有道理，根本不符合逻辑……”

这里的情况和在卡俄斯任务中遇到的雨林、城市等地有点类似。

要是换作宋晴岚，应该立即跟上了他的思路。

很多时候季雨时不用说下去，宋晴岚便完全明白了他的意思，并能进行衍生分析，而其他队友只需要提出问题，再一起解决问题。

季雨时无法在这里花时间去给 Zoe 描述他们遇到过的时间锚、时空裂缝等种种奇遇，只能直奔主题：“你说得对，一般情况下同一个时空不会出现时间差。那么反过来，你可以想一想，如果这些房间本来就不在同一个时空呢？”

Zoe 被季雨时大胆的想法惊呆了，一时难以接受。

季雨时的药已经完全吞了下去，只有唇齿间苦味残留。

或许是心理作用，他冷静了不少："你身上有没有什么不重要的东西可以借我一用？我们可以扔一个东西过去，用来证实这个猜测。"

Zoe 从口袋里掏出一盒口香糖，季雨时接过去，觉得它出现得正好，便轻笑了一下："你要吗？"

短时间内，他的精神状态就调整过来了。

在 Zoe 看来有些不可思议，殊不知这不过是七队人人都具备的技能而已。

给了 Zoe 一颗，季雨时自己又吃了一颗，口中的苦味被驱散不少。

两人嚼着口香糖放松自己。

在这样的情况下其实很诡异。

Zoe："你不扔过去？"

"不用。"季雨时捏着口香糖盒子，"我只要有'把口香糖扔过去'这个想法就足够了。Zoe，可以请你帮我去看看右边的房间吗？"

Zoe 狐疑地爬上梯子，然后睁大了眼睛："这里，多出了半盒口香糖！"

这情况在季雨时的意料中，他把口香糖扔给 Zoe："对比一下，是不是你的？"

Zoe 确定了是她的口香糖，兀自陷在一团乱麻中。

她学过的课程、有过的实践经验，还有这次被劫持后的经历都在她的脑中打转。

季雨时给了她时间思考，没有出声打断她。

足足过了一分钟，Zoe 才试着说："难道这个房间的时间是两分钟后，它会展现两分钟后可能会发生的事？"

进入房间以后，他们发现了森田佑的头颅。

两分钟后，森田佑完成了这件事，尸体也出现在左边的房间里。

Zoe 说："如果我不把口香糖扔过去，不去完成这种可能呢？"

季雨时站在房间中央，抬起手腕看了看通讯器：“现在已经有两分钟了，你再看看，口香糖还在不在？”

Zoe 回头看了下，惊道：“不见了！”

房间里的半盒口香糖幽灵般消失了。

Zoe 从梯子上下来以后，季雨时把自己的想法告诉她：“如果我们真的扔了口香糖，那么现在右边的房间里就该和左边房间一样，出现半盒口香糖才对。”

这样的话，事情在这里发生的顺序就和森田佑的遭遇一模一样了。

经过实验，季雨时的想法被证实了。

这三个房间的确有着不同的时间差，且不可直接跨越。

季雨时在思考，之前 Zoe 他们提到的 Chuck 的死亡，也是在进入一个房间的瞬间发生的。那么到底是某部分房间有时间差，还是所有的房间都有时间差？会不会他们在房间里穿行的安全与否其实与颜色无关？

季雨时问：“Zoe，森田说 Chuck 死亡的房间里圆球是黄色的？”

Zoe 说：“对，你想到了什么？”

季雨时摇摇头：“暂时没有。我需要更多的数据。”

相同颜色可以走的理论被推翻，不同颜色似乎也有可能面临死亡。他们查看了周围，除了那两个诡异的有红色圆球的房间，剩下的分别是一个黄色、一个绿色和两个蓝色。

Zoe 想了个办法，往每一个房间里都扔了一颗口香糖观察后果，但它们都静静地落在房间的地板上，毫无反应。季雨时又观察了两分钟后的房间，它们也没有受到其他颜色房间的影响。

看上去周围这些房间不存在时间差，可即使这样，他们也不敢贸然选择一个方向前进。

他们好像被困在这里了。

（中略）

Zoe 打开有绿色圆球的房间，地上出现一个圆洞，她扔下的口香糖还留在那里，看上去毫无危险。她一边准备往下，一边说："如果我获得胜利，那将是来自我的勇气——事实会证明七十年后的守护者可比七十年前的强！如果我死在绿色的房间里，你要记住，是我给你创造了胜利的机会，你欠我的，季。"

说完，她消失在圆形洞口。

"嘀——"的一声，门关上了。

可是，与此同时，"嘀——"的一声响起，在那扇门关上的刹那，另一扇门被开启了。

门里，Zoe 走了进来。

跟在她身后的，是活生生的森田佑。

他们似乎看不见季雨时，对季雨时的存在无所察觉。

只见森田佑一边跳下梯子一边说："我之前一直是做文职工作的，本来打算去做记录者，守护者缺人我就报名了。战斗力、经验都还有点跟不上大家，所以和队友还不是特别熟。"

紧接着，季雨时看见"自己"出现在洞口，顺着梯子往下爬。

他无声启动嘴唇，跟着那个"自己"说："文职工作者自有长处。多出几次任务，你们就会慢慢熟悉了。"

第64章

眼前的 Zoe 拿出了匕首，准备在地上刻下标记。

可是，地上已经有一个标记了。

进来的这三人看不见季雨时，也看不到地上已经存在的标记。

季雨时站在 Zoe 的背后，清楚地看见她握着匕首，一笔一画都刻在了原本就已经存在的阿拉伯数字 11 上面。

然后，Zoe 站起来，像之前几次一样取下了悬浮在空中的红色圆球并按下开关。

他们开始观察周围房间的圆球颜色。

森田佑检查完两个，就去了左边房间伸出来的梯子上，一步一步往上爬："红色！"

季雨时站在原地一动不动，看到"自己"走了过来，然后穿过了他的身体，爬上了右侧的梯子。

他像一个不该存在于此的幽灵，不能被感知到。他回头，看到"自己"爬到了梯子上方："红色……等等。"

他们发现了右侧房间里的头颅。

然后选择了去左侧的房间。

三个人的对话、行为，都按照之前的情景重演了一遍，森田佑死在了左侧的房间里。

季雨时看见他们方寸大乱，Zoe 的不可置信、他的苍白颤抖，他看见"自己"吃了药，也看见他们重新用口香糖做了一遍实验。

他们被困在了房间里。

季雨时像个局外人一样看着这一切重复。然后，他看见"自己"走到了角落里坐下，开始玩黑白游戏掌机并等待新的转机。而 Zoe 在房间里走来走去，好一会儿才消停下来，坐在一旁发呆，眼神放空。

这是怎么回事？

有过那么多离奇的、不可思议的经历以后，面对这种情况季雨时还算冷静。

他所在的这个房间，似乎以他们进入以后为起点，将时间停留在了 Zoe 离开后的那一刻，然后重复这个过程。那么，左侧和右侧那两个有红色圆球的房间又会发生什么？

季雨时从空中拿下悬浮的圆球——他拿走以后，原处自然还悬浮着一个，那是属于几个小时前的圆球，他试图碰了碰，但是和"自己"能穿过自己的身体一样，他的手也穿过了圆球。

这说明他们并不是同时存在的，三人的到来更像是被按下了录影键后的情景重播。

季雨时拿着圆球，爬上了左侧梯子。

他打开通往左边房间的圆洞，发现原本躺着森田佑尸体的房间还在，右边有森田佑头颅的房间也还在。但是顶部有黄色圆球的房间不见了，变成了一个悬浮着绿色圆球的房间。

季雨时一一查看了六个方向的所有房间。

从上下左右前后的顺序看，它们由原本的黄、绿、红、红、蓝、蓝，变成了蓝、蓝、红、红、绿、蓝，也就是说他周围除了左右两侧未变，其他所有的房间都变成了蓝色和绿色。

这种改变是因为 Zoe 离开了这个房间，每当有人从一个房间去到另一个房间并关上门以后，原本的房间就会移动。

因此季雨时所在的房间周围发生了变化。

季雨时发现，他周围六个方向中，除了左右两侧的红色房间没变，其他四个方向全都改变了。

他无意识地停留在原地，大脑飞快转动，在脑海中快速构图分析。

季雨时发现如果将左侧、当前所在的房间、右侧三个没有发生改变的方向视作一行的话，现在的情况就像是他所在的这一行同时往左边或者右边前进了一格。

果然，在魔方里，正如他之前对森田佑与 Zoe 说的，每一次移动都不是单个房间的移动，而是一行或一列的房间一起移动。

这种移动的规律是什么?

季雨时暂时不明白。

可是，这种移动的规律却给了季雨时一个提示。

魔方所谓的拼接，会不会是指把这些房间用移动的方式拼接起来?如果弄懂了这些房间里每一列、每一行的移动规律，把相同颜色的房间拼起来似乎不是难事。

但相同颜色的房间有时间差，如果穿行到颜色相同但时间不同的房间，就会有和森田佑相同的遭遇。那么……他们是不是还得把这些颜色相同的房间按照某种顺序拼起来？

新的问题出现了，如何在保证自己安全的情况下去确定每一个房间的时间差？

季雨时无法得到答案。

他有足够的耐心，他需要继续思考。

季雨时一个人待在房间里，身边除了几个小时前的 Zoe 烦躁地玩弄匕首的声音，就什么声音也没有了。

而另一个“自己”，正靠墙而坐，手中玩着俄罗斯方块。

或许是因为这个房间里的时间被固定在了一段时间范围内，季雨时并不觉得饥饿困乏，在这个房间里，他的身体机能好像也被固定了。

近五个小时后，Zoe 打开下方有绿色圆球的房间，离开了这里。

她开门的时候，季雨时看着另一扇门同时开启，然后看到第二批他们走了进来。

他下意识看向墙角，只见第一批那个重复到来的“自己”消失了。

新的“自己”跳下梯子。

新的 Zoe 开始在地板上刻下阿拉伯数字 11。

新的森田佑在左侧的房间尸首分离。

作为一个执行过八十九个记录者任务的人，季雨时是一个完美的旁观者，他像旁观着一段历史一样看着第二批的他们，记得他们的每一个东西，吐出的每一个字句。

季雨时的思考没有结果。

不知道到底在这里待了多久，第二批他们离开后，他又看到了第三批、第四批他们。

数次重复，漫长的等待，不是因为季雨时懦弱。

他太想赢了。

“所有时代意义上的天穹”说，完成它规划的所有任务后，他们不仅能回到自己的时空，还会在不影响时间线的前提下给他们一次奖励。

当然，他们回到自己的时空后季雨时也会得到属于他的记录者奖励。但季雨时不敢肯定，在他们被时空劫持的第三秒中发生的这一切能否得到当前时代天穹的认可。如果第三秒中发生的一切不能得到认可，他将重新完成A级任务，然后等待评估——重重程序办理下来，又将是一个烦琐而漫长的过程，还有诸多条件加身。

所以季雨时不仅想回去，还想要这一个奖励。

眼前的Zoe离开了这个房间。

新的一批他们同时到来。

季雨时冷静地看着他们重复死亡与惊慌，兀自在自己通讯器投映出来的全息投影中计算。

在很小的时候，季雨时经历过比这更久的等待。

他非常有耐心，就像小时候花两天写了从天花板到地板那么多的斐波那契数列一样，他画了图，写了公式，列下数种可能性。

这批新的他们用口香糖做完了实验。

那个“自己”问：“Zoe，森田说Chuck死亡的房间里圆球是黄色的？”

Zoe说：“对，你想到了什么？”

听到这对话，季雨时在全息投影中书写的动作停住了，他看着左边自己画出来的魔方。

Chuck死亡的房间是黄色的。

而Zoe没有离开前，这个房间的上方，是一个有黄色圆球的房间，现在它变成了蓝色。

季雨时清楚地记得，他们之前一起穿行过的房间周围也遇到过黄色，它的数量随着他们的移动，似乎一直在减少，现在他的周围干脆一个黄色的房间都没有了。

全息投影中的魔方有六个面，如果每一个面的颜色不同，他直到现在为止也只见过五种颜色，它们分别是：红、绿、蓝、紫、黄，还有一种颜色未知。

他回忆他们的行动路线：紫色只见过一次，黄色越来越少，而红色一直都在，绿色与蓝色在增多，现在他的周围全都变成了蓝色与绿色。

这些改变再加上他们的行动方向与房间的移动规律，直逼一个重点：他在靠近蓝色、红色、绿色同时存在的点，如同往魔方三面交会的地方靠近，离黄色越来越远。

季雨时把这些颜色在魔方上标出来。

他惊讶地发现，魔方中黄色与尚未知晓颜色的那一面，其中有一面必定与红色不相邻。

进入黄色的房间会死掉。

那是不是说明因为黄色与红色的面不相邻，所以人在穿行这两种颜色房间的时候行不通，所以会死去？

Zoe 选择绿色房间继续前进，那她还活着吗？

季雨时站起来，重新拿到了圆球。

他现在只有两个选择，蓝色、绿色。

就算再等待下去，这两个颜色也不会改变，他只能在里面做选择。

蓝色与绿色都和红色相邻。

季雨时打开了蓝色房间的门。

他爬上了梯子，一步一步走到了圆洞口。

他回头看了一眼，只见房间里的“自己”回到了角落里，开始玩游戏，Zoe 则在房间里走来走去。

他们将在这个被固定时间的房间里无休止地重复下去。

季雨时翻越洞口，手中的红色小球被一股怪力吸引，重重地弹回了原处，紧接着“嘀——”的一声，门在季雨时后方关上了。他平安到达了有蓝色圆球的房间。

正要取下蓝色圆球观察周围房间的颜色，季雨时又听到“嘀——”的一声在后方响起。

有人跳下了梯子。

季雨时来不及看清来者是谁，就被人狠狠地推得退了几步，整个人重重地靠在墙壁上。

熟悉的气息扑面而来，刹那间他有些不敢相信。

那道低沉的嗓音严厉：“季雨时！”

他抬头。

仿佛很久不见，眼前的宋晴岚胡子拉碴，显出了几分沧桑。

宋晴岚低头看着他，一双黑眸中的情绪不明，几乎是凶神恶煞地问：“你去哪里了？”

［节选自晋江文学城］

【粉丝评论摘编】

@木水拾陆：

作为一本无限流小说，《薄雾》可能稍显短小，但是它具备了其他长篇无限流小说可能忽视掉的感情线部分（此处没有说别的无限流不好的意思，每一个作品都有它的长短之处），我在看的时候需要做很多的笔记，写分析，画图，百度，我想追更[1]的大家可能也是这样。那么作为作者，微风老师应该是下了更

① 更，即更新，指作品更新。

多的功夫，在严谨方面大家应该也是有目共睹的。非常感谢微风老师带来了这样的一部作品，《薄雾》也会是我个人在无限流作品中印象最为深刻的佳作。微风老师的进步真的是超级明显，一百多天，这一部作品的呈现。无限流很难写，这本和《小行星》给我带来的感觉是完全不一样的，但是字里行间的感情却都是来自真心与付出！……剧情线进展紧凑，中间的日常部分也并没有说直接放松，反而是埋下了许多伏笔。在看后面的时候会突然一惊——居然是这样！结尾部分我第一次看的时候觉得，好短啊，总觉得没收好，但是重新看一遍，才发现，收得简直太妙了！

（选自晋江文学城评论区长评《时间才是唯一的计量标准》，2020年6月13日）

@温酒煮青花：

看这部作品就让我想起来了以前看到过的许多关于平行世界穿越时空的电影，里面许多东西想象不出来就可以去B站[①]补两部电影，《环形使者》和《年鉴计划》，基本就能懂《薄雾》里面的剧情了。这两部电影和《薄雾》里面几个副本任务理论差不多，穿越时空的记忆重叠改变，一个完整的时间圆环闭合或者多个平行时空的诞生，同个时空不同的自我本体，改变事件以后连锁反应之类的。就是《薄雾》这本感觉写得还挺短，没想到居然不是那种大长篇。

（选自微博，2020年8月29日）

@VAS待灵：

看《发光体》的时候我觉得一般，没想到低估微风几许了。

好看吗？好看。

看懂了吗？没有。

无限流文，整整五个副本愣是一个都没懂。全部都是时间锚、空间穿梭、祖父悖论、宇宙缝隙这种我这样的文科生一辈子都无法想明白的东西。

① 即bilibili网站。

……真的挺好看的，如果看懂了的话。

（选自微博，2021 年 9 月 28 日）

@阿卡狮：

我个人感觉暴露了一个设定上的缺陷，作者把天穹系统定义为正义且被坚守的东西，这个问题在于，这项技术是掌握在上层手中而不是全民享有的，天穹的存在实际等同维护特权。具体来讲，就是在可以调整过去或未来的情况下，未来将会遭遇恐怖袭击或天灾的死者，和意外身亡的死者权利不对等，一个被定义为可以被天穹系统拯救的，一个可以救但上层不会救且认为是不值得利用天穹去救的，这等于底层人的生命价值由于天穹系统的存在，是被上层人定义的，且无从反抗。或者说，比如就如今理解，恐怖袭击大部分会针对关键人物，那么所谓的避免这些，是不是另类的以权谋私，而天穹技术掌握在同一批人手中，那么小队的奉献针对的到底是全民还是特权阶级？

（选自晋江文学城评论区长评，2020 年 7 月 17 日）

（导引、简介、节选、粉丝评论摘编：肖映萱）

时间辗转，唯爱永恒
——评微风几许《薄雾》

肖映萱

悬疑、恐怖作为纸书时代的通俗小说类型，虽有固定受众，在网络创作中却长期处于相对小众的地位。然而近年的女频小说堪称是迎来了悬疑、恐怖元素的全面复苏，《薄雾》正是这股浪潮中的一朵。

在短短40多万字的篇幅里，作者张弛有度地排布了四个复杂的时空副本和一条主世界线。主角们所在的天穹七队被掌控时空的系统劫持，只收到寥寥数字语焉不详的任务提示，就被骤然推入危机四伏的副本世界，疲于奔命地寻找破局的线索。读者们的大脑随之高速运转，一面接收着信息量巨大的逻辑推理，还来不及消化旧的，即刻又有新的悬念袭来；一面感同身受着未知的恐惧，有时是丧尸来袭、身首异处的直接冲击，有时则是仿佛对镜自照、镜中人朝你一笑的背后发凉。烧脑和肾上腺素的双重刺激，促使他们不断投入下一个、再下一个副本中去。

而《薄雾》之所以能在一众悬疑、恐怖故事里脱颖而出，则要归功于它的核心类型——硬核科幻。在四个副本“衔尾蛇”“卡俄斯”“我是谁”“魔方”和主线“现实—闭环—超载”连缀而成的五个情节段落中，作者以炫技般的密度，玩转时间锚、双缝干涉、气泡世界、祖父悖论等物理概念，展示了五种既相异又相关的时空装置。小说的评论区活跃着一群认真梳理时间线、科普艰深物理知识的优秀“课代表”，她们致力于拯救一头雾水的文科生于“厚雾”。于是，无论看懂与否，读者都会先高喊一句“不明觉厉”，继而投入这场与科幻概念嬉戏的狂欢。

对于一篇“女性向”科幻文来说，《薄雾》也确实足够硬核。时空装置既是组织文本的结构，也是故事本身。作者以清晰的笔触，条分缕析地将每一种装置描绘于读者面前，但仍旧太过复杂，尤其是对非科幻爱好者而言。以至于用记笔记的方式梳理时间线，的的确确成了看懂这些装置的最佳手段。以第一个副本“衔尾蛇”为例，这也是“课代表”们最热衷于梳理时间线的副本。天穹七队进入了一个有原始出生点、全员阵亡后立即回档重来的丧尸围城游戏，它不只是无限循环的，每一次重新出发开启的新时间线，都会与之前、之后的多条时间线重叠，像衔尾蛇一样因果相济。简单解释的话，时间线产生的机制是：

小队 1(1 指第 1 次读档形成的时间线，下同）的阵亡原因是被空间车撞死。

小队 2 吸取经验，避开了空间车。阵亡原因是被黑墙吞噬。

小队 3 为躲避黑墙抄捷径，驾驶空间车，发现原来是自己撞了小队 1。

知晓了 1 与 3 的因果关系后，就会发现 2 同样对应着一组因果——小队 2 避开了的那辆空间车里也需要有人驾驶，由此反推，必然存在第 4 条时间线上驾驶那辆空间车的小队 4。

以此类推，更多选择引发不同时间线，生成了更多的小队，但只有小队 3 和小队 4 之间不存在“鸡和蛋”的因果悖论，被允许并行。因而其他后来生成的小队都开始为这两支队伍的推进创造机会，甚至牺牲，直到他们制造出黑墙，关掉时空裂隙，完成副本任务。

以上是对“衔尾蛇”时空装置和副本情节的粗暴简括，不可谓不硬核。这个装置还引出了后续的时空裂隙与时间锚的关键概念，让读者在阅读过程中逐渐领会——整部小说的结构也如同一条衔尾蛇，四个副本环环相扣，主线的悬念则掉头回到了时间锚的概念，组装成一个更大的时间闭环。

在科幻文学中，时空穿梭是一个古老的母题，在上个世纪以来的科幻小说、电影中不断被推陈出新地讲述着。但在网络小说，尤其是“女性向”网络小说领域，穿越多数时候只是借了这种时空装置最表层的壳子，很少把它当成本体。当新一代的“女性向”作家开始关注世界设定本身，《薄雾》的硬核才成为可能。作者毫不避讳，直言“魔方”副本的灵感来自电影《心慌方》(1997)[①]，全文的“参考文献”清单或许还可以增加《蝴蝶效应》(2004)、《环形使者》(2012)

① 作者在第 59 章、62 章的“作者有话要说”中都标明了“魔方”副本灵感来自《心慌方》。

等等。她当然从西方正统科幻中汲取了资源，那毕竟是一方硕果累累的沃土。但在同时代的科幻想象中，全球“网生代”科幻爱好者们站在了同一起跑线上。《薄雾》不仅很好地融合转化了前辈们的设定，以“无限流”“系统文”的结构使它们浑然一体，更因其“女性向”的受众面向，给一些原本对科幻不感冒的女频读者进行了一次科普。甚至有读者追完《薄雾》再去看三个月后上映的好莱坞科幻大片《信条》，惊奇道：“有《薄雾》打底我看《信条》看懂了百分之六十（对，我还是好渣），但是！就是有一种自己见过世面的成就感！”[①]与好莱坞顶尖导演诺兰共享着相似的想象资源，一定程度上证明了中国新一代网络作者世界一流的幻想能力。

如何激活时空装置、掷出最初的时间锚？在科幻的叙事动力上，全球文艺作品不约而同地选择了回归“爱”的情感内核，在这方面《薄雾》因其“女性向”的本质而具有得天独厚的优势。事实上，微风几许的其他作品几乎都是都市恋爱“小甜饼”，创作题材和风格反差之大，令许多粉丝戏称为“魂穿型”作者，她在“爱”的叙事上自然驾轻就熟。

在《薄雾》的设定中，穿过层层叠叠的时空装置，唯一能与时间抗衡的，是记忆。主角季雨时的“超忆症”——一种事无巨细、过目不忘的病，才是全文唯一的金手指。它意味着无论到了哪个时空，季雨时都永远不会忘记，永远能在人群中找出最特殊的那一位。

记忆，给了人们突破时空界限、永不走散的特权，这是爱的特权。在一切的开端，季雨时为了找到父亲死亡的真相踏上时空之旅。而故事的尾声，所有时空的身影重叠为一个记忆深处的背影，他终于认出，那是他苦苦寻觅十七年的父亲——原来父亲从未真正离开，原来他一直都是被爱着的。

“时间辗转，唯有爱恒久不灭。”[②]

① 引自微博账号 1kyne_forever，2020 年 9 月 5 日。
② 微风几许：《薄雾［无限］》第 103 章《正文完》，晋江文学城，2020 年 6 月 10 日。

异世常见人口不可告人秘密相关调查报告

郑小陌说

郑小陌说，晋江言情作者,2013 年起开始在晋江发布作品。代表作有《人鳗》(2014)、《宦难江山》(2017)、《沉默的救赎》(2018)等，其作品多以“边缘”群体为主要题材，如异形、太监、跨性别者等，与其细腻舒展的写作风格形成鲜明对比。在引发争议的同时收获一批稳定的读者群体。

《异世常见人口不可告人秘密相关调查报告》于 2018 年 5 月 1 日开始在晋江文学城连载，2020 年 1 月 13 日完结，总字数约 41 万字，为其创作至今篇幅最长的小说。入选 2020 年第四届晨曦杯。该奖项由资深网文读者自发举办，自 2017 年以来每年评选 20 部网络小说，一定程度上代表着土著“老白”读者的口碑。小说以女主角项静静的异世穿越之旅为主线展开，着力展现女主角与众多异世人口间的温情羁绊，风格率性跳脱，浪漫瑰奇，体现作者不俗的世界观架构笔力和想象力。

【标签】快穿　异世　人外

【简介】

社畜项静静罹患“穿越症”，每晚九点，随机穿越至某一异世界中停留一小时，并为该世界中因“想静静”而无意间“召唤”了她的某位居民排忧解难。

多次穿越后，项静静逐渐结识诸多异世界中的奇人，与他们成为好友，并渐渐触及其心灵深处的秘密。与此同时，项静静的现实好友空楠产生对留在异世中的向往，而项静静本人也发现自己对一位虫族战士萌动感情……

选文节选自小说第42章至第51章。女主角项静静与挚友空楠并肩穿越至奇幻世界，结识小公主、巨龙和剑圣等人。其间，项静静目睹巨龙食人，再度感受多维空间尺度下个体的无能为力和价值观的激烈冲突；而空楠却和巨龙签订契约，并不止一次感受到异世对自己的强烈吸引，最终决意抛却自身所处的“现实”之庸常，永远地留在这一奇幻世界中。异世携带的强烈而真实的“非日常”逻辑，在这对挚友的不同选择间凿下鸿沟。项静静被迫意识到多维空间尺度下，“现实”价值观的摇摇欲坠，由此对自己的“穿越症”发出更多质问。

【节选】

第42章

“……”

空楠发誓，这头龙刚才绝对悄悄地呜咽了一下。

她又笑了。

缩回身子，点起根烟，空楠温声说：“我开玩笑的。打败你对我来说已经足够了，我觉得你美和对你本身没有占有欲，这两者并不冲突。”

弹了下烟灰，空楠今夜第一次主动发问：“你是龙啊，没人夸过你漂亮吗？”

“……”

龙回以沉默。

龙的情商是真的欠奉，以至于随便一猜就知道它在想什么。而对于这种默认，即使是一个小时之前，空楠都会毫不留情地回击以嘲讽。

可人心是如此多变。

太阳穴鼓跳的那股狂热快慰被夜晚压住，空楠闭上了嘴，选择了回沉默以沉默。

天还没有一点要亮的迹象，空楠倚着背后的墙看着窗外，在视野里迷惑性的林海中渐渐泛起困倦。

无害的龙很暖和，在它旁边待着的感觉像以前贫穷时的冬天，她当时在北方的国企炼钢厂做流水线工人，家里没有暖气，等工线停后，她就和小组里的几个工友凑在一块，在炼钢炉的余温边缩着，烤馒头片和蛋糕，听英文原声的中世纪骑士小说。

那几个蛋糕，几本有声书，就是当时的她对生活细微的反抗，是她贫弱的英雄主义。

她一直都是自己的堂吉诃德。

靠近龙的确很暖和啊，速死和缓刑，哈……在它旁边睡着，也没什么不好。空楠在迷迷糊糊之间想着这些，慢慢垂下头去。

“……”

指间的烟安静燃烧，从长烧到中，再烧到短。

龙一直盯着空楠看，直到她松懈下来，垂着头吐出长长的气息。

她睡着了。

在它旁边睡着了。

她是不是蠢。

龙盯着空楠。

当然了，身为一条没怎么和人类打过交道的轻微社恐龙，克洛夫特洛德不可能理解空楠这种“一切去屎”的心情，它只是觉得这个巫师非常没有戒心，过于信任它。

她是觉得和它聊过一会天，它就不会把她烤成薄脆片吗？

……好，的确不会了。

CRAK。

克洛夫特洛德在心中发出一声龙族骂娘的声音，听上去像有人在你打喷嚏时摁着你的脑壳把你摔在地上。

狡猾的巫师，她知道它在想什么。

龙喷了个愤怒的响鼻，空楠在浅梦里动了动。她手上快烧到最后的烟被风一吹，明亮了一瞬。

龙的瞳孔收缩了一下，观察起那个细小的同族。

那个火看起来要死掉了。

……

噢噢噢，看，它挣扎了一下，又亮了一点。

……

哦不，它真的要死了。

龙有点难过。

把头往前凑，又观察了一小会，克洛夫特洛德做了个决定。

微张开口，它伸出分叉的舌头，用右边的舌尖顶开空楠的手指，把那个接近烧却的烟蒂吞进了嘴里。

烟的火在龙的舌头上躺着，沾上它的口水，它没有熄灭，却烧得更旺，烟草迅速闷烧，最后随着赠品般的欢愉感，在龙口中炸开一声细微的爆响。

在龙感觉，这就好像人吃下一颗跳跳糖。

它咽下那个烟蒂，快乐地大声呼噜起来，无力地翻了个个儿，身上忽然起了点变化。

与此同时，空楠醒了。

其实被舔时她就有点醒了，她清醒得很快，对现状理解得也很快。

但当看着眼前的龙缩得更小，甚至痛苦地喘息着，现出人的轮廓时，空楠还是有点……

没法适应。

短暂欢愉过后是撕裂的疼，龙呼噜着翻滚着，翅缩回去，却又重新显现出来，牙缩短又变长，幻化般显出的人脸是青少年的样貌。他有极长的黑发，和魅惑的面孔。

可惜这一切都太短暂了。

像坏掉的短视频，先是正播放，然后是快速回播，龙除了缩小到和空楠一样高，其他类人的变化都幻影般消失了。

（中略）

龙的目光又有点呆滞了。

沉默中，它盯着空楠眯起了双眸。

外边的天空已经泛白，长廊远处有动静，空楠拿开手回过头，发现是静静被吵醒了，她正打着哈欠收拾东西。接住她的目光，空楠对她微笑了一下。

与此同时，龙平静下来，可还是有些低落。

它抬起眼皮看了眼收拾东西的静静，头趴在地上，哀伤地说："你觉得我好看，是因为你没见过我的兄弟姐妹。我有个表兄叫玛利多诺多尔，它美丽得像月光一样。"顿了一下，它补充道："即使人形也一样。"

空楠环着手笑说："我是没见过那个玛什么……玛多多，但这不妨碍我觉得你好看。不过不变成人又怎么样？人的美和龙的美并不冲突啊。"

（后略）

第 43 章

（前略）

摸摸鼻子，空楠接过那卷纸和羽毛笔。

皮纸摸在手里意外柔软，上面绘满金红色的符文。空楠没见过这种皮，狐疑地摸了摸，静静也摸了，想了下她问道："你没有隐瞒什么吗？"

克洛夫特洛德生气地吼道："龙从不说谎！"

"行。"

吸了口气，切开皮肤时空楠基本没有犹豫，用血浸湿羽毛笔尖端，她在纸上写下了自己的名字。

汉字最后一画结束，契约上的文字忽然充满生气，它们从纸上鼓起来，抖动着，快乐地顺着空楠拿纸的手臂游走，钻进了她流血的静脉伤口，像一次交接。

血液瞬间停止流淌，伤口消失了。

"就……结束了？"

空楠反复看着自己的手臂，又抖抖空无一物的旧皮纸。

"空楠！"

就在这句话落地的下一秒，她感到一股巨大的灼烧感在血液中游走。血管因到达顶点的温度几乎尖叫起来，鲜红的液体沸腾啸叫着冲撞她的内脏，五孔腾出蒸汽，皮肤被蒸红，疯狂渗出汗液。

剧痛迫使她嘶吼着跪下，烧灼使澎湃的生命力大量流失，空楠感到有什么在猛烈抽取她的活力。她感到站不起身，跪都跪不稳，最后只能趴到地上。

生命体的水位差在三四秒之间迅速趋于平稳，属于龙的重量被重重洗过的身体接纳回去，属于她的生命力又丝丝回来了。虽然不是全部，但这些足以支撑空楠站起身，掏出枪，指着能够再次活动的克洛夫特洛德。

虽然她的双手还在颤抖。

不是因为失去什么，而是被反耍的愤怒，人的傲慢让空楠牙关紧咬，面孔豹变。

重新浮现的厌恶，和另一种鼓噪在血液中的快感奔腾叫嚣，这结果她有所预感，只是抽离出来看，她不明白为什么自己仍旧会感到畅快。

不需要理智，身体替她挑选了现在最合理的情绪。

“我要杀了你。”

她一字一句地说。

静静站到她的身后，手伸在包里准备着。她看见空楠刚才的样子，当然理解怎么回事。

好朋友不说脏话，但她真的想痛打空楠的狗头！

朋友别瞎撸啊，现在说啥都晚了。

小公主事不关己地环着手站在边上，龙则抖抖翅膀，重新站了起来。它没有变回原来的大小，只是长回了两米那么高。

盯着空楠的双眸金焰炯炯，它伸出分叉的舌头舔了下鼻子，喷出一股湿热的气。

“噢，你不能。”

它低声呼噜，语气中那超越种族的恶意和愉快让人轻易感知，双角猩红。

撒旦之角。

撒旦。

黑龙。

空楠和它对视着。

她想证明龙说得不对，可她竟然无法扣动扳机。中指在粒子枪的包裹中打着战，在每次被强迫靠近扳机时瑟瑟发抖。

它成了无法瞄准的目标。

想吼叫，却也想大笑。

奇怪，奇怪。

数次深呼吸，空楠抿着嘴问:“你抽走了我的生命，是不是？”

龙说:“一部分，这在契约里写了。”

空楠说:“但你没有告诉我。”

龙从喉咙里发出一串咯咯声，像只快乐的小母鸡下了十三个蛋。

“但我没有说谎。”龙说，“我告诉过你，龙从不说谎。”

空楠无言以对。

如果是静静，她一定能理解。

她能理解自己，能计算他人，还能跳出来，去思考超越人类身份的情感。更重要的，她能不耍心眼地去和别族沟通，也一定能穿透并识破这种诡计。

但这场主导的是她。

没睡觉的是她，夜聊的是她，轻敌选择耍心眼的也是她。

她自找的，她活该被套住。

被他妈的一头恶龙。

（中略）

流着汗的粉红色皮肤如被晒伤般，灼痛无法停止，但空楠还是回头，对静静笑了一下。

吸口气，她走到龙身前，拨开头发露出后颈。

龙缓慢落下上半身，像被一片无法抵抗的阴云渐渐笼罩，温暖的气息靠近，空楠的后颈起了阵寒毛。

下一秒，一个有点刺刺的东西刷过她的颈项，细微的隐痛忽然消失，皮肤上仿佛暴露出一个空洞，缺少什么的阵阵刺痛传来。

接着是舔舐。

一下。

两下。

三下。

皮外的刺痛消失了。

“好惹[①]。”

龙的呼噜有点含糊，空楠回不过神地抬起头，头顶上方极近处，龙正嚼着从她身体中抽出的血晶石，咯吱咯吱的。

“好次。”它评价，“你 hin 好次。”

后退出龙的笼罩范围，空楠摸了下后颈，石头般的触感的确消失了。

它说的明明是帮她把刺拔出来，却连带治好了她后颈的空洞，这让空楠有些迷惑。

（**后略**）

第 46 章

在龙承诺帮忙后，空楠和它做了个简单的约束协定。

这次龙也按了自己的名字，约定惩罚也还好：如果谁打算违反，嘴就会暂时消失。

协约做好，龙告诉空楠，她得去买个能探测静静灵魂完整性的东西。如果她灵魂没有缺损，那东西就能叫醒她，器皿不贵（起码两百年前一点都不贵），

① 即“好了”，因龙吐字不清所致。下文“好次”即“好吃”，“你 hin 好次”即“你很好吃”。

也很常见，普通的矮人工匠就有。

把静静擦干抱出来，空楠洗掉脸上的汗，换好衣服出来，她看着龙再三确认后把皮纸收起来。想了想，空楠戳了下趴在床上晃脑袋的龙。

“嘿。”

她试着叫它。

“克洛夫特洛德。”

“！！！”

克洛夫特洛德像被电击了一样抬起头。

它是头孤独的龙。

从出生到现在三百多岁，除了黄金沙海，克洛夫特洛德没有什么能跟人炫耀的藏品。因为表兄玛利多诺多尔和它那个狗屎红龙朋友，克洛夫特洛德早早从龙岛飞出来，更没有机会再进入龙墓秘宝。它也没有群居的族人，没有亲密的友人、爱人，甚至除了龙这个身份，它没有和这个世界多哪怕一分的联系。

它的确告诉依芙菈可以叫它克洛洛，但没有其他任何人知道它的真名。

名字是尊严，是高傲，是其他龙对亲密者的信任，而它的名字……是怯懦者的保命符。只要没人知道它的名字，那些巫师的命理丝绝大多数情况下就抓不到它。

可现在，它被知道了。

克洛夫特洛德战栗起来，瑟瑟发抖。

“你……你怎么知道我……”

它的呼噜声断断续续，听起来像烧开水壶的尖叫。

“你写在协约上了。”空楠说，“不知道为什么我能读懂，因为和你签了之前那个什么契约？”她猜测道。

龙的战栗却无法停止。

它失误了，它失误了，它失误了！

“立刻忘掉！”它吼叫道，“立刻！马上！忘掉！”

空楠挑眉说："抱歉，人类的记忆不是这么运作的。"

她抬手抓住龙大叫的吻，像捏住小鸭子的嘴巴，克洛夫特洛德以肉眼可见的速度鼓起来，肚子变成一个球。

"总之你先听我说好吗？"

空楠拿出工作时候的耐心来，勉力脱离狂热状态，稀薄的理性开始抬头。

"我得跟你道个歉。"她郑重地说，"虽然咱们处在合作关系，但你接受不接受，原谅不原谅那是你的事，我没任何资格强迫你，我只是想跟你道个歉。"她缓慢放开它。

"对不起了。"

"……"

龙瞪眼盯着她，没有再大叫。

从没有人跟它道过歉，法师没有，杀到它城堡的骑士没有，在屎坑边上威胁要踹它下去的杜罗罗更没有。

没有。

"为了什么？"过了一小会，龙轻声问。

空楠想了想："为了一切。"

顿了下，她说："其实说实话我也不知道，这样说可能挺不真诚的，但我只是觉得应该这么做。好像落地以来我做的事都是错的，不过除了攻击你，不，包括攻击你，所有事我都不怎么后悔。我喜欢这里，这里让我感到熟悉，让我狂热，除了前进，我好像什么都想不了。"

空楠说："我好像回到了故乡，归乡感让我什么都忘了。"

龙迷惑地鼓起眼睛上的皮，空楠的道歉让它暂时忘记了刚才的紧张。

它说："可你的血没有这里的气息。"

空楠说："当然了，我可是纯粹的人。"

龙抬起鼻子闻闻空楠，绕着她爬了一圈，踩着运动裤爬到她腿上，鼻子凑到空楠脖子附近嗅。

“你灵魂里也没有这里的味道。”它说，“你不是灵转巫师。”

空楠捞起它塞进袍子里。

“早就说过了，不才一介普通人。”

龙的爪子抓着她的运动服，尾巴缠在她大腿根上，从袍子前襟露出小小的头，吐了下分叉的舌头。

“那我不懂你在想什么。”

空楠笑笑：“人自己经常也搞不懂自己在想什么。”

她起身正要开门出去，忽然感到腹侧很痛，龙的前爪抓在皮肤上，直对她的心脏搏动点。

“喂。”空楠朝下看，对上它金芒闪耀的眼睛，“你干吗？”

龙说：“协约上还要多加一条，你不准透露我的名字。”

空楠戏谑地挑眉说：“名字对你就这么重要吗？克洛夫特洛——”

“不准说！”

龙的声线烧到一百度，又是一阵强行的抽取，窒息感让空楠嘶嘶抽气。

“喂，你不用来这招。”她咧着一边嘴笑了一下，“你说加就加。”

（中略）

餐馆里的博彩业务如火如荼，支着头和龙一块看了一会，空楠感觉到龙渐渐发出了种快乐的呼噜。它自己大概没意识，但通译器抓取了靠得最近的语言，空楠满耳朵都是“高兴高兴高兴开心高兴哇高兴高兴哇开心”，类似这样的词语在刷屏。

虽然很吵，但她微笑着垂下视线看了它一会，什么都没有说。

抬起眼，正当空楠脑子里记挂静静的时候，神拨了下她的头颅，让她转了35度角，和另一个人的目光相接。

抚摸龙的手瞬间停了下来，改为拍打。

“喂。”空楠尽量不动嘴唇地说，“喂喂喂喂，赶紧回去，快点。”

龙开始还没搞清情况，当顺着她的视线看过去，它唰一下缩回了空楠的袍子里。虽然克洛夫特洛德还没有尿到再次缩着发抖，但它确实抱紧了她的腰。

和空楠隔着一整个餐馆对视的，是个年轻的圣光骑士。

他长得极美，高个子宽肩膀，骑士铠齐挂，肩章披风一个不落。披散着的茶色长发像一把顺滑的马尾，在餐馆的烛光下发着光。眼睫下，那水洗的天蓝色眼眸正静默地望着她。

他是个太过标准的骑士，空楠实在不知道刚才为啥自己瞎了眼没注意到他。

大概因为门口坐了三只带翅膀的半精灵，它们太耀眼了，或者……噢，空楠知道原因了，他边上坐了个弓着身的巨怪，巨怪把他挡住了。

一时间空楠心情很复杂，她带着一条还没恢复力气的龙，好友又睡在楼上，虽然很想趁视线被掐断的这个机会离开这里，但她全身细胞都在吼叫，让她去和这个骑士各种意义上地大干一场，而且她要等的人也还没来。

冷静，冷静。

踌躇了仅一秒，静静和……好，虽然不想承认，静静和龙就在她心里占了上风，她戴上兜帽准备往餐馆后门窜，跑掉之前最起码不能饿肚子。

可低着头刚要起身，视野里就闯进一双干净的靴子。

真是奇怪，明明就是一双靴子，可它闯进来的方式却让人感到很礼貌。

“年轻的巫师小姐。”

像有人在她耳边拨动低沉的弦乐，严正而温和。

“在下是坎特大陆的圣光骑士坎特兰·裘，剑号莱伯尼茨，能恳请您的允许，让在下和您同坐吗？”

第48章

（前略）

随着传令官的长哨，登上马车的静静她们被拉到皇宫，骑士队停在宫门外等候她们。

仍旧前行的她们并没有被正式传召，马车直走侧门，停在了大花园里。仆从随后带领她们打开一扇又一扇金丝大门，直到听不见外面任何声音，她们终于见到了小公主。

她青了一只眼睛，嘴角有点瘀血，半坐在床上看书。

卧室里只有她和一个侍女。看见她们进来，依芙莅瞪起眼睛，第一句话就是："克洛洛带来了没？"

以小公主的智商，既然能查到她们在哪住，也当然知道她们的行程现状，猜到龙现在什么情况不会太难。可空楠犹豫了一下，最终选择说："你要它干吗？"

依芙莅说："把它给我！"

空楠还想说什么，小公主朝旁边挥了挥手，说："在她包里。"那个手臂粗壮的侍女突然上前，以迅雷不及掩耳的速度把克洛洛揪了出来。

下一秒，侍女的手臂就消失了，它变成一堆焦灰撒在地上。

静静和空楠同时爹起后背的汗毛，静静是因为惯性的警惕，空楠却感到激流飞蹿过周身的血管。

落到地上，克洛洛抖抖翅膀，张开收紧的能量，变到了两米多高。

"凡人的脏手，不要碰我！"

它爆炸般释放出一种前所未有的恶意，弓脖子盯着缩在自己失禁痕迹中哆嗦的侍女，喷吐出一道细细的火焰，在炙烤的香味中大快朵颐，三两口吞吃了胖侍女，一滴血都没剩下。

"哈，肥皂味。"

它的呼噜声近乎咬牙切齿，为这不知名的怒火与烦躁。

妈……妈妈！

当面吃人太虎了！

人被像烤猪一样当面吃掉，没有征兆，静静紧张到浑身紧绷，后退贴着后面的墙，拿紧包里的小伞。

这条龙的情绪实在不太稳定，论危险程度简直可以和女王媲美。

空楠没有动。静静吸口气刚想伸手拉她，可一扭头，看见了她的表情。

“……”

愣了片刻，静静抬起的手慢慢收了回去。

也许空楠自己都没有意识到。

没有意识到……她看上去多么开心。

她喜欢的，真的是骑士吗？

“啊，烦死了你！”小公主的声音把静静拉回来。

转过头，依芙菈趴在床边大声抱怨：“你吃了她谁给我梳头啊！她妈妈对我还很好，我怎么跟她说啊？克洛洛你真是一点儿也不考虑后果！”

“人类多得很，换一个就行了。”克洛洛打着嗝咕哝，好像在对公主，也像在对自己说。

“你以后不要让他们朝我伸手，我让着你，可不会让着他们。”

小公主哼了一声，似乎因为克洛洛把她当朋友的话取悦了她，她没再追究其他，连一开始的怒气都忘了。

如同空楠没有意识到自己在笑，静静也没有意识到自己紧紧地皱起眉。

她能理解，却不代表能够同意。

静静有点生气地说：“人类这么多可以替换，龙也那么多，你也可以被替换吗？”

所有人都转头看她，克洛洛理所当然地回答说：“我们龙可是独一无二的。”

喜爱残酷，却不代表喜爱高傲，空楠因此对它迅速报以嗤笑：“你这是哪来的狗屁高贵论。”

克洛洛好像更生气了，大声呼噜：“是神规定的法则！我比人类宝贵！”它目光炯炯地盯着空楠，意有所指。

“生权神授，天物法则，读过书的人都知道。”小公主翻了个白眼接话，同样理所当然地说，“你们两个还是旅行者呢，见识真差。”

空楠咂了下舌，而静静闭上了嘴。

人文主义和有神世界的刻板价值观在此碰撞，几乎同时，穿越者的两人都意识到，后者的观念比她们更不可更改。

不可更改，就求同存异。

似乎叫她们过来就是要冲克洛洛发通脾气，事情过去，小公主不知道怎么做通了她爸爸的工作，安排她们住在了没有几个人照料的遥远夏宫，方便克洛洛隐蔽和恢复，以便再带她出去飞。

而那个侍女，再没有被人提起过。

她们在夏宫里一连住了六天，手表时间终于走过了漫长的四十分钟。

这期间，有时候空楠会独自出门，受制于契约她会带上克洛洛。静静知道她是跟谁去的，她选择不追问。

每次空楠回来，克洛洛都会发脾气，静静也总是会劝架。不过那以后，她再没就价值观的问题和谁争论过。

有的晚上，静静会坐在院子里反思自己那天的鲁莽，穿越过这么多世界，她一般不会冲动地顶撞别人的价值观，而克洛洛又是很危险的家伙。

她觉得自己大概是在这里待得太久了。

或者……

她把头埋进膝盖里。

或者她只是在责怪代表这个世界法则的黑龙，撬开了空楠社会性的壳子，从她身边抢走了这个朋友。

骑士，巨龙，还有裹着糖衣的杀戮，空楠真的很喜欢这里，她能看出来。

（后略）

第 49 章

刚走到空楠住的花园外，静静就听到里面传出一声尖叫，还有骨头被嚼碎的声音。

她迅速停下脚步，过了一会才继续走。

她知道，那是克洛洛在发脾气。

它最近总是盘踞在空楠房间外的花园树丛里，已经有六个照顾空楠起居的仆从被它吃掉了。小公主虽然生气，但因为它没有惹更多的麻烦，也就干脆放任自流。

空楠只要带它出门回来后，龙总是会生气，有时会像今天这样吃人。空楠也会生气，或者和它争吵。但很快，吃人这件事也不再被重视。

因为这个世界的其他人，也都不重视。

空楠对这个世界适应得非常好。和静静这个永恒的旅行者不同，这六天下来，她在集市上学摆摊，跟半精灵喝酒，和矮人做生意赚快钱，尝试所有乱七八糟的饭，吃了吐，吐完接着吃。她用另一种方式掌握了如何生存，快速融入，像个天生就该在这里生活的归乡人。

走过丁香和桐梨花的统治地，在高大的奎木中间，在一千盏烛灯旁，静静果然见到盘踞在地上，舔舐血液的龙。

它抬眼百无聊赖地打招呼：“啊，好巫女，你来干吗啊？”

克洛夫特洛德擅自将静静划分为好巫女，空楠则是 CRAK 巫女。如果还记得前文的朋友大概知道，这个“CRAK”是龙岛骂娘的话。

空楠屋里的窗刚好是开着的，她探出半个头，笑对着静静。静静避开沾满血的那部分土地，把小公主的想法跟一人一龙说了。

“你想去看吗？”她问龙。

龙想了一下，克服社恐说：“好啊。”

从它的角度看不见空楠的窗，它于是抬起粘满宝石的尾巴，用镶着一圈钻石的尖尖用力敲空楠的房门，大声呼噜：“CRAK 女巫，我要去看妖精打架！”那股架势让人不禁怀疑，它答应去看打架只是为了能敲空楠的门。

空楠扣着袍子上的扣子拉开门，抿嘴说：“你要去就去，又没人会拦你。”

“噜！”

龙站起来快乐地抖抖全身，鳞片张开，随着大量蒸汽的喷出，静静看到空楠开始出汗。等龙缩小到能装进包里，空楠的额头上已经满是汗水。

静静递给她手帕，触摸到的指尖灼热，空楠看上去却没什么异样，似乎已经完全能够忍耐这些。她每一天都在发生巨变。

在出去这件事情上，龙老调重弹找起别扭，要求空楠必须抱着它。

空楠说：“不抱着你你就不会走路了？”

龙大声道：“不抱着我出门我就暴露了，我不好过，你也不会好过。”

空楠沉下眉头，转头说：“静静，你能抱着它吗？”

静静耸肩说：“行啊。”

龙立刻往后滚，赖在地上说：“不行，就要CRAK女巫抱着！”

静静：“……”

空楠：“……大哥，你就非看我不顺眼，要找我的碴儿是吧。”

静静：“……”

不，空楠，这家伙找碴儿是没错，但绝对不是这种动机。

大概是当局者迷，或者只是不想看清，克洛夫特洛德这种小学六年级男生揪喜欢女孩儿辫子的行为，完全被空楠错认成了找事儿。

而出于一种看热闹，主要是看龙热闹的心理，静静一点儿也没有提醒空楠的意思。

虽然和空楠看法一样，静静觉得这厮就是欠揍，但最后以不能让公主等太久为由，龙还是赢了这场战争。

静静第一次知道开心的龙和狗子一样会摇尾巴。

怀里抱着龙，两人和小公主会合后，大家上马车，从侧门溜出了夏宫。

（中略）

小公主皱眉看了她一会，噘了下嘴，快速地说：“那个被克洛洛吃掉的女仆，她经常给我讲故事。”

静静疑惑。

虽奇怪，但她还是顺着小公主说：“是吗？”

依芙菈接着说：“海妖湾战争，狂赌风暴，云雨图，遥远大陆献祭自己重生的剑圣……很多。她故事讲得很好听，我挺喜欢她，她妈妈对我也很好。”

她又说：“但是你知道，皇室的命运与离别纠缠，我永远做好和她分开的准备。死或生。”

“……”

静静猜到她的意思了。

她扭头看了眼帐篷制造出的深巷，那是空楠消失的地方。片刻，静静轻声说：“依芙菈，你真的很聪明哦。”

小公主擦擦嘴角的油，朝她那边挪了挪，高傲地说：“如果你很难受，我准许你再摸摸我。”

静静微笑起来。

她选择抱住小公主，抱起她搂在怀里。依芙菈挣扎了一下，最后只是声音很尖地哼了一声。

静静闭上眼，用脸颊蹭蹭她柔软的发丝。少女的头发金线一样，至近的距离下它们模糊着，像另一个世界，另一个家伙，朝她探出的柔软触须。

虫哥浮现一瞬，很快消失，静静想起刚才公主话里一个引人注意的故事。

“依芙菈。”她低头看小公主，“你刚才说的故事里，我记得有一个关于剑圣的？”

“对啊。”

依芙菈正费劲儿地剥一个葡萄柚。

静静接过来替她剥，边剥边说：“你能给我讲讲吗？”

依芙菈耸耸肩，擦着手开始说。

那是个遥远的故事，是吟游诗人反复传唱的故事。

曾经有一个少年，他有一双让少女倾倒的蓝眼，他还有一头林中湖水一样的茶色头发。他像巨魔一样强壮，有精灵般的美貌，他优雅得像诗，走起来如风。

少年被老骑士养育，于是少年成为少年骑士。在老骑士死后，少年骑士又成了少年骑士长。他像保护家族一样保护着他的大陆，像对待情人那样忠于他的圣剑。他带领着骑士队出生入死，在大陆边缘穿梭来往，斩杀巫师。

可是世事弄人，啊，世事弄人。

终于有一天，在那一天，成为青年骑士的他再度闯入沼泽巫师的阴影之地。互相争斗了这么多年，巫师终于失手了。

濒死的巫师对他下了最恶毒的诅咒，青年骑士被封进了书里。那是一本了不起的书，记载了时间长河，和长河的堤岸。

而骑士不知道。

世事弄人，啊，世事弄人。

骑士不知道自己被下了诅咒，他不知道他进了哪里，他以为自己被抛到了另一片大陆。这片大陆上也有骑士，有公主，有山川与万物，但回过头，他在万物外看到了观察者。

她有着黑夜的双眼，黑夜的头发，她手臂上有古老的图腾，纹路写满了智慧。

观察者从时间的长河外长久凝望他，而青年骑士也长久地凝望。他凝望她黑夜的双眼，凝望她黑夜的头发，凝望她手臂上的图腾，凝望她大笑时被骤然点亮的世界。

骑士爱上了他的观察者。

从那天起，骑士开始尝试跨出山川，跨出万物，跨出时间的河，上到那堤岸去。

可是世事弄人，啊，世事弄人。

骑士无法跨出，骑士无法脱离，真可笑，真可笑，一滴水怎么能跨出河流，一片叶怎么能离开大树。

后来，观察者消失了，无论骑士如何凝望，观察者消失了。是的，当一本书被看完，观察者总是要消失的。

青年骑士大哭起来，他现在知道了巫师的诅咒是什么。巫师诅咒他爱上风，爱上云，爱上一切最不可以爱之物。

他哭泣着，哭泣着，哭泣到剑发出哀鸣，山林尽数枯萎，他从青年哭泣到中年，哭出一汪泉水。

咸苦的泉水向他发话了。

它说骑士，你为什么哭泣。

骑士说我因离家而哭泣。

泉水说如果给我你的心，我将送你回你的家园去。

骑士说我不想回我的家园去，我因被诅咒而哭泣。

泉水说如果给我你的心，我将让你的诅咒远离。

骑士说我不想让我的诅咒远离，我因爱而不得哭泣。

泉水说如果给我你的心，我便将你的爱人送来。

于是骑士停止哭泣，让泉水拿走了他的心。跳动的心脏将泉水染成金红色。

金红色的泉水说骑士，我将送你回你的家园去，你将与诅咒远离，你的爱人将要到来，千千万万年，万万千千年。

骑士说那么，我将从此刻开始守望，千千万万年，万万千千年。

骑士被送回了大陆，骑士失去了心。失去心的骑士成了剑圣。剑圣于是开始了他的守望，他千千万万年、万万千千年的守望。

剑圣在自己的故土穿梭，抵抗卷土重来的巫师。他将自己的鲜血洒在山岗，山岗上于是长出一棵小树，小树下长出一个孩子。他有着黑夜的眼睛，黑夜的头发，他有着能点亮世界的笑。

剑圣养育着他，直到他成为骑士，生出另一个骑士。

而剑圣仍旧在守望，千千万万年、万万千千年的守望。

世事弄人，啊，世事弄人。

直到那一天，长河拍打堤岸，它送来了观察者的守望者，她有黑夜的眼睛，黑夜的长发，她的手臂上没有图腾，但她有能媲美太阳的微笑，她有钻石一般的心肠。

她说我祝福你，我祝福一切的你。

守望者来到，守望者又离开，泉水轻轻低语，是时候了，是时候了，那千千万万年的守望。

剑圣于是回应那低语，他说我将献祭。

泉水收下他的献祭，剑圣从此再不是剑圣，而大陆再也没有人记得他的守望。他将自己的千千万万年献祭，而他将从那泉水中重生，带着他的剑，和他虔诚的心。

他将跨出这长河，上到那堤岸，他将拉住他观察者的双手，献上他的心。

可是世事弄人，啊，世事弄人。

那美丽的剑圣啊，他曾经是一个少年，他有一双让少女倾倒的蓝眼，他还有一头林中湖水一样的茶色头发。他像巨魔一样强壮，有精灵般的美貌，他优雅得像诗，走起来如风。

那美丽的剑圣啊。

第 50 章

故事讲完没多久，空楠就回来了。她边走边大笑，笑容有点亮世界的力量。龙蔫蔫地藏在她包里，露出小半个头，浑身滴滴答答。

静静看着她走来，站起身接过龙，咽下故事，吐出话语。

“你们去干吗了？”

空楠还是止不住地笑，静静被她带得也笑。她从小挎包里抽出条毛巾给龙擦擦，后者则嘟噜着把鼻子躲开，生气地嚎道：“谎言师！欺诈人！不可相信者！”

“哈哈哈哈。”

“空楠，到底怎么了？”

“哈哈哈哈。”

“你该被鬼怪割走舌头！”

“哈哈哈哈。”

“空楠，不准笑了。”

“……唔。”

接住静静的目光，空楠抿着嘴憋住，断断续续地解释了刚才的事。

其实事情很简单，一开始聊得好好的，后来克洛夫特洛德这个蠢货因为信了空楠的胡诌，攒了十罐自己的龙屁，打算拿去和精灵交换宝石。

龙再珍贵龙屁也是屁，除了能燃烧没任何用，于是它就被精灵们用酸液喷出来了，还没出息地当场哭着打了两个滚。

静静：“……”

嗯，不想对这个故事做任何评价。

龙还是很生气，空楠抬手拍拍它的脑袋，笑着说：“行了我错了，回去我给你修指甲行吗？”

龙鼓着眼睛盯着她，呼噜着问：“真的吗？”

“真的。”

“撒谎你的舌头会坠进喉咙里。”这是个小小的诅咒，它被吐出来后，顺着空楠的契约血管钻进了身体里。

空楠：“……喂，真恶毒啊你。”

龙咧开嘴露出后槽牙，啪嗒啪嗒地甩甩尾巴：“哈，你欺骗龙，这就是下场。”

空楠刚张口要说什么，龙脊梁上的鳞忽然奓起来，猛地扭过头。与此同时，地面微微震动，远处嗒嗒的马蹄飞驰而来，黑马银铠，雪白的长剑。

是坎特兰。

龙的温度骤然升高，尼龙包上早已变形的塑料拉锁彻底熔化了。

他赶来的速度很快，从地平线上见到他到他赶过来，似乎只过了几秒钟。跃下马背，骑士有些喘，朝小公主和目光微愣的静静点点头。他径直走到空楠面前，望着她说："小姐，骑士坎特兰前来承命。"

"啊……"空楠清了清嗓子才说话，但她也没太想好，于是说了句傻话，"我没给你啥命令啊。"

"怎么会呢。"坎特兰温和地笑说，"守望您就是我的使命。"话落他执起空楠的手，用额头轻触她的手背。

（中略）

那天晚上她和静静睡在了一起。

第二天静静起来时空楠已经不见了，女仆告诉了她空楠的去向。静静于是去找她，她却看上去有点蛋疼。

"怎么了？"静静问。

空楠告诉静静，在皇宫里住确实比在外面舒服，但她蛋疼于龙的莫名其妙。它开始时莫名其妙地生气，后来莫名其妙地纠缠，现在又莫名其妙地——

"给你。"

空楠盯着推过来的金像。

送东西。

空楠挑眉。

"给我这个干啥？"

（中略）

克洛夫特洛德的短爪子猛然捂住了眼睛，委屈的呼噜从喉咙里冒出来。

"乎兰赫尔说的根本没用！你根本没有感动！"

……哦。

空楠叹了口气。

"我说克洛洛，你到底要干吗？一会儿这样一会儿那样的。"她说，"你想跟我道歉吗？如果是这样那我没生你的气，包括诅咒，包括坠落，包括所有的事，人生本来就该是谁的谁负责，行吗？”

“……”

龙停了一会，张开一只爪子，露出闪耀着鎏金的眼眸，泪水在其中打转。

“不是的。”它小声说，“我生气，生了六次气，你都不理我。”

空楠：“……你见过哪个笨蛋在龙发脾气的时候往上冲。”

龙继续说：“我吃掉和你说话的人，你也不理我。”

空楠：“……大哥，自己的罪自己担好。”

龙又说：“你出去，也不常抱我了。”

“……”

“我可以变小，但你每次出去玩都不理我。”

“……”

“明明之前，会给我带汤喝，还会讲故事。你只理那个长着海藻头的人。”

“……”

“我给你金子你也不要，第一次见面明明很想要。”它凑近她，鼻孔张开，喷出一股潮热的蒸汽，“因为那个人是不是？因为他的蓝宝石眼睛？你想要他的眼睛，是不是？你只想要他的蓝宝石，就不想理我！”

空楠死鱼眼看着它。

这根本就是养狗子的有了男朋友之后，狗子疯狂往人面前凑找存在感啊……不知道那个精灵到底教了它啥。

她看着龙被自己的话弄生气，在大厅里猛地蹦跶起来。它趴下上身，用圆月般的金眼看着她，龙息森森，它真的发怒了。

“我承认我很懦弱。”它轻声说，“虽然打不过他，但挖出他的眼睛我还能做到。我把它挖出来送给你，这样你就不会不理我了？”

“……哥们，冷静。”她拍拍龙高温的鼻梁，“别的我不管，有一点我得跟你说明白。别说瞎了，坎特兰就是秃顶啤酒肚我也喜欢他。”

“……”

克洛夫特洛德的鳞甲猛地张开，喷出大量蒸汽。龙压森森，哀唱怒焰，飞过夏宫的鸟雀不幸触到，折断翅膀坠落下来。

“我不行，对吗？”

“……”

“一定要是人类对吗？”

“不是的。”

龙执拗地问：“因为我变不成人类？”

“不是的。”

龙哀伤地问：“你说谎，你们总是在说谎。你永远不能接纳我，是不是？”

“……不是的。”空楠叹息着说，“克洛夫特洛德，也许在刚落地时我的确很想杀死你，但你相信我，经过这些日子，现在如果谁要伤害你，我一定做你的龙骑士。可你要知道，只要是坎特兰伸出手，我就不可能不握住它。”

第 51 章

对龙说完这些，空楠又说了几句别的，没一会便走了。

转身开门，她刚抬脚，一眼看到了蹲在花丛边的静静。

因为这几天的稳定，静静换上了碎花小裙子，金线红帮的凉鞋是小公主送的。她放下头发，梳了个绾花的公主头，抱着小肚子蹲在那儿，看着摇曳的桐梨花和罗松精灵，目光有点直，在哼歌。

空楠顿了一下，走到她身后，撑着膝盖弯下腰，一只手搭在她肩上。

静静的歌停住了。

过了一会，她深吸一口气，轻轻地说：“空楠，还有一小会我们就要回家咯。”

空楠停了停，把手收回去说：“我知道。”

静静问："你知道，那骑士先生知道吗？"

空楠又停了停，低声说："我留了信给他。"

静静声音平静地问："那克洛洛知道吗？"

空楠说："我刚才也告诉它了。"

那些罗松精灵停下玩闹，躲在树叶之间看她们说话。静静看着它们，又说："它不闹吗？"

空楠笑了下，说："闹了也没屁用。"

静静轻轻回答："是哦。"

接着，她温柔地说出了到这个世界以来，第一句抱怨："空楠，你有点过分哦。"

"……"

空楠没有接话。

两人都知道她不只是在说空楠对待龙的态度。

静了片刻，空楠也轻轻说："对不起。"

两人也都知道她在回应什么。

"……"

静静还是没有回头。

她看着罗松精灵，眉毛向上皱起来，那是一种忍耐什么的褶皱。

她终于小声地问："那我们还回家吗？"

"……"

沉默片刻，空楠说："当然。"

话落她也蹲下来，当着静静的面，从包里找出之前还给她的衣服。

重新换上衬衫和外套，空楠卷着衣服袖子坐到静静身边，抬起一只胳膊搂住她的肩膀。静静扭过头看她，她对静静笑嘻嘻地咧开嘴。

静静慢慢死鱼眼起来。

看了几秒，她忽然伸出两根手指，从下向上猛地插了空楠的鼻孔一下。

"我去！"

空楠一把捂住自己的脸。

"呸。"

静静嫌弃地擦了擦自己的手指，朝空楠噘嘴做了个鬼脸。

空楠伸手就要抓她，而如之前对各位所说的，静静是个灵活的小胖子，所以她迅速一个滚地翻，跳起来躲开了空楠的攻击。

两人在花园里追着打了一会，最终以空楠开始流鼻血作为结束。

喘着气坐下来给她堵住鼻子，静静让空楠自己仰头，趁机弄掉了身上的罗松精灵粉。它们有奇怪的棉花糖味，让她鼻子有点痒。

"浪费。"空楠瓮声瓮气地说，"怪兽脚汤用这个做调料会很好喝的。"

"我又不喝怪兽脚汤。"

静静呸了一下，顺便抬手看了眼表，时间还剩下将近二十秒，换算过来，大概还有半个多小时。

为了避免伤感，她只告诉了小公主她们今天会离开，但没告诉具体时间，离开的地点也是随意选的，依芙菈没来送行毫不奇怪。

但她们就在龙的屋子外头，龙却没有出来。静静只看到屋门开了一道小缝，有金黄色露出来。

时间以秒为单位慢慢挪动，两人在花丛中背靠奎木坐着，看夕阳彻底下去，月亮慢慢起来，霞光中日月同辉，天上一片金红色。

她们随意地闲聊，空楠提到坎特兰向她说起的另一个大陆，在海峡与国家的远处，在阴影之地的长夜外。那个大陆的月亮是橙色的，房子都会动。

"很有意思是吗？"空楠笑着说。

静静看着她的侧脸，动了动嘴，她微笑着说："……嗯，很有趣。"

空楠扭过头问："你去过那儿吗？听着像你讲过的那个剑圣的世界。"

"……我不知道。"静静说。

空楠扭回头去说："也对，光听的确没法确定。"

“哎，对了，”她忽然说，“你穿越怎么都不带手机的？要是能拍下来多好啊。”

静静摇头说：“我刚开始那几个月带过，拍过几张，后来手机丢了，里面的照片流传到网上上过新闻，就不带了。我没告诉过你吗？”

空楠大叹可惜。

“我也没问过啊，不过观光游览不能拍照太遗憾了。”

静静耸耸肩：“我喜欢天，又没必要挖下来一块；喜欢猫，也没必要偷回家一只。我只是个普通的人，什么瞬间都想留住的贪欲对凡人来说真的太恶劣了。而且只要大家记得我，我去过这件事本身就足够有意义啦。”

她又补充：“再说，我有朋友送的礼物。”

空楠瞪她：“炫耀精。”

静静吐了下舌头。

手表终于开始报时，她按掉嘀嘀声看了眼表，还有三秒钟就要回家了。

低头看着电子表的表面，静静挪了下视线，身旁的空楠搂着她肩膀，朝天上的云彩吹口哨。

“……”

垂下眼，安静的几秒过去，静静忽然听到铁与石相撞的声音。

那是急促、不安、气喘吁吁的声音。

抬头的瞬间，夏宫六米高的宫墙上忽然冒出人影，背对着夕阳最后的余晖。那人披甲带剑，剑上的光芒击败了月亮。

“小姐！”

他大吼出声，于是每一道视线都朝他聚过去。

空楠猛地站起身，静静也慢慢站起身。

骑士单手撑着墙头，转身抓住夏宫的城墙，像个刺客一样攀跃下来，铁的护膝和城墙摩擦，擦出火花。

他太过焦急，落地前的几米干脆跳了下来，铠甲发出哀鸣。冲击让坎特兰就地一滚，狼狈地翻到了空楠脚下。

可他实在顾不上那么多。

单膝跪着，他握住空楠的双手放在胸前，仰起的面孔上是比泥土脏污更狼狈的神情。

“您要走了。”

他哀求般地说。

“我请求您的真心，小姐，请您告诉我，您为什么不告而别？”

“……你……”空楠张了张嘴，“你怎么找到我的？”

骑士悲伤地微笑：“您是我眼中背靠着金红泉眼的光芒，您所在的地方，永远亮如白昼，比肩太阳。无论您去哪，我永远能找到。但您不愿意见到我了，是吗？”

秒针一跳，还有两秒。

“不是。”空楠有点结巴地道歉说，“我……呃……留字条解释过了……”

“那不算解释。”骑士双眉向上蹙起，嗓音中的哀伤让精灵叹息。他将额头轻触空楠，汗水微微打湿她的手背。

“您要离开了吗？您要从这长河再度上岸了吗？您要再度遗弃我了吗？”

“……”

这灵魂三连问空楠一时间实在回答不上来，她只能沉默。

站在中间，她左手牵着静静，右手在骑士的掌中。回头看过去，静静的目光读不出情绪，脸上看不到神情。

电子表最后一遍嘀嘀起来。

猛地吸口气，空楠一把抽回右手，对骑士说：“抱歉，我要回……”

“剑圣爸爸！”

静静的声音猛然响起，骑士悚然抬头，目光中是被看穿的震惊。

两个跨越了漫长时间带的人对视着，静静用尽全力笑起来，笑得五官都皱着，像绽开的太阳花。

她放开了空楠的手。

空间一扭，高大的奎木下空无一人。

在几年以前，静静还没有被强塞穿越这个技能时，她就是个普通的上班族。

普通地上班，普通地下班，普通地打游戏，偶尔写写黄段子，在微博上被超多人围观着回复“给大大[①]递笔”。

静静很聪明，学历很高，有一份有点烦人但不算繁重的工作，挣得也挺多。妈妈总叫她存钱存钱的，可她并不全部存起来，常常这里跑那里跑地去买喜欢的东西，本子，周边，施华洛世奇出的、会发光但没屁用的魔法少女小魔杖，想买的全都买。

虽然也常出门玩，但静静其实想不到人生有什么目标。当然了，她也有一些朋友，一度有很多，但大家聚聚散散，最后也只剩她一个人。

人生就是这样，合合散散。生活也总是这样，快乐很多，糟心事也有。

破事永远存在，所以当和朋友一起出门玩，却被抛下后，她其实没有那么难过。

事情其实很简单，他们六七个朋友一起约着坐邮轮玩，泡池子喝酒聊天，那里面也有空楠。邮轮上有个游泳池，小小的，有点难看。大家为那简陋而吃惊，但还是约好一起换衣服泡下去，可等从更衣室里出来，真正换了全身泳衣的，只有静静一个人。

而之前说过，她是个小胖子，只是有点灵活。

当然了，没关系的，她太认真了而已。

静静强迫自己和别人一起大笑，迎着所有人的目光跑进池子里坐下，在一排泡脚的朋友中间开心地聊天。她那么紧张，并没有注意到有人没出来。

直到空楠裹着浴巾从更衣室里大声嚷嚷着走出来，她才和其他人一起看到她。

她笑嘻嘻地冲静静眨眨眼，文到一半的大花臂在阳光下折射出很难看的颜

① 大大指的是某方面才华卓著的高手、能人。网络文学创作中一般用来指作者。

色。静静听到有朋友低声抽气。然后，下一秒，空楠猛地打开浴巾，露出全裸的身躯。

她大笑着冲向这里，每一步都狠狠踩碎所有人的目光，然后跳进了那个又小又脏的游泳池。

这一刻，再没有人注意静静的窘态了。

哗——

被水冲了一头一脸的静静屏着呼吸，头发湿了，毛巾也湿了，全湿了。

她正低头擦脸的时候，耳边忽然凑过来一个热源，她说话的气音轻轻的，像对待很珍贵的东西。

她说："不害怕了？上去把泳衣换了。"

"……"

静静还在抹脸，但她不知道自己在抹的是什么了。

就是从那天开始，空楠成了静静真正的朋友。

可是你看，可是你看。

世事弄人，啊，世事弄人。

那美丽善良的守望者啊，她是星际间最亮的地标，她是狄拉克之海上女神的明月，她有着比肩太阳的笑颜，还有钻石一般的心。

夏日良夜的十点钟，在海滨城市的这个单身公寓中，患上穿越症的少女蹲在地上痛哭，如同失去了一整个银河。

［节选自晋江文学城］

【粉丝评论摘编】

@小玉：

一曲壮丽的宇宙交响诗，就这样在平凡的项静静的灵魂中奏响，作者用极端诗意的表达方式徐徐展开了宇宙间的无尽可能。那些截然不同的生命，被截然不同的法则所限制，衍生出截然不同的社会与文明，甚至连时间、空间、个体、自我、生命、死亡等对于人类社会而言最为基本的概念，都变得暧昧难明，充满歧义，更遑论爱与美、是非对错的衡量标准。

……

《异世》(《异世常见人口不可告人秘密相关调查报告》的简称）其实是一个异常残酷的故事——尽管有着一个贫且快乐的外壳。静静的悲伤、绝望和无力感，不仅仅是因为她无法把控自己的人生，还因为她看过了太多远超人类限度的存在，所以能够轻而易举地在每一份光明背后看到黑暗，在每一种正确背后看到局限。尽管静静已经在无数的异世旅途中与无数陌路旅人成为朋友，并将她许许多多的朋友从绝望之中拯救出来，但她从来不觉得自己是一个英雄，她从来不曾像其他穿越异世界的小说主人公那样意气风发地去战斗，去冒险。她疲惫，恐惧，悲伤，因为“宇宙的庞大足以压垮一切确定性”。

（选自石墨空间，2020 年 10 月 8 日）

@菜籽：

项静静所穿越的世界各种各样，有的近似童话，有的却有着惊人的残酷性。故事篇幅和一个小时的限制，注定项静静与这些世界都是一期一会，匆匆而来，匆匆而别。于是这就注定作为读者所能见到的都只是一块闪烁碎片，像是作者思维里的一次闪光，一次萍水相逢不知日后是否有缘的相会，以及不知我们之间将会相隔多远的浩瀚宇宙和时光之河。

这很好，这也不太好。真要说的话，我感觉本文更像是某种“电波系作品”，如果能对上作者的电波，那可能会看得如痴如醉，拍案叫绝；但如果对不上，可能就会觉得作者思维太过跳跃，所写太过随性随意。我居于二者中间而偏向后者，即便我也在故事里看过极其绚烂的燃烧和冰冷无望的循环，见到荒芜中盛开的无声浪漫并为它们动容，但大概是比起这种跳跃式灵感式碎片式的写法，即便最后将其串联起来，我也更喜欢那种扎扎实实有起承转合的剧情大长篇，而非这样的一鳞半爪。

而故事的串联和最后的甜文结局其实也不是很戳我，依然充满着作者特有的“随意”味道。我相信“请你降临”是作者在开始写的时候就已经想好的地方，也正是这样才造成了项静静的穿越，但这个倒果为因我并不能信服。项静静的孤独贯穿始终，她虽有朋友但没有同伴，再要好的朋友也会逐渐离她而去，因此纵使世界不同经历不同遭遇不同，她的孤独和悲伤仍浸透纸张。我的一位朋友坦言她实在承受不住这样漫洒的孤独，但我反而觉得如果项静静一直孤独并在其中走向灭亡或者爆发可能会更符合我的审美，后来的甜文转向反而让我喵喵喵，可能是因为我实在不是很 get 虫哥……

（选自微信公众号“书海鱼人”，2020 年 12 月 16 日）

@且微：

在揭露静静爱上了索西斯以后，看了一些扫文[①]评价，嚯，原来这篇文的作者就是写人与七鳃鳗的那位。那篇当时真的没有挑战成功。

在读这篇后面部分时，尽管算是真正意义上的人虫恋爱，但不适感基本没有，可能是因为恋爱部分到底着墨不算太重，每一个世界里的情理、道德、因果更吸引人一些。

可惜最后很多世界都没有明确地交代，那些相互交付信任与喜爱的异世界的朋友，都消失在了万千宇宙的因果当中，只有大花虫子冲破因果与时间，强

① 网络用语。指快速阅读并做简短评价。

临了静静的世界。

所以，囿于爱情的剧情果然感觉不如前面出彩了呢。

（选自微博，2021 年 5 月 30 日）

（导引、简介、节选、粉丝评论摘编：刘心怡）

爱生命，就像爱你

——评郑小陌说《异世常见人口不可告人秘密相关调查报告》

刘心怡

“异世”是《异世常见人口不可告人秘密相关调查报告》（以下简称“《异》”）的标签之一。女主角项静静，每晚九点准时穿越至某一“异世”，度过一小时——为文中的“异世”下定义注定艰难，因为它在作者笔端展露出千般面目：西方奇幻、东方武侠、赛博朋克、虫族世界，乃至更难以名状的高位空间……唯一的共性，是它们被静静（不止一次）造访，且显然有别于她在每天剩余二十三小时中身处的“现实”。

展现多种架构“异世”的世界观设定，本是“快穿”这一类型的“规定动作”。然而，《异》显然有别于常规模式——在近年的大部分快穿故事中，“异世”被塑造为游戏关卡式的一次性“副本”，主角固然需要探索新世界，但更重要的是解谜通关。通关之后，“异世”便不复存在。在这一模式下，“异世”时刻预备着为出身“现实”的主角所破译并消耗。这种消耗的可能性亦从反方向构成“异世”的存在缘由。

然而，静静的目的地完全随机，其停留时间也固定为“现实”中的一小时。静静离开后它依然持续运转，并等待主角可能的下一次访问。于是，“异世”不再是现实世界的消耗品，《异》中的“异世”图景因而格外缤纷且扎实——不但有赖于作者自身笔力及作者读者双方对相关类型要素的调用能力，更在于这种节奏留足了想象并阐释“异世”的余裕。

在“异世”，静静仍需不断遭遇某种陌生风俗，观光，并尝试有所记录，正如一名“天真的人类学家”或《格列佛游记》中的描述。“调查报告”四字，显然呼应着某种人类学话语，或至少是大众对人类学话语的想象。而文案却试图颠覆这一话语：静静的旅程记载，皆出于“少女的日记”。项静静并非需要对上负责、呈交报告的人类学家，她的快穿之旅亦非探索新大陆的主动需求。

静静的随机穿越，大部分是由于“异世”中某一“常见人口”的召唤——其机制近乎谐音冷笑话：遇到烦恼，“想静静”。被召唤的静静，自身并无金手指，无论她是否能提供帮助，或只是静静陪伴，所依仗的无非自身经验——放诸茫茫宇宙，作为一名过着“996”生活的社畜，项静静的经验稀薄得近乎脆弱。

静静以人类肉身，遭逢“异世”中的“常见人口”。它们被冠以“人口”之名，却一再突破“人类”或“人”的定义：北极熊、巨龙，乃至虫身的异形……作者直言：“所有异形不做任何全身拟人，不适者请及早下船（编者注：弃文）。”

男主角虫哥，正是昆虫般的形象：四目双瞳、口器狰狞、多足多爪、几丁质甲壳覆满全身。近似虫哥（及其他异形生物）的形象，早已在二次元文化中被充分描绘，名谓“人外”。它同样是小说的标签之一，源自古日语中对妖怪、动物等非人类的称呼。二次元语境中，与其说“人外”标签指向一种萌要素，不如直言这一词的存在，使对非人类的想象得以固定为“情感消费的客体”。它以非人类的面目出现在人类世界，以其罕见而恐怖的面目威慑人类，象征着人类的某种异常境遇，却又为人类提供可控的刺激和兴奋。

但在本文中，“人外”仍在人类以外，却无须客居人类社会，以瞩目的少数派身份被人消费；它们自有若干“异世”包罗，无须将人类的标准作为唯一尺度。而每晚九点被某一居民召唤，准时造访“异世”的项静静，反而成为这一世界的异数，同时，由一名饱览风景的观光客，成为“常见人口”的情感服务提供者。

静静将自己的穿越现象命名为“穿越症”。作为一种“病症”，它并非快穿套路下常见的特殊能力，而是指向一种异常状态。身处多维空间中，无人能断言自己能够作为万物尺度，断言何谓“边缘”。因此只能以病理辨析的方式，在个体的感知内侧勉强地划分出日常与非日常（异常）的区别。所谓非日常，也不再指向某一具体“异世”，而直指“快穿”式观光本身。但正因病症之无法治愈，它才不至于如能力一般，成为可自由穿脱的外部装置，而是寄生，或曰共生于静静的生存状态中。

静静只会在“异世”中停留一个小时。其余二十三个小时，她仍要回到社畜生活中——唯独在那一端，她方有可能重返属于自己的日常，重获现实的确定性。在下一次穿越后，确定性又将成为她做选择时的锚点。然而，静静也不止一次对这种确定性——甚至是对自己有关确定性的追求发出质问：

“如果这所有的征战与死亡都不可避免，那么她的哀悼又真的重要吗？那些挣扎，那些悲痛，那些眼泪和没有写在日记中的凌晨三点钟的忽然惊醒，那些努力说服自己的慈悲，又真的有意义吗……如果项静静只成为一个展示异世界的符号，那又有什么不可以呢？”

所谓的确定性，不能，也无力为多重异世的暧昧难言做出解释，而仅能为静静自身的存在提供支撑。

时至今日，殖民主义或优生学的荒谬几乎已不言自明，多元化的愿景至少也还熠熠动人。无论情愿与否，无论是否自居中心，人总归无法避免与异类狭路相逢。然愿景之下，再度席卷全球的保守主义始终提示着的是，普世价值褪色后的阴影和阵痛亦将长久潜伏。

《异》正是站在“异世”与“人外”两条脉络的交界点上，试图回应这一阵痛。与其说它最后以爱情为答复，毋宁说它在承认兼容并包的理想——或曰一种包容异类的姿态濒临幻灭之时，仍试图唤起人与异类（或曰“异类与异类”）间的朴素共情。

它摇摇欲坠，却又如锚入海中。

欢迎来到噩梦游戏

薄暮冰轮

薄暮冰轮，职业网络作者，微博知名读物博主。2009年左右起在晋江文学城等网站发表作品，没有固定题材类型，世界设定天马行空，代表作为无限流小说《彩蛋游戏》(2012—2016)和《欢迎来到噩梦游戏》。由于不在晋江签约上架，薄暮冰轮的连载方式不受VIP制度的限制，《欢迎来到噩梦游戏》分为I—IV四部，每部篇幅在50万字上下，前三部分别创作于2015、2017、2020年，第四部于2021年7月开始连载，目前尚未完结。作为一名读物博主，薄暮冰轮会在微博分享她的读书笔记，她阅读面很广，对历史、民俗与政治文化尤其感兴趣。这些阅读经验也成为她创作中重要的创意来源。

《欢迎来到噩梦游戏》是在女频无限流类型刚刚兴起时开始连载的，但其世界架构、副本设计即使在无限流大流行的今天看来依旧新颖而精彩，是几乎所有推荐女频无限流小说的书单都一定会收录的作品，在不入V[①]、不上榜的前提下依旧凭借出色的质量获得了很高的知名度。

【标签】无限流

① V即VIP。网络文学中的VIP制度是指一整套的网络小说在线收费阅读制度。一部作品最初连载时至少30万字是免费阅读的，在持续更新到一定长度，同时读者点击数、收藏数达到一定量之后，网站编辑会将该作品“入V”。作品入V之后的章节开始收费。参见邵燕君主编、王玉王副主编《破壁书》，生活书店出版有限公司，2018年。

【简介】

齐乐人在修电脑途中遭遇车祸，穿越到噩梦世界。如齐乐人一般穿越而来的玩家（外乡人）们聚居在被称为“先知”的玩家建立的领域“黄昏之乡”，每月一次、难度逐渐升级的副本考核是所有玩家都必须面对的生死考验，存活超过二十年的玩家凤毛麟角。齐乐人在险象环生的副本任务和世界任务中快速成长起来。遇见爱人宁舟，觉醒“重生”本源，加入黄昏之乡审判所，齐乐人得知的真相越多，肩上的责任也就越多。为了拯救拥有“毁灭”本源的爱人宁舟，齐乐人踏上了最艰难的旅程。

选文节选自《欢迎来到噩梦游戏 II》结尾处的高潮段落，齐乐人的老师陈百七与挚友吕医生死于守卫黄昏之乡的战斗。陈百七了结宿仇，守住了自己高尚的灵魂，胆小的吕医生做出了一生中最勇敢的抉择。

【节选】

第 132 章　黄昏的约定（十五）

（前略）

骑在独角兽身上的陈百七俯瞰着钢桥下的战斗，手中的召唤之书依旧停留在狮鹫的那一页，纸张上图案鲜明的狮鹫已经开始逐渐变淡。陈百七面色凝重，她能提供的能量有限，自从半领域破碎后，曾经让她成名的召唤之书已然失去了当年的赫赫声名，以她如今的精神力，撑不起一场长时间的战斗。

陈百七粗糙的手指抚摸着书页，当年半领域初成的她在噩梦世界的大地上游历，费尽千辛万苦，为的是寻找最强的召唤兽，充实她的召唤之书。那是她一生中最意气风发的时光，年轻，强大，有无限的梦想和希望。

回想起那段岁月，她仍然会微笑，可这个笑容无法维持多久，断腿上那隐隐约约的疼痛就像一条阴鸷的毒蛇，悄悄地缠上了她的腿——那是断肢重生术也无法医治好的旧伤，来自无法原谅的欺骗和背叛。

也许对她来说，这根本不是什么背叛吧。

因为，她本来就是一个魔女啊。

狮鹫发出了一声凄厉的惨叫，化为一道幻影回到了陈百七的书页中。她看着仍在水中肆虐，触手再次缠绕上钢桥企图回到这里的巨怪，嘴角扬起了一个冷笑。

下一秒，她骑在独角兽身上，风驰电掣般朝着钢桥的一侧冲去，人和坐骑一起飞出桥身，如同一道弯月的弧线。独角兽消失了，回到了她的书本中，而陈百七，她在半空中调整了姿势，紧握着两柄短刀纵身跃入水中。

又一批冲过钢桥的群众见证了这一刻，翻滚不休的江面下，咆哮嘶吼的巨怪被卷入了一个巨大的漩涡中……江水突然发怒，漩涡的力量甚至让钢桥坚固的桥身不断颤抖。人群尖叫着溃散，疯狂地逃离这里，朝着避难所跑去。

击杀怪物后浑身湿透的陈百七浮出了水面，仰卧其上，大口大口地呼吸着新鲜的空气。

天幕漆黑，清冷的星光在四处的火焰中变得微弱，黄昏之乡难得一见的夜景就在这样的声音和色彩中被破坏殆尽。

爆发过后浑身疲惫的陈百七游到了岸边，重回岸上的重力变化让她起身艰难，左腿假肢的接口处传来令人难以忍受的痛楚。

她吐掉了带着血腥味的咸涩海水，拖着沉重的步伐朝着前方走去，去避难所和其他人会合。

慌乱的人群在四处逃散，天空中时不时落下火雨。来自狂信徒们的魔法攻击，虽然威力不大，但用来引起骚乱却再好不过。

陈百七冷眼旁观着这一切，直到一个少女在人群跌倒，发出一声凄厉的哭叫。

那个声音挑动了她敏感的神经，她拨开人群，将少女从地上拽了起来。

少女的面容被一头海藻一般的长鬈发挡住了，她呻吟着啜泣着，像是抓住救命稻草一般拉着陈百七的手，不住地颤抖着。

陈百七将她从人群中拉扯了出来，将她拉到了一条通往避难所的小路上："跟我走，我带你去避难所。"

少女停止了哭泣，她抬起头，露出鬈发下那张令人惊艳的脸庞。

陈百七如同被毒蛇咬住了手腕，猛地松开了手。

坠落的火雨照亮了少女的容颜，明明是清丽至极的美貌，却因为少女那罂粟花一般的眼睛而充满了色欲的气息。美貌在她的身上化为一种直刺灵魂的武器，她微笑着看着她。

一模一样的脸，却再也不是当初的眼神——一心一意地将她视为救赎之人的眼神。

"百七姐姐，还记得我吗？"美艳的魔女温柔地问道。

回忆汹涌而来——

“我能叫你百七姐姐吗？”衣衫褴褛却不掩绝世姿容的少女怯怯地问道。

“逃不出去的，这里是色欲魔女的地盘，她掌握着这里的一切……趁他们还没发现你，你快走吧！”强忍着恐惧的少女拒绝了她的帮助，劝她赶紧离开。

“百七姐姐，我怎么样都没有关系，可你一定要平安无事，我只求你平安无事。”一身伤痕的少女无助地抱着她，一边哭泣一边祈祷。

陈百七闭上了眼，哪怕过去了这么多年，那股愤怒仍然像是无数在她心里炸开的地雷，一次又一次地让她失去理智。

“这么多年了，演技倒是没有退步。”陈百七用平静的声音说道。

魔女笑靥如花：“在陛下身边耳濡目染，自然不差。只是百七姐姐你，风采不比当年。”

左腿的截断处还有小腹齐齐抽痛了一下，那被背叛的火焰灼烧过的伤痕，一生都不会痊愈。

陈百七冷笑了一声，霍然睁开眼凝视着眼前的色欲魔女：“不管你今天来这里做什么，我们的恩怨也该有个了结了。”

色欲魔女嫣然一笑：“好。”

第135章　黄昏的约定（十八）

（前略）

“这么多年过去了，你还是和从前一样天真。”有着一头火焰般艳丽发色的魔女微笑着挡开了陈百七的攻击。

两人在短暂的短兵相接后又分开了一段距离，倾盆的暴雨中，狂信徒制造的流火也一同坠下，四面八方的建筑都在燃烧，照亮了两个以战斗姿态对峙着的女人。

色欲魔女褪去了青涩软弱的伪装，恢复了本来的面貌。她穿着一身禁欲的黑色长裙，像极了一个在修道院中虔诚侍奉上帝的修女。可是她那微微翘起的嘴角，和那双顾盼生辉的眼眸，却浑然不是一个清心寡欲的修女会有的神情，如同一朵在黑夜中悄然盛开的鲜花。在月下，每一片浸透了香味的花瓣都书写着活色生香。

这才是她真正的模样，陈百七的心中回荡着一个嘲讽的声音，她曾经见到的那个楚楚可怜的少女，不过是她心血来潮的游戏。

陈百七回道："你不就是喜欢这样的天真吗？否则那个时候，堂堂色欲魔女为什么要假扮成一个雏妓？"

一个无辜可怜又无助的雏妓，用她故作坚强的眼泪打动了一腔热血的勇者，却回报给她一场难以忘却的背叛。

色欲魔女站在铺天盖地的火雨中，宛如从地狱走来的堕落修女，浑身上下散发着令人无法挪开视线的诱惑。

"陛下的兴趣，给了我一点小小的启发。"美艳的魔女露出神秘的微笑。

"欺诈魔王？"陈百七愣怔了一下。

"看来你并不知道。不过陛下可比我高明多了，他封印了自己的记忆，甚至暂时隔断了本源力量，将自己伪装成一个普通的新人，来到黄昏之乡。因为他要骗过一个聪明人，为此他连自己都骗了过去……多么有趣，而又野心勃勃的游戏啊，就连奖品都无比丰厚。"

魔女抬起头，眺望着海岸边亮起的天光，微笑着，低语着："你看，那是黎明之乡。"

……

兵荒马乱中，吕医生被人流推搡着挤进了避难所。巨大的教堂建筑里已经人满为患，他很快就被挤到了一边。如果不是运气够好，这会儿他已经被踩成了一张地毯。

“茜茜！杜越！薛盈盈！”吕医生大声呼喊着自己的同伴，可是没有得到回应，人群里汇集着恐惧的情绪，有的在哭泣，有的在叫喊，还有的在痛吟……各种声音在偌大的教堂避难所中奏响着末日的旋律。

吕医生只好躲到了人少的地方，不安的情绪不断蔓延，他东张西望，期待能找到自己的朋友。然而人头攒动的环境里，他什么人也没找到，反倒发现了人迹罕至的走廊。

吕医生挤出了拥挤的大厅，在走廊里漫无目的地行走着。空旷的走廊里回荡着他的脚步声，目之所及都是悲剧：无助的母亲抱着孩子，坐在走廊的角落里，孩子恐惧地哭泣着，母亲念念有词地向神灵祈祷着；受伤的玩家沉默地包扎着自己的伤口，神经质地去试探躺在他身边的同伴，即便早已确定他已经没有了呼吸；几个老人挤在一张躺椅上，麻木地看着前方的墙壁，上面绘着一群天使在向苦难的人类传达上帝的福音。

吕医生在壁画前停下脚步，呆呆地看了很久。

他没有看到天使送来的福音，只看到了人间地狱。

窗外传来令人不安的巨大声响，仿佛无数巨大的蛇在地上爬行。吕医生回过头，透过玻璃窗看向外面，没有应急灯的窗外是一片令人心悸的漆黑，时不时还有流星一般的火焰从天而降，坠落在一片战场中——审判所的执行官们和四处作乱的狂信徒激烈战斗，每一分每一秒都有人倒下。

声音越来越近，伴随着无数房屋倒塌的声音，还有尖叫声、厮杀声，一路摧枯拉朽地冲向这里！

吕医生后退了一步，惊惧不安地盯着窗外，不敢眨一眨眼睛。

出现了！一条巨大的触须刺穿了前方的建筑，像是刺向他眼睛的尖针一般，朝这里刺来！

整个避难所里发出恐惧的尖叫，吕医生大叫一声，跌倒在地，拼命朝后爬去，直到后背撞上了一堵冰冷的墙壁。

触手被一道银白的光幕阻挡住了，它愤怒地卷曲了起来，用力拍打着光幕，却始终无法突破。

吕医生颤抖着从地上爬了起来，头也不回地朝着走廊深处跑去。他不知道自己要逃往何处，只是本能地想要逃离这近在眼前的恐惧。

跑，跑，跑。吕医生不记得自己推开了多少扇门，跑过了多少个楼梯，等他回过神来的时候，四周已经悄无人声。他呆呆地站在这间塔楼的空屋里，不知道自己还能逃到哪里去。外面一片兵荒马乱，还有一只恐怖的巨怪，一直保护着他的朋友不在身边，他不知道要怎么办。

他疲惫不堪地坐了下来，冷不防地，外面又传来了一阵巨响。

吕医生像是受惊的兔子一样蹿了起来，死死地盯着窗户。

窗外那层银白的光幕已经黯淡了许多，而巨型触手却越来越多，它展现出了它完整的形态——一只巨大的，由无数令人作呕的触须组成的怪物。它是如此庞大，哪怕相隔这么远，它看起来依旧像是要将落日岛压垮一般。

这小小的避难所，好似被装在一只水晶球里一般，而这只可怕的怪物，却如同一只匍匐在水晶球上的巨大章鱼，要将这里碾碎。

仿佛是感觉到了避难所里充沛的活人气息，它越发疯狂地敲打着避难所的结界，如同一个顽劣的孩童，将精心制作的玩具小屋高高举起，拼命摇晃，一边咯咯笑着，一边疯狂地破坏着。

大地不断震动，越来越频繁，越来越强烈，而保护着避难所的结界已经开始出现裂缝。

吕医生瞪大了眼，尖叫已经卡在了喉咙里，他唯有将视线钉死在窗外，任由心灵被这难以描摹的恐惧击垮。

黯淡了，黯淡了，黯淡了……破碎了。

窗外的世界化为一片刺目的白光，那层裂纹无数的结界如同一面玻璃一般碎开了，数不清的碎片倒映着火焰雨，将世界渲染成一片死亡的猩红。

避难所里响起末日一般的尖叫声，吞没了那一声单薄沉闷的扳机扣动声。

幸运左轮：这把枪的弹巢里一共有六个空位，其中一个装有子弹，朝自己的太阳穴射击可以给以锁定目标为中心、半径 500 米的范围内的区域一分钟的绝对防御时间，但绝对防御对这颗子弹无效。即使你再幸运，上帝也只给你五分钟，如果悍不畏死，你可以再续一分钟。锁定目标：黄昏之乡避难所。剩余使用次数（5/6）。

第 137 章　黄昏的约定（二十）

避难所的结界破碎的一瞬间，一道新的屏障出现了，稳稳地拦住了巨型怪物前进的步伐。怪物被这股力量愚弄了，愤怒地拍打着新的结界，可是这道结界却丝毫没有破损的迹象，而是牢牢地护住了避难所。

避难所中，那些以为这一次必死无疑的人发出了惊喜的欢呼声，他们相拥而泣，感谢上苍。

吕医生大口大口地喘气，颤抖的右手几乎端不住齐乐人给他的这把幸运左轮。看着窗外被结界阻挡的怪兽，他喜极而泣，劫后余生的喜悦占据了他的内心，让他突然有了赌下去的勇气。

人群的欢呼声是如此响亮，无名的胆小英雄一边擦拭着眼泪，一边给自己打气：吕仓曙，你可以的，再坚持一下，救援很快就会来了。

技能卡“欧洲人的嘲讽”开启着，加上他一贯的幸运，他相信自己可以渡过难关，就像从前无数次那样。

吕医生拿着枪，冰冷的枪身被他攥得火热。他恐惧它，却又不得不依赖它。它随时都可能带走他的性命，可它却保护了他，还有那么多人。

这种矛盾的感觉让吕医生想起了自己最好的朋友。齐乐人用 SL 大法［编者注：即电子游戏中的存档（Save）与读档（Load）功能，方便玩家反复多次回到同一个游戏节点，攻略同一个游戏关卡。这是齐乐人进入噩梦世界后获得的初始技能卡，也是他最重要的技能卡］的时候，大概就是他现在这样的心情吧。

明明那么危险，一不小心就会真的死过去，可是他却一次又一次地用了，有时候是为了保护自己，有时候却是为了保护别人。

他一直觉得自己很胆小，一辈子也做不到那样的事情，遇到危险只会想着怎么逃跑。对于齐乐人，他有时候也会觉得他的朋友太傻了，有什么事情是比自己活下去更重要的吗？

然而……

当他看着迫近的怪物，听着人群里绝望的惊叫声的时候，他最终举起了那把枪。不仅仅是为了保护别人，也是为了保护自己。

在扣下扳机的那一刻，吕医生突然觉得弱小的自己挣脱了那一层恐惧的虫蛹，于黑暗处见到了光明。

原来他也可以做到啊。

一分钟的时间转瞬即逝，那层来自幸运左轮的结界开始变得黯淡，吕医生惊恐地睁大了眼，看着那摇摇欲坠的结界。利维坦感觉到了这层阻碍正在减退，兴奋地挥舞着丑陋的触须，越发疯狂地拍打前方的结界。

可是救援还是没有来。

吕医生小声抽噎了一声，极致的恐惧再一次袭来，他咬住嘴唇，泪水却忍不住冲出眼眶。

他再一次举起了枪，赌上了自己的性命。

幸运女神再一次对他微笑了。

幸运左轮：剩余使用次数（4/6）。

（后略）

第138章　黄昏的约定（二十一）

一团火焰流星从天而降，落点恰好在对峙的两人之间。

陈百七与魔女各自后跳了几步，避开了坠落的星火，碎石和烟雾在两人之间盛开，被海风吹散。

陈百七感觉到了海岸边的乱局，不由得朝那里瞥了一眼。魔女闪电一般冲刺上来，抬手给了她一刀横挑。陈百七的反应何等之快，却还是快不过魔女的这一刀，手臂上顿时再添新伤，鲜血直流。

“对，就是这样看着我，一刻也不要移开你的眼睛。”魔女看着一身伤痕，眼神却像猎豹一般的女人，久违的干渴感再一次袭来。

她抬起左手，在刀锋的血迹上轻轻一抹，莹润的指尖沾上了属于陈百七的血。魔女将手指放在唇边，伸出舌头轻轻一舔，红嫩的舌尖在丰盈的唇瓣上掠过，将那一抹鲜血吞入喉中，她用鼻腔哼出了一声似是餍足的呻吟，幽深的眼睛凝望着陈百七。

这个动作瞬间将陈百七带回了那段充满了背叛、动摇与救赎的回忆——

“我什么都没有了，家人也好，朋友也好，没有人会爱我，我只是他们寻欢作乐的工具。”偎依在她怀里的少女哭泣着，被鞭挞过的伤口不断流着血。她抬起头，泪眼婆娑地凝望着陈百七，痴痴地问道，“还会有人爱我吗？”

“会有的，我会带你逃出去，露丝，你会有新的人生，你会遇上你的爱人，和他共度此生。”陈百七搂着无助的少女，柔声安慰道。少女身上那似有若无的香味不断涌入她的鼻中，如同一个过分软弱却舍不得醒来的梦。

少女跪倒在地上，抬起脸仰望着她，那惊人的美貌和被包裹在单薄衣服里的曼妙胴体，让她的不幸十倍百倍地残酷，也十倍百倍地打动人心。

少女笑了，那是绝望的笑容：“那他一定只会爱着虚假的我，没有人会爱一个下城区里最卑贱的妓女，没有人！”

“如果他爱你，他就会接受你的一切。”陈百七说道。

“那你呢？”少女突然问道，“百七姐姐，你会接受我吗？你会爱我吗？”

陈百七愣住了。

少女凝视着她的眼睛，执拗地等待一个回答。她那殷红的嘴唇微微张开，随着她的呼吸颤动。她等啊等，却迟迟没有等到回应。

眼泪从少女的眼睛里流了出来，打湿了她的脸颊，也打湿了她的嘴唇，她像是一朵开在暴风雨里的花，还没有盛开，就快要凋零。她无声地哭泣着，跪在陈百七面前，脱去披在身上的单衣，在黑暗狭小的房间里露出曼妙的身躯。她那瘦削的肩膀宛如两片白色的花瓣，在风雨中不断颤抖着，颤抖着。

她已经孤注一掷，再无退路，这份决绝让这个柔弱的少女身上闪现出超越性别与肉欲的美。那是一个不幸的灵魂，在绝望地乞求着一份爱的证明——那是她唯一的救赎。

（中略）

陈百七睁开了眼，相隔十余米，褪去了昔日伪装的魔女正凝视着她。

“还有一件事，这么多年我一直想问你。”魔女轻启朱唇，音色沙哑地说道。

陈百七沉默不语。

“那个时候，你为什么要救那个女孩。如果没有她的拖累，你很可能全身而退，至少不会失去这条腿。”魔女问道。

为什么？是啊，为什么呢？

明明刚刚经历一场惨痛的背叛，刚刚得到一次终生难忘的教训，何必冒着再一次被欺骗的风险，赌上性命去救一个陌生人？

在那逃亡的路上，半领域几近崩溃，召唤之书无以为继，陈百七从独角兽上跌落下来，狼狈地跪倒在地上，捂住了腹部的伤口。独角兽失去了力量，消散在空气中。

她想对自己说，再坚持一下，审判所的救援马上就来了，只要逃出下城区……

耳边传来窸窸窣窣的声音，精疲力竭的陈百七拔出短刀，杀气腾腾地看向声音传来的方向。

那里只有一个瘦弱的小女孩，蜷缩在稻草里，呆呆地看着她。

那也许是个无辜的可怜人，就像魔女曾经伪装过的那样，又也许，她是另一个魔女。无论如何，她不会再多管闲事了。

陈百七捂住伤口，忍着剧痛将快要滑出身体的肠子塞了回去，那非人的痛苦几乎让她背过气去。

“你要布吗？”小女孩用细弱的声音问道，用发育不良的细瘦手臂举起了被她枕在身下的衣服。

陈百七摇了摇头，从装备栏里找出绷带，不管不顾地缠住伤口，至少让它不再大出血。

小女孩静静地看着她，像个不存在的人偶。

“你从外面的世界来，是吗？”小女孩问道。

陈百七没有理会她，她却自顾自地说了下去：“那你见过太阳吗？”

陈百七处理好伤口，漫不经心地点头。

“那大海呢？”小女孩又问。

陈百七又点了点头。

“我听说海边的沙滩上会有好看的贝壳，像星星一样发光。”小女孩说。

“贝壳不会发光。”陈百七冷冷道，满嘴的血腥味，说话对此刻的她来说都是一种酷刑。

陈百七的回应让女孩精神了起来，她满是好奇地问道：“那它们像星星吗？”

陈百七看了她一眼，蜷缩在铺着稻草的角落里的小女孩苍白得像个游魂，她大概从一出生就在不见天日的地下蚁城，从未见过太阳，也没有见过大海，更不知道星星是什么。

可是在她希冀的眼睛里，陈百七好像看到了星星。

闪闪发亮的星星。

远处传来了喊杀声，追兵再次逼近了，陈百七撑起疲惫不堪的身体，强行压榨着自己摇摇欲坠的半领域，再一次激活了召唤之书。

独角兽出现在了她的面前，温驯地低下头，等待她上来。

她该走了，离开这场噩梦，回到黄昏之乡去。她受了伤，可是这一切都会好起来，她总会战胜挫折。

可也许，她永远也战胜不了。魔女在她的心中种下了恐惧的种子，她一生都会为这一次背叛耿耿于怀。这多可笑啊，她倾尽全力去拯救的少女，就是造成这一切不幸的魔女。

追兵更近了，他们很快就沿着血迹找到这里，发现一个手无寸铁的目击人。

他们会怎么对待她呢？

陈百七回过头，看着蜷缩在角落里的流露出恐惧的小女孩。小女孩好像终于明白了她是个逃犯，她的出现会给自己带来灭顶之灾。

她真的能一走了之吗？

这片刻之间，陈百七突然做了一个荒唐的决定，她来到女孩的面前，将她抱上独角兽："你叫什么名字？"

"茜茜。"女孩呆呆地说道。

"茜茜，你会见到的，天空、大海、阳光、美丽的贝壳，那些美好的东西，值得每个人去看一看。"陈百七捂着伤口，对茜茜露出了一个微笑。

独角兽不安地踢着地面，追兵已经看到了他们。

陈百七拍了拍它的脑袋："别耽搁时间了，这里交给我，你们走吧！接应的人就在出口！"

说着，她拔出了随身携带的刀，头也不回地朝着那些人冲去。

她不是在拯救别人，她只是在救赎自己。

魔女还在等待着她的回答，执拗得如同当年那个昏暗房间里的少女。

陈百七笑了，她说："我丢掉了这条腿，但是我捡回了自己的灵魂。"

被毒蛇咬过的人，永远会记住那种恐惧，所以绝不向未知的绳索伸出手。一个人需要有多勇敢，才能忘记被背叛的痛苦，再一次试着去拯救一个无辜的人。

无知的勇敢并不真的勇敢，一败涂地的人其实从未被打败。

"现在，让我们好好算一算这笔旧账吧！"

……

齐乐人与幻术师分道扬镳，继续前往海岸。

此时此刻，黄昏之乡的情势已经极其危急，就在半分钟前，头顶的云层被一只巨大的眼球撕裂了。那只恐怖的眼球灵活地转动着，好似在窥视烈火中的黄昏之乡。不断有赤红的射线伴随流星火雨从天而降，暴雨被蒸干了，漫天落下的都是火焰。这片海岸东方的人间净土被烈焰炙烤着，仿佛沉入了火湖地狱。

钢桥附近传来了巨大的爆炸声，冲击波让附近的气流变成锋利的刀刃，撕开大地与火焰。齐乐人停下脚步，看向那里。那一片天空变得异常明亮，璀璨的光芒甚至盖过了火焰的灼烧，有什么强大的力量在那里爆发了出来。

猎犬的嘶吼、猛虎的咆哮、狮鹫的悲鸣……还有万马奔腾一般的蹄声，混乱的声音加剧了齐乐人的不安，他调转了头，朝着钢桥的方向跑去。

可是等他赶到现场的时候，却被眼前的这一幕震得心胆俱裂——街道被笼罩在华美的宫殿幻影中，那是某个半领域的投影，而陈百七被一个修女模样的人按倒在地面上，无数召唤之书中的魔兽正在消散，宛如一场即将醒来的梦。

情急之下，齐乐人一枪射中了女人的胸膛，子弹穿胸而过，毫无滞涩地飞向前方。

而那个修女模样的女人，在这一枪引起的气流中，和那些被召唤而来的魔兽一同化为虚无。

“没想到……”空气里传来魔女难以置信的呢喃声。

口吐鲜血的陈百七气息奄奄，却还是笑了：“你以为这些年，我只是在等死吗？我这个人，可是睚眦必报的。”

清脆的破碎声中，色欲宫殿的幻影化为碎片，被陈百七玉石俱焚的自爆彻底瓦解！

魔女回归虚无，齐乐人冲上前去，抱起倒在血泊中的陈百七，疯了一样从半领域中调集本源力量，想要治愈她身上的伤口。可是无论他怎么努力，重生的力量都无法填满不断流逝的生命力。

“别白费力气了，我把早就碎掉的半领域炸了，透支衰竭，送到教廷也没治的。”陈百七枕在她唯一的学生的腿上，轻声说道。

齐乐人的脑子里一片嗡嗡声，他好像是听见了，又好像什么都没听见。

其实这一刻，他还没有意识到到底发生了什么。

“怎么会伤得这么重，那人是谁？”齐乐人不甘地问道。

“一个魔女，一点宿怨，都了结了，只是还放心不下茜茜。”陈百七笑了笑，似乎对这个结局心满意足，再无遗憾，却仍然惦记着那个和她毫无血缘关系的女孩。

“我会照顾好她的，我发誓！”齐乐人哽咽了。

陈百七半睁着眼，疲惫地看着头顶的天空。

那不是她熟悉的黄昏，没有璀璨的夕阳，只有战火硝烟。

“要听遗言吗？”陈百七问道。

齐乐人紧紧握着她的手，那双常年战斗铸就的干燥粗糙的手，如今变得冰冷黏腻，满手都是血。

终于到了这一天，从他被陈百七倾力教导的那一刻起，齐乐人就知道会有这一天。可是当这永别真的展现在他面前的时候，他才发现这比想象中的还要残忍。

他想过她会以何种方式离去，多半是在某一次强制任务里一去不回，亡灵岛上悄然多了一座她的墓碑。他想他可以接受这样的结局，就当他的老师只是去了远方，总有一天她会回来。

可是，当她倒在他的怀里，呼吸渐渐微弱的时候，齐乐人才发现，这个曾经一次又一次将他打倒在地，一次又一次呵斥着让他站起来，逼得他精疲力竭到拿不动匕首的女人，原来这么苍白，这么消瘦。

明明，明明记忆里的她是那样冷酷强硬，不近人情，甚至让他心生怨意，哪怕他知道自己应该去感激。

“就算你不想听，我也要说。”陈百七的声音已经微弱了下去，可是每个字都像是敲打在齐乐人的心间，一下一下地击垮了阻挡眼泪的堤坝，“乐人，你比我想象的更优秀，我为你感到骄傲。”

齐乐人再也克制不住眼泪，为了这个绝不轻言褒奖的女人到死才说出口的一句真心话。

在她生命的最后，这个强硬到底的女人，终于在她唯一的学生面前流露出了感性的温柔，她说她为他骄傲。

“我要回家了，乐人，再见。”陈百七呢喃着说道，那双神采飞扬的眼睛逐渐黯淡了下去。

齐乐人拼命克制，才没有让自己哭得太狼狈，喉咙哆嗦到发不出正常的音节，他死死抓着陈百七的手，几乎用尽全身的力气，才平静地说出那句告别的话：

“再见，老师。”

陈百七似乎是笑了一笑。在这末日的硝烟中，她最后也只是笑了一笑，朝着一条无人看见的归途走去。

第 139 章　黄昏的约定（二十二）

利维坦冲上了落日岛，它那被魔龙摧毁又复生的身躯依旧巍峨庞大，山岳一般压在地面上，无数恶心的触手横冲直撞，拉拽着它的身躯朝避难所的方向爬去。

不好，吕医生他们还在那里！

齐乐人匆匆将陈百七的尸体安放在了圣墓花园中，朝避难所的方向跑去——他得阻止这个怪物！

沿途的狂信徒们已经陷入了彻底的疯狂，在理想国眼球的照耀下，他们仿佛有着无穷的力量，将屠刀伸向每一个无辜的路人。无论男女老少，在他们的眼中都只不过是献给权力魔王的祭品。

齐乐人记不清这一路他射出了多少子弹，又在弹药用尽后，用匕首解决了多少拦路的狂信徒。等他赶到现场的时候，利维坦已经杀死了守卫在避难所附近的审判所执行官们，就连那层避难所的结界都摇摇欲坠！

终于，那一层结界在利维坦疯狂的攻击下破碎了。

齐乐人的心沉了下去，亲眼见过利维坦与宁舟厮杀的惨状，他太清楚这个怪物是多么强大。等到它攻破避难所，这座巨大教堂里的人就会沦为它的饕餮盛宴。这只没有人类情感，只知道杀戮和进食的怪物，它不会给予食物一丝一毫的怜悯。

就在这时，又一层结界出现，将将阻挡住了利维坦前进的脚步。它是如此完美，如此坚固，如同神赋予它的子民的庇护。

是先知吗？

齐乐人下意识地将这个功劳归给了黄昏之乡的守护者。如果是先知的话，应该能阻止这个怪物吧。

利维坦愤怒地拍打着结界，却无法撼动它。这股强大的力量使得地面不断震颤，扬起大片尘土。在这片烟尘之中，有一个人影从避难所中走了出来，朝着齐乐人走来。

齐乐人眯起了眼，凝视着来人。

尘土被狂风吹散，露出了来客的面容，一张熟悉的脸。

“喂，不会是我想的那样吧。”齐乐人苦笑一声，“看在当初同甘共苦的分上，至少告诉我原因吧。”

薛盈盈沉默地看着他，似乎不想回答。

齐乐人也看着这位在新手村里认识的女孩，当初的情景仍然历历在目，那并不是多久远之前的过去，可是如今想来，却恍如隔世。

“是因为……苏和吗？”齐乐人还是说出了那个名字。

薛盈盈点了点头："你违背了和陛下的约定。"

齐乐人心中苦涩，在星际死亡真人秀副本中，他跟苏和做了一个约定，或者说，苏和单方面强迫他签下了一个约定：苏和会帮助他凝结半领域，但那之后，他必须将手提电脑交给苏和。可事实上，齐乐人从一开始就没打算履行这个约定——他在签契约的时候用了一张技能卡，使得契约没有生效。

"我没有，契约中的履行义务，我至今没有遇到。"齐乐人为自己辩解道。他说的是实话，最近的副本中他一直没有见到那台手提电脑，自然是无法履行契约条款的，也不知道苏和究竟怎么发现了这件事。

薛盈盈微微一哂，不语。

齐乐人的心高高悬着，被苏和的前科弄得疑神疑鬼的他，甚至怀疑这一开始就是苏和计划好的。

不可能吧，如果苏和当时就知道齐乐人骗了他的话，他为什么不当场揭穿呢？这对他有什么好处？

除非……除非他是在做给谁看，或者，他是在警告……警告谁？

再也没有出现过的手提电脑，是不是已经给了齐乐人答案？

不，它应该早就知道苏和会这么做，所以才给了他那张"诡辩的律师"骗过了苏和。

齐乐人深深吸了一口气，带着火与硝烟气味的空气在气管中横冲直撞，让他清醒，也让他疼痛。他知道自己不该去思考这种问题，想得再多对如今的局面也毫无意义，因为他根本搞不清苏和的目的是什么。他到底是想要得到那台手提电脑，还是仅仅为了阻止它出现？

齐乐人忍不住想，如果那台手提电脑出现的话，这一日的剧变，也许它会告诉他，就像它将宁舟会死于火湖之中的讯息透露给他，让他改变了这个结局。

从这个角度来说，无论契约成不成立，苏和都已经成功了。

"你故意接近杜越是为什么？"齐乐人问道。

“我没有义务向你汇报。”薛盈盈冷冷道。

齐乐人还想问些什么，前方那一层被利维坦疯狂攻击着的结界，再一次黯淡了下去。

不好！

齐乐人不敢再耽误时间，装备上技能卡，凝聚起半领域，朝着薛盈盈冲去！

……

幸运左轮：剩余使用次数（3/6）。

塔楼上的吕医生坐立不安。避难所外传来怪兽疯狂拍打结界的声音，让他甚至不敢走到窗边多看一眼。

三分钟了，整整三分钟过去了，避难所外的怪物依旧肆无忌惮地攻击着，没有人来阻止它。

接下来会怎么样呢？吕医生越来越害怕，越到后面，中弹的风险就越大。幸运左轮最多也只能再用两次，第三次的时候，那颗子弹就会射穿他的大脑……

轰隆一声巨响，避难所外似乎有什么东西坍塌了。吕医生从地上爬了起来，鼓起勇气走到窗边看去，那庞大到让人两腿发颤的怪物的触手背后，黄昏之乡充满蒸汽朋克风格的建筑突然改变了——一片盛开着鲜花的绿色原野，和一片不断燃烧着紫色火焰的湖泊。两幕风格迥异的景象交替出现，照亮了正在那里战斗的两个人。

太过熟悉，以至于只是一个背影吕医生都不会错认。

“齐乐人？”吕医生震惊地看着这一幕，喃喃出声。

而和他兵戎相见的那个人影……他同样记忆深刻。

薛盈盈。

他们为什么会打起来？这片燃烧着紫色火焰的景象，难道是半领域吗？薛盈盈什么时候变得这么厉害了？这到底是怎么回事？

吕医生有无数的问题得不到解答，可是时间已经来不及了，结界再一次黯淡了下去。

他几乎是麻木地抬起手臂，不去想这一枪下去的结果，机会还有三次，子弹有一颗，三分之一的可能他会中弹。

只是三分之一的可能而已，对一个从小就幸运且拥有幸运技能卡的人来说，他中弹的可能性几乎为零。

可是下一次呢？

50%。

再下一次呢？

100%。

那是再多的幸运也无法挽救的必死，光是想一想，就让他害怕得无法呼吸。

时间到了，吕医生死死闭着眼睛，狠狠心扣下扳机，又迎来一次幸运儿的胜利。

幸运左轮：剩余使用次数（2/6）。

还有一次机会，最后一次。最后一枚子弹，他无论如何也不会留给自己。他要留着这条性命，他还有太多美好的人生没有经历。

吕医生推开窗户，窗外的声音一下子清晰起来，那惊天动地的震动声像是要把世界拍碎一般。

“齐乐人！加油啊！只剩两分钟！没有时间了！”吕医生用尽全力朝齐乐人大喊。

齐乐人猛然回过头来，惊讶地看着他。吕医生举起手中的幸运左轮，将这个结界的真相告诉了他。这不是先知的庇护，而是来自这个赌命的道具。

“还有一分半！”吕医生声嘶力竭地喊道。

只有一分半钟了。

……

这不是先知的结界，而是吕医生的幸运左轮！他卖给吕医生的道具！现在只剩下一分半的时间了！

这个发现让齐乐人陷入了巨大的恐慌之中，猝不及防地被薛盈盈手中的长戟扫飞了出去。在半空中的一刹那里，下雨收衣服的技能向他发来死亡警告，齐乐人只来得及在那一刻存档，下一秒他就被从后方射来的紫色烈焰吞没！

SL 大法启动，让死亡的齐乐人回到了半空中。

这一次齐乐人瞬间回到了半领域中，再次出来的时候双脚刚一落地，就紧握手中匕首朝薛盈盈冲去。

薛盈盈虽然早知道齐乐人有这个技能，但还是没有反应过来。在杀气腾腾的齐乐人孤注一掷的攻击下，她只来得及略略偏斜身体，可还是来不及！左臂传来一阵剧痛，匕首上蕴含着的强大力量瞬间剁掉了她的左手！

鲜血狂喷，薛盈盈的眼睛瞬间变成了妖冶的鲜红，这失血的副作用在她身上化为了另一种力量，让她狂化的力量。

“很好，你很好，这股愤怒的力量，只会让我更强大。”薛盈盈笑了，鲜血沿着她的嘴角流下，她身后那片燃烧着紫色火焰的湖泊掀起了惊涛骇浪。

那是愤怒的半领域，她的本源力量是愤怒！

齐乐人缓慢地变动着自己的位置，半领域中的绿野和花园在滂湃的愤怒本源中逐渐被侵蚀。他不断分析眼前的这个敌人，薛盈盈不知何时投向了欺诈魔王，也许从新手村出来之后，她就已经被苏和蛊惑了，在觉醒了愤怒本源之后，她一跃成为半领域级的高手。

这种偏激情绪的本源力量无疑会让一个魔女更强大，可是也更容易丧失理智。和薛盈盈对战，他的本源力量更占优势，重生的本源力量保证了他的续航能力胜过任何一个半领域级的高手。只要打持久战，他总能拖死对方，特别是薛盈盈这种对手。虽然她在爆发的时候力量强大，但是持续的失血无论对人类还是恶魔来说都是极其可怕的负担，她的狂化状态不可能持续太久。

最好的办法是避其锋芒，等待她陷入狂化后的虚弱中。

可是……

塔楼上的吕医生含着眼泪，再一次扣下了扳机："一分钟！"

幸运左轮：剩余使用次数（1/6）。

齐乐人别无选择。

他深吸一口气，强忍着那撕裂灵魂的剧痛，激发了半领域的全部力量！

原本在火焰中逐渐消失的绿野，突然间被赋予了强大的力量，刹那间，绿色铺天盖地扩展开来，所过之处火焰熄灭，世界被净化成一片清新原野。在那绿野的中央，神的花园中百花齐放，每一朵绽放的鲜花中都蕴含着强大的重生力量。一朵一朵盛开，不去在意即将到来的衰败与崩溃，只为了这一刻而盛开。

被赤红眼球统治着的天空中，一束圣洁的白光刺穿了云层，落在齐乐人的身上。

来吧，一起疯吧，战斗到死，他绝不能输！

第 140 章　黄昏的约定（二十三）

（前略）

强行激发半领域之后，天幕中落下了一道皎洁的圣光。沐浴在圣光之中的齐乐人站在一片美丽的花园之中，感受着那从灵魂深处涌来的源源不断的力量。

一分钟！足够了！

齐乐人睁开眼，闪电般朝着薛盈盈冲去。薛盈盈后退了半步，仓促应对。两人的身影在短兵相接中不断碰撞，每一下都爆发出强大的能量。那气流和震动不断让周围的建筑崩塌，就连大地都裂开了一道又一道的缝隙。

在两人的身后，绿色原野和紫焰湖泊也不断交缠，互相撕裂吞噬着彼此。周围的天幕中两者不断交替，形成了激烈的战局。

站在避难所塔楼上的吕医生心急如焚地看着，还有三十秒，来得及吗？

手中的幸运左轮沉甸甸的，他看着狂怒的巨型怪兽，突然失去了计算时间的勇气，他绝不、绝不开这最后一枪！

啪嗒一声，左轮被他扔到了墙角里。吕医生蜷缩在窗台下的阴影中，小声抽泣了起来。

二十秒。

窗外的天空亮起了刺目的紫色，吕医生惊恐地跪在窗台前，不安地看着窗外。大地上四处都是那紫色的火焰，齐乐人重重地摔在地上，险险地避开薛盈盈的攻击，却找不到机会反击。

加油啊！齐乐人！只剩十秒钟了！

吕医生几乎已经绝望了，眼前的结界再一次黯淡了下来。他可以想象接下来会发生什么，在幸运左轮形成的结界消失之后，巨怪就会冲入这个避难所，聚在这里的人将会沦为它口中的食物。

也许他逃得过去，以他的幸运，他一定能活下去！

可是……

齐乐人抓住机会翻身而起，大吼一声，硬扛着薛盈盈的重击，将手中的匕首送入了她的心口。

这一刀中酝酿着可怕的力量，薛盈盈的背后炸开了一个巨大的血洞，四周的紫色火焰瞬间微弱。

薛盈盈难以置信地看着眼前的人，他的胸口也同样被洞穿了，正在汩汩地流血，而他却好像感觉不到一样。

燃烧着紫色火焰的湖泊被绿野吞没，那四处扩张的原野一瞬间推向了整片街道，所过之处遍地都是盛开的鲜花，还有飘散在空中的蓝白色的花瓣。薛盈盈呆呆地看着，被刺穿后炸开的胸口里空荡荡的，一片微小的花瓣从胸腔中穿过，沾染了一丝血迹，飞向遥远的地方。

她静静地看着那一片花瓣越飞越远，突然间，那涌动在灵魂中的愤怒渐渐平息了，她慢慢地倒在绿色的草原上，像是回到了母亲的怀抱里一样。她笑着，笑容逐渐在死亡中僵硬冷却。她睡着了。

齐乐人跪倒在地上，胸口被刺穿的伤口应该传来剧烈的疼痛，可是他却丝毫感觉不到，因为这一刻灵魂里撕裂的疼痛十倍百倍地发生着。他抱住头，努力想要遏制这种非人的痛苦，可是摇摇欲坠的半领域只会让他陷入疯狂。已经在崩溃边缘的半领域经不起任何折腾了，只要再稍稍动一动，它就会像布满裂纹的玻璃一样彻底破碎。

时间到了。

微弱的结界彻底消失，感受到这一切的巨怪挥舞着巨大的触须，横冲直撞地向着避难所狂奔。

“齐乐人！站起来啊！没时间了！”吕医生扒着窗台，哭泣着发抖着，声嘶力竭地呐喊着。

齐乐人好像听见了，可又好像没有听见，灵魂里还有一个声音，正在不断悲鸣。

魔龙沉入白骨海的画面不断在他的脑海中浮现，那鲸落一般的一幕让他这一刻的痛苦成倍增加。

巨怪已经逼近了避难所，死亡的阴影笼罩在每一个人的头顶。

避难所内，全神贯注地关注着这一切的傅岳摘下了斗篷，对着崩溃哭泣的人群大声喊道：“还有谁？只要破壳的都可以！跟我去阻拦那只巨怪！”

妻子惨死后，他原本已经打算离开黄昏之乡。只是为了与妻子的约定，所以决定留下来最后看一次建立日的烟火，没想到会发生这样的意外。

“还有什么用，我们死定了！”人群里传来软弱者的哀鸣。

“能拖一秒是一秒，我宁可站在它面前死，也不要躲在这里跪着死！”傅岳大声说道。

人群蠕动着，有人从里面走了出来，三三两两地聚在了他身边。有人说道：“后门已经打开了，能跑的都跑吧，我们尽量争取时间。外面都是狂信徒，还有亡灵大军，活着不容易，你们多加小心。”

避难所的大门开启，傅岳带着人从门里走出来。眼前的怪物巍峨巨大，身躯遮天蔽日，而高悬在他们头顶的眼球还在不断转动着，时不时有赤红的射线从天而降，摧毁黄昏之乡的建筑。

在这恐怖的异象和巨大的怪物面前，他们渺小的身躯就像是要对抗全世界，螳臂当车，不自量力。

他们不会胜利的，谁都知道，吕医生也知道。

他站在窗台边，对着冲上去送死的人群大喊道：“别去啊！你们打不赢的！”

一切都完了，他的朋友倒下了，还有更多人要倒在这里，为了一场不会到来的胜利。

这有什么意义呢？明明都知道是送死。人类的力量要怎么对抗这无法战胜的一切？活着不好吗？

当然好啊，可是……可是……

吕医生捡起了被他丢到墙角的幸运左轮，脑中有个声音对他说道：不要开枪，只要你不开这一枪，幸运的你总能活下去，也许还能回家见到父母。如果你开了这一枪，从此以后，这个世界的存亡就再也与你无关——你已经死了。也许一开始会有人记得你，会去看看你的墓碑，但是多年以后他们总会忘记你的离去，或者，他们自己也一同离去。谁也不会知道你做的一切。为什么不接受自己的软弱呢？自私本来就是铭刻在人的基因里的啊。

他有一千个一万个理由不开枪，为了活着，为了久别的父母，为了还没吃够的小蛋糕，这世间有太多美好的东西值得留恋……可这世间，值得更多人留恋。

吕医生流着眼泪，手抖得几乎握不住这把枪，可他还是慢慢地将枪口对准了自己的太阳穴。

他突然想起第一次看到幸运左轮简介的时候，简介上说：“即使你再幸运，上帝也只给你五分钟，如果悍不畏死，你可以再续一分钟。”那时候他兴高采烈地对齐乐人说这个很好，可以顶五分钟的绝对防御。那时候他没有想到，他会用上这最后一分钟。

一分钟能改变什么呢？也许什么都改变不了。

可是，可是啊。

看着避难所中哭泣祈祷的人们，看着冲向巨怪送死的人们，看着倒在地上挣扎着爬起来的挚友，他突然觉得，也许这一切都有意义。

他这辈子，也就勇敢一次。

可对一个胆小的英雄来说，一次也已经足够了。

“加油啊，乐人。”吕医生看着跌跌撞撞爬起来的挚友，在心里小声对他说。

像是听到了他的声音，齐乐人抬起头。他们相隔那么远，可齐乐人却好像知道了他要做什么，惊恐地拼命摇头。

吕医生的整张脸都埋没在了阴影中，好像在哭。

“砰——”枪声响起。

消失的结界再一次亮起，触手已经挥到人群面前的巨怪被一股不可思议的力量推开，顷刻间已经被甩出几百米远。它暴怒地拍打着结界，对近在咫尺的食物无能为力。

幸运女神看着一生都被她温柔眷顾的幸运儿，无能为力地流下了眼泪。

[节选自晋江文学城]

【粉丝评论摘编】

@宁舟小天使：

……对于宁舟的好感则一点点地累积起来，我慢慢体会到他的好。这样一个人太过于理想主义，也因此有了一份理想国般的爱情。他似乎一直都是矛盾的：前期是为了信念与爱情的取舍，后期是正义与毁灭的抉择。他在矛盾中一度想要死亡，最终因为爱人的力量鼓起勇气对抗前路漫漫。书外我们知道最终他会成功……但是他不知道，他只是凭借着自己的意志努力对抗毁灭的意识，这样一份绝望远大过希望的未来。他不是不清楚，但是他仍坚持着往前走，一直走，一直走，走到脚底出血，走到步履蹒跚，走到轰然倒下。

（选自晋江评论区，2019 年 8 月 1 日）

@單眼皮的蘇姑凉：

我一直认为“噩梦三部曲”中最接近神明的人是先知。

先知对乐人、司凛或幻术师等人提及苏瑜时，总是一副处之泰然的样子，甚至还能俏皮几句，那时我还以为他真的已经在心灵上超脱了。我以为他像地藏菩萨一样，早能脱离凡间的束缚，却坚持“众生度尽，方证菩提”，所以滞留人间。直到看见先知真正面对苏和时，我才发现先知仍旧会怨怼愤恨，他依然是个有七情六欲的普通人。

就算经历同一场惨绝人寰的灾难，每个人做出的抉择仍不会完全一样。有人选择独善其身，有人选择拖着全世界陷入癫狂，也会有人选择燃尽自身来成为守护众人的篝火……正因为他是个普通人，一个拥有爱憎嗔痴的普通人，当这样的他遭受磨难、背叛、失望之后，仍选择倾尽一切来爱着、保护着世人，这样的他让我深受感动。

（选自微博，2020 年 9 月 5 日）

@天染：

在《噩梦游戏》（即《欢迎来到噩梦游戏》）里我最喜欢这样一句话：“你会落在百般试炼中，要学会忍耐。忍耐不是忍受，而是要你在试炼中祈祷，思考，锤炼，坚守，你要学会在苦难中喜悦，在绝望中期盼，在逆境中举步向前，然后你才能成全完备，毫无欠缺。”

轮子（即作者薄暮冰轮）大大最贴合我胃口的一点就在这里，既能让我看到主人公站在高处时的种种成就与荣耀，又能给我详细描述他们成长的种种艰辛与考验。后者比前者精妙一万倍，也要更下一番苦功。不过一般的无限流，往往只会描述一个人的成长，另一个人好像天生就这么厉害，这样读起来就未免像跛脚走路一样，总觉得有点空。

（选自晋江评论区，2021 年 7 月 19 日）

@蓝星：

即使加入了常见的“游戏技能卡”辅助设定，即使是常见的恐怖片场景医院，作者太太[①]的描述方式就像影视作品中的镜头一样，一点点地推进，或者给一个特写。那种仿佛自己也进入这个残酷游戏的真实感实在是让人沉迷，有时候看到一半都想停下来自己动手放个 bgm（背景音乐）来应个景。

……虽然有时候会被里面塑造的诡异氛围和反转的烧脑剧情带入书中，但给我印象最深的，大概是我自己也有种死神的镰刀悬挂在头顶的感觉吧……宏大而详细的世界背景和如史诗般瑰丽的黄昏之乡，这种蒸汽朋克风格设定简直戳爆我萌点。

（选自微博，2018 年 6 月 28 日）

（导引、简介、节选、粉丝评论摘编：王玉玨）

① 同大大，见第 97 页注释。一般指女性作者。

爱是永不止息

——评薄暮冰轮《欢迎来到噩梦游戏》

王玉玊

作为一部女频无限流小说，《欢迎来到噩梦游戏》(以下简称《噩梦》)有着同类作品中罕见的宏大世界，瑰丽而残酷的噩梦世界为整部作品染上油画一般绚烂的底色。从上古世界的毁灭到噩梦世界的诞生，再到先知创立黄昏之乡与审判庭，魔界两次入侵，教廷远走永无乡……噩梦世界的历史包裹着无数血与火的英雄传奇，如史诗般徐徐展开。各种各样的种族、信仰与风土人情共同支撑起这方血肉丰满的天地，让先知、陈百七、苏和、圣修女玛利亚、毁灭魔王宁宇、龙蚁女王阿娅等大大小小的人物有了来路与归处，有了意志与灵魂。

精彩的副本设计与宏大的世界构架已经足以让《噩梦》在经典无限流作品中占有一席之地，但《噩梦》的真正主题是爱情，这也是贯穿《噩梦》始终，最动人心弦的情愫。

在所有玩家以女性面貌出现的"献祭女巫"副本中，"萌妹"齐乐人，遇见了"女神"宁舟，齐乐人为救宁舟承受三次死亡与重生，宁舟为保护齐乐人不惜毁掉自己的半领域。他们甚至还不知道彼此在副本外的真实样貌，便已经一见钟情、共历生死。但身为教廷圣骑士的宁舟有着比任何人都更虔诚的信仰，而他的信仰告诫他：与齐乐人相恋是罪，你该忏悔。直到宁舟以为齐乐人死于苏和之手，才终于正视了自己的爱。宁舟不肯背弃信仰，也不愿欺骗自己的心，他认罪而不忏悔，交还神的一切恩赐，自我放逐，用一生眷恋死去的爱人。

教皇问他："为了一个死去的外乡人，你这样做值得吗？"

无所谓值不值得，因为齐乐人不是他的情欲杂念，而是他的全世界。

就从宁舟的这个决定开始——甚至更早，从宁舟与齐乐人的第一次相见开始，灵魂与灵魂的相爱，就成为《噩梦》的永恒主题，这样的爱足以超越身份，超越种族，超越信仰，超越生死，超越命运，超越世界的意志与本源的力量。《教典》中说，爱是恒久忍耐，又有恩慈，宁舟则相信，爱是永不止息。

宁舟依然是从前的宁舟，沉默而虔诚，仁慈而勇毅，如同他的母亲一样做好了为守护弱者而牺牲的准备。但宁舟有了刀鞘和甲胄，有了一个人陪他共赴命运的深渊，一起蹚过荆棘与烈焰，撑过毁灭与重生。身负毁灭本源的宁舟仿佛是命运最险恶的造物，他越是动用自己的力量与恶魔战斗，就越是被本源同化，挣扎于理智的边缘。齐乐人是他绝望之中最后的救赎——此爱尚存，则理智不熄。

相比于宁舟，穿越而来的齐乐人或许与屏幕外的读者更加相似。他在一个温馨幸福的家庭中出生、长大，这样的生活让他成为一个善良又温柔的人，自然而然地爱着周遭的世界。但就像先知所说，这样的人又往往有着天真的残酷，他们的爱轻率而自私。曾经的齐乐人暗暗发誓，会永远站在宁舟身边，即使宁舟失去自我、毁灭世界，齐乐人也心甘情愿陪他沉沦。齐乐人爱宁舟胜过爱全世界。直到宁舟只身前往魔界，决定与邪恶对抗到底。三年间，齐乐人接过了先知的重任，支撑起黄昏之乡，成为审判所最可靠的领导，守护这片和平孤岛的秩序与生机。在这里生活的每一个人，似乎都开始与他息息相关。

齐乐人依旧爱宁舟胜过爱全世界，但永恒之爱会造就不朽的灵魂，齐乐人见过了真正的悲伤与绝望，也学会了信仰、责任与牺牲，于是懂得，宁舟想要的从来不是与齐乐人同沦炼狱，他希望挚爱之人永在光明之地，齐乐人守着光明，才能将宁舟从黑暗之中拯救出来。

《噩梦》中的爱情故事并不只发生在齐乐人与宁舟身上。毁灭魔王宁宇在尚未觉醒毁灭本源之前与圣修女玛利亚相爱，最终迷失于本源力量、遗忘一切的宁宇依旧在茫茫人海中第一眼就看到玛利亚，“哪怕他已经在力量中迷失，忘记了自己，也忘记了自己的挚爱，可是在他们重逢的那一刻，一种被镌刻在了灵魂中的熟悉的悸动依旧提醒着他：看着那个人”（《欢迎来到噩梦游戏II》第74章《女王的传承（十三）》）。所有人都说，爱情输给了毁灭的力量，宁宇忘记了玛利亚，但他进攻人间界或许也不过是为了成全灵魂中的执念，死在爱人的剑下；瓶中小人维特与奴隶之子狐狸的爱情始于欺骗与利用，但这份爱最终却胜过了刻骨的憎恨，胜过权力的诱惑，让维特从一个复活用的工具变成了一个真正的人；瓦伦丁部落的孤女阿娅因为对齐乐人的懵懂爱恋而获得了勇气，甘愿承受巨大的痛苦成为龙蚁女王，努力实现她理想中那个所有种族都能平等共处的幸福世界……无论是怎样的爱情，幸福或悲伤，平凡或伟大，最终都通向了某种光明的力量，微小而坚定，牵引着满目疮痍的世界走向充满希望的未来。

宁舟的本源力量是毁灭，而齐乐人的本源力量是重生，这其实就是关于噩梦世界的最佳隐喻——由毁灭通往重生的必经之路，是爱。关于爱情，这是人类所能想象最浪漫、最神圣、最壮丽的故事。在爱情神话普遍失信的今天，《噩梦》却异常坚定地为爱情赋予了最高的价值，它甚至足以与先知对众生的慈悲比肩。这是最古典的爱情，也是最后现代的爱情；这是最纯粹的爱情，也是最混沌的爱情。恰恰是在价值失序的时代，人们才更爱慕崇高，才可以无须犹疑与比较，用尽一切手段将爱情的能量写到极致。这样的爱情其实已然无涉现实，而是一切崇高价值和理想人格的凝缩物与代名词。当我们在故事中获得感动与鼓舞，触动灵魂的不仅仅是爱，更是人类文明的光华。

爱是永不止息，这是对未来最好的祝福。

寄生之子

群星观测

群星观测，晋江文学城新人作者。《寄生之子》是其网文处女作，于2021年8月1日开始在晋江文学城连载。这是一部无CP作品，作者在接受编者采访时表明："其实初衷不是无CP，而是一般向。感觉无论是言情还是纯爱，读者都会比较注重主角的情感问题和归宿。无CP频道则可以不用拘泥于这点，正好适合我这篇文的情况。"在连载期间，它从无CP频道主流的基建、种田文中脱颖而出，因其独特、感人的"儿童文学"风格在读者间获得了良好的口碑，以全年龄向可能的探索完成了对"女性向"网文边界的拓展。

【标签】日常　科幻　悬疑

【简介】

被上一居住地强制驱逐后，一只噬心魔从外星意外来到地球，降临在一具恰好脑死亡的人类躯体上，开始了它作为地球少年颜真的生活。在这里，它遇到了寄居于地球猫咪与小鸡身上的噬心魔同族猫先生与斑船长。他们发现，在地球这一尚未进入星际时代的独立文明保护区，竟然隐居着数量众多的异星来客：聪慧美丽的小袁老师，皮下居然是一群具有统合体意志的细足蟹；四中的下水道里，原来坐落着银河贵族希林小人神圣的洛雅之巢；小真最好的朋友刘星泉，正在与外星笔友通信，却以为这是烂俗科幻写手的恶作剧；而妹妹颜珠与同班同学的中队长选举，竟以离奇的方式渐渐沦为银河联邦双头政治体制下军团与议会的局部代理人战争，并且不断加码……一个欢笑中带着眼泪，日常中掺杂奇妙的故事就此展开。

选文节选自第165章、第169至172章，小说从这里开启连载至今最复杂完整的一次悬念揭晓。自此，铺垫百余章的二十年前四中女生丁沐理失踪之谜、刘星泉的神秘外星笔友、风靡地球的侠盗洛萨动画、真假难辨的伊泽尔异形战报等多重线索逐渐闭合。而刘星泉误入空间旋涡后在陌生星系的艰难返乡之旅，也预示着地球少年的个人冒险即将连接太空歌剧的深空尺度，迎来小说前半程最感人、最宏阔的叙事高潮。

【节选】

第 165 章　命点

亲爱的星泉：

（中略）

长期的工作不达标让我陷入了一种自怨自艾的状态，公司收留了陷入泥沼的我，我却无法达成公司对我的期望。每每想到这里，我总会倍感痛苦与羞愧。被贬入十四级员工的羞耻时时刺激着我们，提塔和大家也都一样。但疲倦总是在拖我们的后腿。我们开始变得逐渐麻木。在底层奋斗的日子是这样漫长，久到我以为也许一辈子都会如此。

在我这个种族的文化中，有命运之轮的说法，我们相信，当命运之轮转动到某个特殊的命点，人的命运就会发生极大的变化。我一直都认为进入公司是我的命点。然后在那一天，我的命运又再度发生了转折。

那天受到强烈风暴的影响，我们难得停了半天的工。提塔他们抓紧这可贵的休憩时光回到宿舍倒头就睡。我翻来覆去睡不着，漫步走出了宿舍区。这时我看见了天上流淌的星星。

这是亚萨星最惊人的景色。巨大的星云在天空流转，星星就像是流淌的泉水。初来时，我们就为这壮丽的景象所震惊。提塔甚至不愿多看天空，他说一直看就好像会被吸进去。他说的是事实。每当我注视着这流淌旋转的星星太久，我就头晕目眩双眼肿胀。但那天，苍穹上的星星之泉特别美丽，我盯着这如磷火般的光芒失了神般一直漫步向前。

不知不觉我看得两眼酸涩，泪水滚落脸颊。我这才发觉已经走到了我从未逛过的围墙深处，围墙之内应该是一所幽静的花园。青色的枝叶从墙内探出枝头，在星空下散发着清澈的冷光。再往深处走去，我就闻到了一股宁静的幽香，越往深处走，香味越浓。就在我徘徊于墙外时，我看见了一个灰爪狸。它被一个金属夹子夹住，血迹斑斑地躺在地上。

（中略）

一开始它安安静静地待在我的宿舍里，我觉得它活不过一夜。但到了第二天，它看起来精神就很好了。在第三天，它开始兴奋地在宿舍里蹦蹦跳跳。它的动作可笑又笨拙。

宿舍里的室友以往回到宿舍后倒头就睡。提塔那天回去掀开被子叫了一声，灰爪狸从被窝里钻了出来，蹲在原地好奇地望着他。提塔想赶走它，它跳了过来小心地舔了舔提塔的脚。

“它在舔我。”提塔困惑地说道。他转头望向我。

这是我们工作这么多天以来，总是提不起精神的提塔第一次露出这么情绪化的神情。他小心地轻轻抚摸了一下小东西的脊背。小东西发出了舒服的咪呜声。提塔笑了。

到了隔天，他们下班后，又一个室友跑去抚摸它。只用了数日，它就成了全宿舍的宠儿。这个速度让我始料未及。在我们满脑子都是工作的枯燥世界里，它突然闯了进来。犹如灰暗世界里唯一的亮色。丽安娜说那个小东西是非常珍稀的玩意儿，只有那种阔佬富豪才会养来当宠物。我觉得可能是她太过喜欢它，特意将它抬了身价。

那些日子里我们在工作之余总是会挂念着它。每天下班只要一打开宿舍门，它就会欢快地跳过来迎接我们。在看到它的那一刻，我有种疲倦和全身酸痛都消散的治愈感。它就是我们枯燥生活的慰藉。

这不是我一个人的想法，我的室友们都这么想。

但这样的日子没有持续很久，公司监视到了我们偷偷在宿舍里养这个毛茸茸的小东西。上门来找我们的是蛞蝓人妮柔，她的态度很客气温柔，但言词却很明确。公司不允许我们这种低等员工在宿舍里养宠物，让我们尽快将它处理掉。

“它的伤还没好呢。”丽安娜开口道。

“现在你们还有机会亲手处理它。”妮柔说，“如果是让保安卫队来处理的话……”

她的后半句没有说完。妮柔一直都很温柔，但我们立刻就明白了她的意思。可大家都舍不得这个小东西。它的伤势没有好全，走起路来依然笨拙地摇摇晃晃。但如果不赶它走，迎接它的只有死亡。

下班后，我抱着这个小东西漫无目的地在围墙旁行走。我不知道该把它送到哪儿去。

那天夜空流淌的群星格外明亮。

最终，我又逛到了上次的围墙深处。走到墙的尽头，那里有一个生锈的铜门，我推开了它。眼前是一个幽静的庭院，整齐的石子小路旁种植着半身高的青色灌木，淡白色的小花隐于其中，散发着静静的清香。两排雕像矗立在小路边的基石上，这些雕像都是形貌古怪的怪物。

这是哪儿？

我茫然四顾。这是公司基地内我从未踏足的地方。此地和我们简朴的宿舍大楼截然不同，这里显然经过了一番精心的几何审美设计，有一种特别的精致与优雅。我突然感到这不是我——一个公司底层员工该踏足的地方。

我怀里的小东西突然猛烈地挣扎了起来。它从我的怀里跳下，摇摇晃晃地向着庭院深处跑去。

那里站着一个人。一个智人女性。灰爪狸发出欢乐的叫声冲向了她。

那位女性弯腰抱起了它。小东西欢快地不断用头蹭着这个女人的身体。我知道它很喜欢我，宿舍几个工友中，它最爱围着我转。但我没想到它会在这个陌生女人面前表现得那么热情。那一刻我突然明白了，这个女人是这个小东西的主人。

女人说话了：“救了它的人是你吗？”

我回答是。

女人笑了，她很诚挚地向我道了谢。

然后我们聊起了天。我告诉她我是公司最底层的十四级员工，这个小东西这些天给了我们很多欢乐。

“看得出来，西西很喜欢你。”

原来它叫西西。

这位智人女性看起来很年轻，仿佛是一个少女。但我无法判断她的具体年龄。她从头到脚的衣着都精细而华丽，和我这种粗糙的工人装扮截然不同。这种阶层的智人贵人是有条件给自己做活化手术的，哪怕是三百岁的老人也能用药物和手术维持出一副少年的姿态。

她说话很有礼貌，她的眼睛很晶亮。聊着聊着，不知为何，我一股脑儿地把我的情况都告诉了她，包括我和大家被贬进了第十四级，我们重复枯燥的日夜工作，还有日益疲倦的身心。她认真地听着，不住地点点头。

然后她给我端来一杯饮料。饮料呈现出一种奇异的橙色。我好奇地喝了一口，顿觉整个人沐浴在了馥郁的香气中。看着我沉醉的表情，她捂嘴笑得很开心。

聊天结束后她把我送出了庭院。西西被她抱在怀里，她站在庭院门口，挥手与我道别。

等我回到宿舍后，我仍然能闻到那若有若无的宁静幽香。

第二天，我被直接跨级提升为第十一级的保安队成员。当接到这个消息时，我和我的工友们都惊呆了。

万豪主管亲自宣布了这个消息，他对我的态度变得温和，这很奇怪。我得到了一套崭新的卫队制服，原本的破旧工服被扔进了垃圾箱。我搬离了肮脏狭小的底层宿舍，拥有了一间漂亮干净的员工宿舍。那个房间有着柔软清爽的地毯和各种个人生活设施。每天都会有清洁工上门打扫。

熊实问我：“到底发生了什么？”

我也茫然不解。

我不用再去矿区拼死拼活干活了。如今我的工作强度大大减轻，日常只需跟着保安卫队做常规的巡逻检查。与过去那段日子相比，我现在的工作可以说是逍遥快活。

搬进十一级宿舍后，我已经有数十日没见到提塔和丽安娜他们了。我很想念他们，但几乎碰不上面。

他们在矿区一直工作，直到深夜。

之后的某一天我突然想明白了我离奇的晋升。

我又前往了那个围墙深处的庭院。

“我晋升，是因为你的缘故吗？”

这位智人少女爽快地回答道：“因为你救了我在这里唯一的朋友西西。我想感谢你。”

我有些不好意思地告诉她我只是随手顺便，从未想到能真正救活它。“其实我也想感谢它。救了它之后，它给我和我的工友们都带来了快乐。”之后我问这位少女为何有如此大的能量让我晋升。

“我去拜托了我的主人。”少女抚摸着西西说道。

“你的主人？”

“是的。”少女告诉他，她的主人叫迪赛尔，是公司的高层。

原来如此。这个答案并未让我吃惊。我再度向少女道了谢，这时我才意识到我还不知道少女的名字。

“我叫姆莉。”少女微笑地说道。

姆莉，姆莉。我在回去的路上念着这个名字。我转头望向庭院，天空中流淌的星星之泉正在喧嚣地闪耀，洒下了清冷的美丽光晕。

第 169 章　水是个大问题

（前略）

刘星泉开始怀念起他与甲壳怪一起风餐露宿的生活。

那个时候虽然有些艰苦，食物也时有时无，但至少荒原有新鲜的空气，他跟着甲壳怪也有新鲜的河水喝。

现在的他和小罗斯挤在狭窄阴暗的下层船舱里。他所在的船舱隔间里，挤了大约有二十多个异星人。后来他才发现这还是小罗斯给了钱疏通的结果，更多幽暗的船舱里挤了三四十个，甚至很多异星人都没有床铺睡。

小罗斯说，银河联邦各个星区管制松散，大部分星球各自为政，但对不同星区往来的通行证查核都很严格，于是就有了这种偷渡生意。他们口中的那个希望乡是一个无限繁华充满机会的地方。在他们嘴里只要去了那个希望乡就一定能大展手脚得到更好的生活，仿佛希望乡有着解决一切现实生活困境的万能药。对于刘星泉来说，希望乡则是能带他回家的地方。

可现在，他正被可怕的船舱生活折磨。

（中略）

刘星泉陷入了沉默。那之后他很少在通道上闲逛。闷在狭小船舱隔间里的那些异星人，每天都在嗡嗡地交流，他们闲暇时交流的话题基本永远都是希望乡，等到了那里这些苦日子就到头了。刘星泉听到这话，心里不觉酸楚，他到了希望乡，真的能找到回地球的信息吗？

每每烦闷之时，他就会拿出瓶中信，给笔友写上新的信。他的笔友升了职，如今工作变得轻松了很多，来信也比以前频繁。而他则通过给笔友写信来打发这无所事事又烦闷的时光。他对笔友写了很多事，这下层船舱的日常，他过去学校里的生活，他还提到了他很喜欢的动画片《侠盗洛萨》。这是他的怨念，自从到了这里后他就没法追剧了。现在他已经落后好多集了，也不知道洛萨有没有复活。笔友很喜欢听他讲这动画片的故事。他便来了兴致，对笔友一集一集讲起了动画剧情。

于是日子一天天过去，他和笔友保持着通信，只不过现在变成笔友追着听他说洛萨的故事。但笔友也只能消解些许他心中的忧愁，他对地球，对母亲，对他的朋友颜真，对他的同学们的思念越发沉重。

只要一闭上眼睛，他就仿佛能看见他的卧室，虽然很小，但是收拾得干干净净。靠墙的漂亮书柜是颜真送给他的，那上面除了各种教科书辅导书课外名著还摆着一套他用攒了好久的零花钱买的《洛萨故事集》。他又总想起妈妈给他下的小馄饨，酱油汤撒点香菜，滴一滴麻油，再打上一个蛋，那就是绝顶的美味了。

他多想回到家里再尝一口妈妈下的小馄饨啊。

但当他睁开眼时，眼前依然是闷臭的船舱隔间。

这趟旅程的时间远比他想象的要长。

然后有一天，小罗斯告诉他，钱所剩无几了，他们无法再继续买水了。

第170章　我的故乡是地球

（**前略**）

之后没多久，在这位热心室友的介绍下，他等来了好消息。上层的一个厨师需要一个麻利的清洁工。

“我需要准备什么吗？”

“勤快点。手脚快点。”

“我对很多习俗都不了解。我真的可以吗？”刘星泉突然犹豫了起来，他是一个自尊心极强的男孩，也知道这个世界他不知道的东西实在是太多了，而他最怕的就是被别人嘲笑看不起。

“没事的。”室友笑道，“不会让你去操作什么复杂的设备。”

（**中略**）

眼下刘星泉的日常变得繁忙起来。因为蜘蛛厨师瑞科在船上的餐饮部厨师团队中受到排挤，所以分配给大蜘蛛的只有一个清洁机器人。而这个机器人每天只会来大约半个小时。于是刘星泉每日要承担大部分清洁工作。厨师瑞科负责的是一间小烧烤间，天天油腻脏污不断。它教刘星泉使用了一种自动黏土，将这种黏土揉成球，这球就会自动到处滚动吸附油脂。但黏土球的自主性不高，经常会卡在缝隙内或者吸饱油污躲在角落里。

每天刘星泉过来的第一件事就是趴在地上把这些黏土球一个个找出来。有些球会变得很硬，死死地卡在细缝里。敲一个下来就要敲半天，后来刘星泉索性用小刀来挖它们。将小球都收集完毕后，再将所有的黏土球放进去油机里去油。

之后他要做的事有很多很多。占据大量时间的是清洗食材和刷洗餐盘。虽然说有统一的洗菜机，但蜘蛛厨师非常嫌弃自动洗菜机，因为不同食材有着不同的处理方法，洗菜机粗暴的洗法往往会让食材失去本身的鲜味。刷洗餐盘本来也有机器处理，但如果上面的客人一旦发现餐盘上有什么小污渍，倒霉的不会是机器，而会是厨师。所以蜘蛛厨师命令所有经手的餐盘必须要机洗一遍，手洗一遍。

有时他要端着餐盘来回跑腿，甚至会将餐盘送到上层的餐厅。透着门缝儿，他能瞥见那金碧辉煌的豪华餐厅，奇妙的音乐在空气中回旋飘荡，穿着讲究的上流客人们在餐厅中欢笑。不少异星客人都穿着不断变化色彩的美丽衣衫。一个庞大的肉块生物被数个像奴隶一般的虫子抬着在餐厅内漫步，它的身上挂满了璀璨的珠宝。这些衣冠楚楚的客人都显得那么闪亮、奢华而欢乐。

然后刘星泉的头被巡视的机器人用电棍敲了一下。这位机器人绝不能容忍有杂役在它眼前偷懒。

一天忙碌下来，刘星泉能得到一瓶清洁的水和两盒速食盒饭作为报酬。他将水和盒饭统统平分给了小罗斯。

此时，他完全明白了他的笔友以前疲惫的状态。一天辛劳的工作后，他只想回到船舱隔间倒头就睡。

他想起了学校课堂上学来的话，提笔对笔友写道：剥削的本质就是压迫。

* * *

……

我能感觉到某些微妙的事正在平静的水下发生。

当我去见姆莉小姐时，她正在看书。

我小心地敲了敲门。

“啊，你又来了啊。”姆莉小姐抬起头，她的脸上浮现出了快活的神色。我其实并不能分辨出智人的美丑，智人的皮肤都是光秃秃的，这让我觉得怪异且没有安全感。但我想姆莉小姐在人类中应该是很美丽的。她有一双非常明亮灵活的大眼睛，还有非常柔顺细滑的长发。

“你是来给我讲故事的吗？”她期盼地看着我，“今天的洛萨又干了什么呢？”

在我调入保安卫队后，有了很多闲暇，在走到庭院附近时，我时常会去看她。她总是一个人，看起来烦闷而无聊。我就给她讲起了星泉给我讲的洛萨的故事。刘星泉，我的笔友，这些笔下的故事总是如此动人而牵动人心。

“今天我不是来说故事的。”我回答道，“其实我要告诉你一件事。”

“什么？”

“我要升职了。”我说，“我将被提升为副队长。”

听到这话，她的脸上没有喜悦没有惊讶，只是平静地点了点头。“你以后还会经常过来吗？”

“我会的。”我说道，“丽安娜和提塔的事也谢谢你了。”前面我拜托姆莉小姐，给丽安娜和提塔换一份相对轻松的工作。如今提塔和丽安娜都不用像往日一样日夜加班工作了。

“我很喜欢丽安娜，提塔也很有趣。”姆莉小姐微笑道，“谢谢你介绍他们给我认识。”

“请不要谢我。你为我和我的朋友做的这些事，我根本没有办法报答。”

“不，你来和我聊天就是对我最大的报答了。”

听到这话，我低下头没有吭声。姆莉小姐对我和我朋友的恩情，是我现在根本无法偿还的。低下头时，我没有看见总是窝在她怀里的灰爪狸西西。“那个，西西呢？”

“西西跑出去玩了。”姆莉小姐轻声说，“对了，你知道地球吗？”

"地球？那是什么地方？"

"一颗很美丽的水蓝色的星球。"姆莉小姐转过头，她的声音很轻，"我遥远的故乡。"

第171章　会议

地球，一颗水蓝色的星球，她说是她的家乡。

这个名字有点耳熟，我仿佛听说过这样的星球却又想不起来在何处听过。

（中略）

"那里有我的家人。我很想他们。"

我没有说话。

"你有家人吗？"

"我是个孤儿，我没有血缘关系的家人。我从小和提塔一起长大，提塔就是我的家人。"

"啊。抱歉。"她低下头，脸上带着歉意。

"这没什么。"

"如果可以的话，我还想要听更多洛萨的故事。"她突然说道，"这是你自己想出来的故事吗？"

"是我的一个朋友讲给我听的。"

"朋友？"她眯起眼睛看着我，神态却并不相信。

"是的。"

她露出一副不计较我说谎的样子。"你以后可以多讲一些洛萨的故事给我听吗？"

"好的。"

"一定？"

“一定。”

我不敢去看她期待的目光，逃也似的离开了。

（中略）

我走回了我昔日住的低级员工宿舍。

当我走进丽安娜和提塔的宿舍时，意外地发现宿舍里竟然聚集了十来个人。他们正围着一个人，神态认真地听他说话。他是略离特人乌海希，一个最近刚到这里的新人，正在激烈地说着什么。

“今天我看见一个工人被鞭打示众，他连续数日都在赶工作量，因为疲劳过度倒下，公司不闻不问给了一个旷工的处罚。他跑去找主管讨个说法，却被主管判罚公开鞭笞。”

“还有托叶大叔，他那么辛苦地工作，却因为和卢比斯汇报时‘态度不够端正’，就被评定为不合格，直接扣除一半工作量。这合理吗？”

员工们沉默地望着他，有人握着拳头。

“我在来亚萨星之前，曾经在多家大型公司里打过工。也有不像话的黑心老板，但从没见过像这样要吸干我们每一滴血的公司。”

“正规的公司，应该有合理的休假，合理的休息时间，合理的绩效评估。而不是像现在这样！我们甚至连机器人都不如！”

“是啊！”“是的！！”开始有员工低声应和。

我走进房间。“别煽动员工们，新人。”

大家一看见我进来，纷纷闭上了嘴，房间陷入了沉默。有些人盯着我身上的卫队徽章露出惧意。但新人乌海希没有。他瞪视着我，发出了不屑的声音：“看看是谁进来了！”

“你在做很危险的事。”我警告他，“不要说这些多余的话让他们陷入危险的境地。”

“危险？你也是底层员工出身，现在不过是摇身一变成了咬人的看门兽。我们在日夜辛苦干活的时候，你在哪里？”他怒视我，“当一个一个我们的兄弟姐妹累死消失的时候，你又在哪里？”他冷笑道，“怕不是在抱那位尊贵宠物的大腿吧。”

他不仅在羞辱我，还在侮辱姆莉小姐，我握住了我的电棍。实际上，自加入保安队以来，我从未真正使用过它。

丽安娜出声道：“你不能侮辱那位姆莉小姐。”

“对，不可以。”另一个员工说道，“她是一个很好的智人。”

“是的，她偷偷将食物分给我们这些底层员工。”一个员工拎出一个大盒子，里面放着各种各样的新鲜美食，“她还给了我们一些药物。”

“是的！她是一位品格高贵的智人。她一直在偷偷帮我们。”

见到员工们纷纷感叹，乌海希便不再提姆莉，他依然用一副憎恨的目光看着我。“那就只说你，你被公司养得看起来很威风嘛，现在要来惩戒我们这些不老实的员工吗？”

提塔怒道：“你也少侮辱我的朋友！你知道些什么？”其他人也附和道：“乌海希，你不知道别乱说话！”

“新人。”我出声道，“有些时候，要动一动脑筋，不要把精力花在明显不可能的事上。”

“什么不可能？你不过是安于现状冷眼看你昔日的兄弟姐妹在泥沼里挣扎至死！对了，我听说你一直在惩戒某些违规员工。死在你手上的员工有多少个，你数过吗？”

“好了好了，别吵了。”丽安娜拉住了乌海希，示意大家可以离开了。

在员工都离开后，提塔让我别生气，新人初到还搞不清现在的状况。我告诉他我不在意，只是乌海希这副脾气太容易惹事端了。

（中略）

按照公司的规定，失去劳动力的伤残员工，如果平时表现优秀，将会获得解脱者的称号，被送去乐土。

熊实几乎是立刻就得到了解脱者的资格。

但我知道乐土是什么。

在我晋升为副队长之后，由于队长之位空悬，我实际上就是第十二厂区的保安队长。所以我得以被引入公司的内部，窥见了某些真相。

我至今都记得那个场景。

神秘宏大的大厅内满是工程人员，不停地在操作各种装置。但当我经过其中一个时就知道它们不是机械，也不能叫作真正的生命。它们是曾经的科学家、技术员、高级工程师，脑叶做了某种切割手术的行尸走肉；是毫无感情永不疲倦的工具，一旦运行到肉体无法支撑就扔掉的替换品。

而在大厅之中，则是公司的真相。他们把它叫作“亚萨之心”。

它犹如一团庞大的黏液，静置于巨大的培养箱内。无数条缆线从培养箱延伸而出，伸入旁边整齐堆叠的箱子内，箱子中的液体由解脱者熔化而成。那些为公司辛苦工作奉献一生的员工，最后都会被送进箱子在催眠中熔化为液体。它们不是一堆肉体熔化的残渣，而是以纯净的思想为基地，具有神秘力量的亚萨之心的驱动燃料。

这是一座巨大的溶液坟墓。

“这是神迹！”当我进入大厅时，一个公司高层正对着亚萨之心高声赞叹。他是一个拥有四条手臂的肥硕高柏士人。站在他旁边的另一位则是一个魁梧的巨人，他身着奢华的鲜亮衣服，声音悦耳动听，他不耐烦地问道：“还需要多久？”

“不用心急。”那位公司高层说道，“会在我们计算的时间内完成。”

华丽的巨人轻声冷笑：“记住你的承诺。”他转头看向我们，“谁在哪里？”

厄倍忒总长赶紧带着我向这两位尊贵的大人行礼。“大人，我在给我的部下上课。”

“哦。”公司高层随便扫了我一眼，“记住了，能进燃料箱的，必须是思想最纯净的员工。”

“遵命。”我低着头，不敢抬头。

"哈，你就是我的宠物提起过的那位吗？"华丽的巨人突然开口了。

"是。"我无法抬头看他。那是无法形容的压迫感。这个名为迪塞尔的巨人让我觉得恐惧，并非是简单的害怕，而是突入灵魂深处的畏惧。如果可以，我甚至想现在就尖叫着逃出大厅。但我的腿软得不听使唤。我甚至没有力气逃跑。我所有理智能做的，只是尽可能让我的双腿不发抖，仅此而已。

华丽的巨人呵呵笑了一声，转过头继续与公司高层轻声低语，他对我失去了兴趣。

从那时起，我知道了公司对员工的最终安排。但奇怪的是，窥探到真相的那一刻我并没有很惊讶，也许在我潜意识里就隐隐约约察觉到了什么。

我对公司的最终目的并不感兴趣。

我只是不想我的朋友们去死。

现在，轮到了熊实。

熊实得到解脱者称号后，很多员工跑来对他贺喜。毕竟在表面上，这是一件光荣的喜事。熊实的勤奋实干众所周知，他是我们那一批唯一完成那不合常理的工作量晋升为正式员工的。

现在，他将要去乐土了，那个大家口中可以自由自在幸福生活的天堂。

蛞蝓人妮柔显得很闷闷不乐，大多数人都以为她是为熊实离开去乐土而忧伤。但我怀疑妮柔可能也知道一些什么。她是比我资历更深的老员工，知道的秘密可能比我更多。与以往全员欢送解脱者去乐土的景况不同，有些人并没有加入恭喜熊实的队伍中。

他们是新人和丽安娜、提塔那一批员工。

在送熊实去乐土的前一天，那个新人乌海希终究还是惹出了事。

他的绩效被连续几天判定不合格后，他与主管助理卢比斯发生了争执，两人大打出手。在厮打的时候，他甚至喊出了"这家公司就是吃人公司"这样大逆不道的话。

我带着卫队赶到，当场将他拿下。

我宣布，将会由我亲自对乌海希执行死刑。

我给他强行灌下一碗毒药，他掐着脖子在地上打滚，不一会儿就断了气。

卢比斯仍觉得不解气。我向他保证，肯定会把尸体扔进熔炉。

……

……

到了半夜。

我拖着乌海希的尸体来到了矿区深处。我狠狠地踢着他。

过了一会儿，他的尸体打了一个嗝，他喘着气睁开了眼。一看到我的脸，他又露出了愤怒的神情。

（中略）

我把一个包裹扔给了他。“这里面是水和食物，够你路上吃的。走出公司基地后，会有人接你。”

“什么？”

“听不懂吗？就是会有人接你。”

“莫非……”乌海希诧异地说，“以前那些传闻死在你手上的员工，都是被你这样偷偷送走了吗？”

我没有直接回答他，我只回答道：“公司的力量远大于你的想象。我只是做一些力所能及之事。现在你对公司来说只是一个死人。”我将一个箱子推给他，“这里面装着熊实，他被催眠了。他也拜托你了。”

“……”乌海希默默背起箱子，说道，“洛萨，我一开始还不信，但你就像是他们说的那样。”

“那只是巧合。”

“不，那些关于你的故事，都是真的。”乌海希轻声说，“我们在外面等着你，洛萨。”

乌海希背着装着熊实的箱子消失在了矿洞中。

* * *

天上的星星之泉又在流淌旋转。

我往员工宿舍走去。

（中略）

当我推门而入时，会议正在召开，我看见了很多熟人，丽安娜，提塔，那位以前一直加班的格努斯人托叶大叔，广播站的阿锦，很多面熟的员工，新来的人，甚至还有……姆莉小姐。

姆莉小姐正坐在一个箱子上，绘声绘色地对他们说着故事。

那来自我的笔友——星泉的故事，他笔下的洛萨的故事。

那些关于拯救与反抗的故事。

那位英雄的故事。

究竟是从什么时候开始，姆莉小姐对他们传播起了洛萨的故事并将反抗之火点燃在他们心中的呢。

我推门的声响引来了员工们的注目。在看清是我后，他们就欢呼了起来，他们喊着我的名字："洛萨来了！洛萨来了！"

"洛萨！洛萨！洛萨！"

作者有话要说：笔友之名为洛萨。

第 172 章　我是故事的传奇

我常常惶恐。

当我的伙伴们欢呼称我为英雄时，是否只是受到了某些巧合或谎言的蛊惑，我可能根本不是他们所想的救世主，而只是一个普通的欺世盗名之辈。

也许我该向他们做出澄清。

但事态的发展已经超出了我的预料。

在姆莉小姐的传播之下，他们坚信星泉笔下的洛萨就是我。他们对我有了一种近似荒谬的期待。我每天晚上都在质问自己：你到底何德何能，敢自比作一个英雄？

预言与命运不过是骗子诓人的手段。可他们没有人愿意听我的澄清。

我也许是救了一些人，但我的伙伴们做得更多。

公司给矿区员工统一发放的工作餐角子糕实质上添加了洗脑药物。公司根据员工的等级不同，每一种颜色的角子糕里面药物的配比量不一样。在意识到这点后，是姆莉小姐让丽安娜暗中劝说员工尽量少进食角子糕。这也是后来的新人都比我们那一批更早觉醒的原因。丽安娜是地下会议的发起者与领袖，提塔负责收集情报与联系各个厂区员工，广播站的阿锦是地下组织的宣传者，托叶大叔则负责加入会议人员的审核，此外还有很多很多伙伴，他们都在暗中做着自己的事。

跟他们比起来，我做的事情微不足道。

我只想多救几个人。

我不觉得我们能推翻公司这个可怕的庞然大物。我们所能做的，就是让更多人清醒过来，让更多人逃离此地。

我不是什么英雄。

当我这么对姆莉小姐说时，她说："你真的是一个好人，哦不，是好狐狸。"

"狐狸？"

"我故乡的一种动物，长得和你很像。"姆莉小姐又露出了怀念家乡的神情，"不过它们的体形比你小，它们不会说话，不会像你这样站立行走。"

我立刻就明白了姆莉小姐的意思。"我是狐人。"我纠正姆莉小姐的错误观念，"和那些星球上的野生动物不同。我们这种种族起源自坎塔星。实际上……"

“什么？”姆莉小姐歪着脑袋认真地对我发问。

“在银河里没人会把狐人和‘好’这个词联系起来。”

“为什么？”

她真的是一个不知世事的姑娘。我解释道：“我们这种种族大多会经商，呃，但是他们的名声有点糟糕。”

姆莉小姐看着我的眼睛，她试探地问道：“你的意思是，你们种族多是缺德奸商？”

我一时语塞，虽然身为孤儿的我没什么种族荣誉感，但听到她这么形容我不免还是会大受打击。

她笑了：“难怪你能毫无破绽地骗过那些主管和部长，甚至能轻易通过考核。”

唔，我们种族在骗人上似乎的确有天赋。我不得不泄气地承认。

她像是察觉到了我的情绪，说：“啊，其实我想说，你真的是很好的狐人。”

“你是指我骗人骗得很好吗？”装作自己是刘星泉笔下那个英雄洛萨的焦虑感又涌上了心头。

“不，你时时都在怀疑自己。哪怕你救了这么多人，你也从来没有沾沾自喜以英雄自居。”姆莉小姐注视着我平静地说道。

不，姆莉小姐，这都是你们的功劳。

（中略）

之后的日子一天天过去。

我们的组织正有条不紊地发展。以往被我送出去的员工在南方成立了一个秘密的反抗组织。被乌海希带出去的熊实给我来了一封信，他已彻底从公司的洗脑迷雾中清醒了过来。他言辞恳切地感激了我，在信的最后，他有些吞吞吐吐地问起了蛞蝓人妮柔。我还真无法给他答案。

虽然试探过几次，但我们始终摸不准妮柔到底知道多少。妮柔一直和我们保持距离。她对我们似乎心中有数。她很明显知道丽安娜的活动，可她从来不参加也从未向公司通风举报。对于她，丽安娜一直在谨慎地观察着。

越来越多的员工加入了我们。这并不是一件容易的事。公司的洗脑是多种手段同时进行，利用心理、精神、药物的多重控制，培养出了一大批心甘情愿被他们榨干然后为那个宏大虚无的目标去死的信徒。而我们只能在暗中逐步去唤醒他们。

在他们的眼中，我是不断将人救出火海逃离公司的英雄洛萨。

但实际上，我只是一个厂区的保安副队长，我能做到的事非常有限。依然不断有被洗脑得非常彻底的解脱者一个接一个被送进运行着亚萨之心的地下秘密大厅。他们泪流满面地向大家告别，坚信自己能摆脱所有苦难，欢笑着被公司引领着前往充满欢乐的乐土。“公司给了我乐土海底的房子！我以后每天都可以在海底观察深海鱼浮游表演。”一个解脱者眉飞色舞地对他的同伴炫耀。每当看到这幕，我都会痛恨自己的弱小无力。

我能救到的人，实在是太少太少了。

我不是英雄。

不知不觉，亚萨星的冬天到了。天空飘起了鹅毛大雪，地上结起了白色的霜冰。这是我到亚萨星以来最冷的一个冬天。

在那一天，我从厄倍忒部长那儿得到了一个消息。

亚萨之心出现了问题。

地下秘密大厅的亚萨之心正在剧烈地嘶鸣，大厅内不断闪烁着电火光，无形的强风在大厅内旋转。行尸走肉般的工程师、科学家们面无表情地在装置前忙碌。我听到某些呜呜呜的狂啸哭喊，它们犹如幽灵吟唱，来自燃料箱内那些“自愿”将自己身体熔为液态燃料的员工。

数个燃料箱内的解脱者正在沉睡。一个工程师拉下了一个闸门，燃料箱内跳跃起了激烈的电光。一个不幸的解脱者突然被惊醒了，他惶恐地拼命敲打抓挠着玻璃门。他看到了我，我们的视线触碰。别向我求救，求你了。然后很快，他在电光中绝望地嘶鸣惨叫，熔化成了液体。

这些悲鸣哭号之声就像无形的爪子穿透了箱体，试图抓挠我，撕咬拉扯我的神经。

“你听到了吗？”厄倍忒部长问我。

“什么？”我下意识地问道，他冰冷的目光正在观察我的表情。

“看看这公司最神圣的财产，这是亚萨之心的关键时刻。上面现在需要一百个燃料体。”

“一百个？”我吃惊道。一百个燃料体意味着一百个洗脑完毕决心彻底为公司奉献出一切的解脱者员工。这已经大大超出了亚萨之心平常的消耗了。

“是的，最少一百个。那些工程师的计算出了错，亚萨之心的某些程序出了问题。上面需要更多的燃料来修复它。哪个厂区提供的燃料最多，谁的成绩就会最亮眼。”厄倍忒别有深意地说，“这是你的机会，你正式爬到队长之位的好机会。”

你听不见在那强风与电流中嘶鸣的哭喊吗？它们的悲号让我的头痛得几乎开裂。那些枉死的生命正在啼哭。

“你听到了吗？”厄倍忒部长有些不烦恼地说道，“立刻，去找更多的燃料。”

他听不见。他从来就不在意那些员工的死活。我说道：“可是现在没有那么多解脱者，完全能达到亚萨之心纯净燃料标准的个体太少了。”

他不耐烦地出声呵斥我：“如今是厂区竞争的关键时刻，谁能交出更多人，谁就能获得公司上层的青睐。你搞清楚没有？”他看着我又补充道：“实在不行的话，纯净燃料可以用物理灌输大脑的方式来搞定。听明白了吗？现在就给我办！”

我退出了厄倍忒部长的办公室。

我来到了公司的餐厅，点了一盘当地的亚萨烤鱼。员工们带着疲惫困顿的表情在我身边来来往往，我曾经也是他们中的一员。他们每一个人都从早到晚劳累了整整一天，有些人的身体已经被这超强度的工作磨损，有些人已经连背都无法直起。他们沉默快速地将饭菜吞进嘴里，然后小跑回去，只为了能在晚上多睡一些时间。我胡乱地把鱼吃了，将盘子放到墙边的收盘处。墙上贴着大大的标语："珍惜公司给予你的每一餐。""懒惰是堕落之源，奋斗是幸福之基。""美好的乐土为辛勤奋斗者敞开大门。"

他们是公司的员工，是听信了公司的许诺而来的和我一样的傻子，是为了追求自身幸福而努力奋斗的生命。他们和我一样。过去碌碌无为却总想着跳出泥沼。无知、无力却又在努力生存。

我又有什么权利去决定他们的生死?

厄倍忒部长要一百个人。

我又怎么可能从他们当中选择?

……

……

逃走吧，干脆逃走算了。一个念头在我脑中出现。

我根本也做不了什么英雄。

于是我突然开始了狂想：我受够了。我现在就要逃走。那条密道目前公司还没发现。只要我想逃走，很快就能逃出去。南方基地的人肯定会很欢迎我。只要我逃出去，就再也不用承担这么多责任，也不用思考到底让谁死才能获取公司的信任。

对，逃走吧。

挑一百个人去死的责任还是丢给其他人算了。

我根本不是那个英雄洛萨。

正当我沉浸在狂想之中并打算付之于实践的时候，提塔突然冲进了我的房间。他喊道："洛萨，不好了，有人向公司告密，姆莉小姐被告发了！"

我转头望向他，那一刻时间变得如此缓慢。直到提塔重复到第三遍，我才理解了他的意思。

"姆莉小姐！"我站起身。她会遭遇到什么？她的主人会怎么对待她？那个可怕的华丽巨人，光是想起他，我整个人就如坠冰窟。

“我要去救她。”我说道。

“不，洛萨，你快走！”提塔急道，“姆莉小姐被告发，下一个目标就是被她推荐的你。你快逃！”

“不行，我要去救她……”我摇头，她只是一个普通的智人女性。我知道保安卫队里的那些可怖刑罚，其中一些光是些许简单的描述就能让所有人胆战心惊。我目睹过无数被拷打惩罚的惨绝人寰之景。那是连最强壮的种族都无法忍受的痛苦。她只是一个普通的智人女性。

她只是一个普通的智人女性。

“别拦着我！我要救她！”我伸手去推提塔。但随后我的腹部被狠狠打了一拳，伴随着猛烈的刺痛，提塔将什么东西扎进了我的胳膊，我被注入了某种液体。我开始感到天旋地转。

“对不起，洛萨，只有你，你一定要逃出去。”提塔狠狠抓住我的肩膀，他的语气快速而激烈，带着一种近似哭泣的恳求，“我看到他们来抓你了！无论如何你都要逃出去。”

我的意识逐渐黏滞，我眼前的提塔正在变得模糊，我的朋友，提塔，求求你，别这样对我。“提塔……你别做傻事……”

一群员工拥了进来，他们急呼：“保安队来了！”

“洛萨就拜托你们了。”提塔将瘫软的我推给了其中一个员工。

“提塔……”

“洛萨，我的朋友。逃吧。”提塔说道，这是我最后所听到的他的声音。

保安队手持枪械冲了进来。员工们一个接一个拥了上去。他们用自己的身体挡住了保安队的前进。

我竭力想把自己的意识拉出混沌的沼泽。枪火扫射的声音在我耳旁不断响起。

“快让洛萨走！”“带着洛萨走！”

一个接一个的声音。他们正用自己的身体接力传送我。

他们都曾经在会议上为洛萨欢呼。

现在却一个个赴死，只为了能让我多活一些时候。

不。

我不是什么英雄。

我只是一个只想着自己逃跑的胆小鬼。

“抬着洛萨！来这边！”

“洛萨！”

“让洛萨走！”

那一个个熟悉的声音和模糊的面孔在我耳边和眼前掠过。不要这样。不要这样。

“快让洛萨走！”

“走！”

枪弹猛烈地在我身后爆裂。又一个抬着我的员工沾染着鲜血倒了下去。

多少人，多少我的伙伴死了？

求求你丢开我。我不是你们的英雄。

爆炸声不断轰鸣，炽热的气流冲刷着人群。我看到了一个个不同种族的手臂，他们坚定地传送着我，只为了让我离开。

我落在了一个柔软的女性身体里，我闻出了她的味道，她是丽安娜。

我拼尽所有力气说：“放……放下我。你们……不值得。”

“洛萨，活下去吧。”丽安娜轻声说，“你是大家的希望之火。”

“走——”

“把洛萨送走！”

不，不。英雄洛萨并不重要。

你们不明白吗？没有他的伙伴们，就根本不会有英雄洛萨。

求求你们……

我陷入了彻底的昏迷中。

……

……

在绝望的梦里，我在痛苦与惊惶间徘徊。

我在黑暗中痛哭，却无人应答。

当我醒来时，我正躺在远离矿区的丘陵上。托叶大叔坐在我的身边，最后是他背着我逃离了公司。

在夜空之上，美丽的星星之泉流淌着苍白的光辉，冷漠无情地凝视着我。

我失去了多少伙伴？提塔。丽安娜。姆莉小姐……

我大口呼吸着冰冷的空气。

“逃出来的时候，大约死了多少人？”我嘶哑地问托叶大叔。

托叶大叔沉默地摇了摇头。

更猛烈的恐惧席卷了我的全身。厄倍忒部长索要的一百条性命，也一定会从活着的员工中挑选。

在星泉的笔下，洛萨是推翻了压迫大家的罪恶集团的英雄。

可我只是一个靠着大家牺牲才能苟活的混蛋。

这次，我不会再逃了。

绝对不会再逃了。

不惜任何代价。

不惜任何代价。

我看着远方逐渐接近的人影，那是前来接应的反抗组织，他们以前被我救下并送了出去。

“洛萨！”“太好了！洛萨还活着！”

冬夜的雪花落在了我的身上。

雪花融化为水穿透过了我的皮毛，那冰冷的水滴仿佛钻进了我的心里，如同我最爱的伙伴们的泪水。在那时，在与雪花的触碰中，我又听见姆莉小姐在地下仓库里对他们说着那些激动人心的故事，他们轻声细语地交谈着，用兴奋和期待的眼神注视着我。他们清脆的笑声如今已似冰裂。强劲的寒风带着刺骨的低鸣在我耳边轻语，一切皆已无法挽回。雪花飞向了远处天际的建筑群。那是世尊公司，亚萨星的毒液与阴影，吞噬了无数生命的罪恶源头。我站在这片土地上，站在美丽的星星之泉下。它一如既往地流淌着，旋转着，就像我初来的那一天。

反抗组织的人拥了过来，他们热烈地迎接我，拥抱我。我过去从不敢去猜想他们眼中的我究竟是什么样的人物。但此刻，我知道我是谁。

我是洛萨，我既是故事的传奇，亦是现实的怒吼。我来自夏拉底窟，我是提塔的挚友，我是亚萨之心的聆听者亦是终结者。

我是世尊公司的毁灭者。

[节选自晋江文学城]

【粉丝评论摘编】

@安迪斯晨风：

今天试读了《寄生之子》，作者群星观测，有点像童话故事的晋江无 CP 软科幻小说，温柔可爱。主角来自一个叫噬心魔的种族，因为可以夺取生物的身体而声名狼藉，于是逃到了蛮荒偏僻的地球上，寄生在了一个初中生的身体中。为了更好地扮演这个叫颜真的孩子，它开始认真学习，理解地球上的各种知识和人类的生活，然后发现最难理解的还是地球人的喜怒哀乐……主角还找到了两个同族，它们是对欢喜冤家，一个寄生在鸡身上，一个寄生在猫身上，见面就打，制造了很多笑料。总体感觉，有点像女性作者写的郑渊洁童话。

（选自微博，2021 年 5 月 7 日）

@哈鲁哒：

《寄生之子》让我找（到）了初中时晚上不睡觉偷偷看《儿童文学》的快乐，让我在烦躁充满压力的现实中好像短暂地又回到了那段无忧无虑的时光。小时候的我充满想象力，也热烈地拥抱友情，不知道怎么的长大了童心好像也消失了，不知道《寄生之子》对大家意味着什么，对我来说它好像是让我开始醒悟并找回自己的钥匙，谢谢作者。

（选自晋江文学城评论区，2021 年 5 月 5 日）

@白金乐一：

《寄生之子》最新一话太好看了，看得我泪流满面。其实我理想中最适合（长篇）动画化全年龄大范围推广的 IP 就是类似《寄生之子》《没有来生》这样充满了人文关怀的作品，感情真挚，朴素自然。

（选自微博，2021 年 6 月 22 日）

@白 |68d8136f：

又好笑又好哭，个人的年度最佳。

（选自晋江论坛，2021 年 6 月 13 日）

@流光初：

唉，好悲伤的一个故事，绝美的风景中透露出凄惶的悲伤。我们知道这个世界是美的，这个自然是美的，这个人与人之间互助的感情是美的，但是与此同时，与美相悖的丑恶也一样难以掩饰。风景在面前，冰冷也在面前。最后，我还是要说，无产阶级联合起来，剥夺剥夺者！

（选自晋江文学城评论区，2021 年 5 月 29 日）

@蓝藻：

……挺奇怪的，但确实认认真真想了挺久，为什么这本书能给我这个还算看过不少小说的人异样的感动，仔细一想原因就是很多读者说的“童话风”“《儿童文学》风”了吧。明明有不少宏大的场面、复杂的世界观，甚至直接的死亡，但我依然感觉温暖。将混乱穿插在日常中是一方面，另一方面，也是最让我着迷的一点，是“不需要理由的善良”，这也是它最不像网文的一点了吧。

（选自晋江文学城评论区，2021年3月29日）

（导引、简介、节选、粉丝评论摘编：黄馨怡）

本文适合9岁至99岁阅读
——评群星观测《寄生之子》

黄馨怡

时至今日，亲密关系想象仍可称为“女性向”网文的核心。也正因此，晋江文学城性向分类下言情、纯爱、无CP的三维，往往成为“女性向”网文分类的第一根树杈。但这一格局并非等分。实际情况中，无CP往往指既非言情、又非纯爱的作品，是性向分类中的残余物和“法”外之地。因此，选择无CP，有时意味着对当下“女性向”亲密关系叙事中森严雷点的不满表态或主动规避。而“可以没有CP”本身，就更是对以亲密关系想象为核心的“女性向”网文某种关键性的冒犯与补全。

于是，无CP往往因其“零余”而蕴含可能。

在这之中，《寄生之子》打开的是一种真正全年龄向的可能。

肇始于1960年的社会文化史儿童史热潮，通过对“儿童的发现”的发现，将“儿童”的意涵从生物学实体历史化为建构性概念。与此并行，作为分支学科与文学品类的儿童文学，虽从未停止“写给儿童看”的本体论探索，却也一直为“并非专门写给儿童看”的全年龄向作品预留着位置。从1997年就印在《儿童文学》封底的那句“本刊适合9至99岁公民阅读”，足以勾连起一代人的全年龄向文学记忆。在这种意义上，读者对《寄生之子》“像儿童文学，更像《儿童文学》”的评价，也就直观展示了它对“女性向”网文边界的拓展。

全年龄具体落实在笑泪交织的全文情节中。

如文案所说，这是一篇“欢乐向文”，“是平静日常与奇妙日常之间的来回横跳”。《寄生之子》的场景同时结构了类型。地球表层发生的是校园家庭的“平静”日常文故事，大气层外直至深空，则上演“奇妙”的太空歌剧与星际文情节。除此之外的种田、游戏等类型，就随副本单元间或打开。最终，这日常、奇妙的双重主线，和其间密布的伏笔谜团一并，通过缜密的悬疑文构思，达成了小说的完整叙事。

银河法律让“独立文明保护区”地球维持着对外星人的不知情现状，这是日常叙事的基础。外星主线打破日常的危险，则是笑料的结构性来源。怎么每天醒来世界好像都在毁灭？当被击鼓传花的是脆如蛋壳的地球时，拯救世界的动作，只能一边剑拔弩张，一边屏气敛息，成为读者眼中的夸张默剧。严肃宏大的星际斗争也可能穿插着，甚至缘起于日常笑料。鸡飞猫跳又笑闹闯祸，这正是儿童文学的常见情节。

但若用“圆谎”等喜剧手法来解释，却实在不如“整活”[①]贴切。它意味着既童趣横生，又逗乐成人的搞笑秘诀：连通本时代网络流行梗的笑点。第82章《父子钓鱼》中，爸爸颜岸的“空军”[②]技能初次登场，整整一章砸向“空军”的重复包袱，让读者牢牢记住父子钓鱼就是没鱼。近两百章后，这一伏笔才翻作明线。颜岸出人意料地收获巨大草鱼，全家一饱口福后，他本人却被外星飞船当场吸走——原来这条鱼竟是星际逃犯运送违禁品的生物载具。于是又一个单元故事据此展开双线，营救颜岸线充分演绎套娃般炫目的“我预判了你的预判”，颜岸自救线则可命名为浓缩种田、商战类型的“白手起家之异星资本教父”。流行梗的运用，虚虚实实，除了直接引用，更以一整个叙事设计来化通、完成某个梗。羚羊挂角，实堪绝活：钓鱼佬永不空军，鱼上钩了，爸爸没了，这一切真的值得吗？[③]

笑的尽头是泪。

---

① 整活，原义来自一些擅长夸张肢体表演（如后空翻）的东北籍短视频博主所说的“给大家整个活”，即“开始表演”。进一步流行后，有意为之的鬼畜视频制作、玩梗等行为，也可以用“整活”来指代，并衍生出“绝活”（“我愿称之为绝活”）、“好活”（“好活当赏”）等流行梗。

② 空军，指钓友钓鱼时辛苦一天却没有任何渔获的遭遇。与“钓鱼佬”这一钓友自称一起，最初流行于百度“钓鱼吧”，多用于自嘲或互相嘲讽。自从钓鱼圈破壁成为网络热梗后，衍生梗如“钓鱼佬永不空军”，“搞不到青鱼，我就搞草鱼，搞不到草鱼我就搞鲫鱼，搞不到鲫鱼就搞河虾，河虾也搞不到我就搞狗，没狗我就偷鸡……”

③ 在互联网社区中，为了流量或单纯的整蛊等目的，试图以恶意引战的言论引发评论吵架的行为，被网友称之为“钓鱼”。攻击钓鱼者的梗应运而生：“鱼上钩了，尼玛没了，这一切值得吗？”

从地球到深空的另一条路，是由孤军深入的少年冒险铺就的吊桥。有读者形容《寄生之子》有一种“梦幻的瑰丽感”①，这来自小说的悬疑设计。以选文为例，洛萨伏笔埋藏在日常线中并不起眼。但一旦刘星泉的太空冒险推进，就随着他的解谜脚步，被打上了草蛇灰线的隐约问号。故事逐渐进入高潮，本以为洛萨只是晚间档动画的读者们愕然发现，这其实是一个坚守千年、跨越星河的承诺。这样的伏笔还有数条，如果将日常到华丽宏大的太空歌剧间的距离比作瀑布的高度落差，那作者就是刻意在水位最高时打开闸门，将多重悬念蓄积的势能同时释放，让此时飞流直下、摧枯拉朽的巨大能量，去撞击所有读者的泪腺。

但《寄生之子》最动人之处，无疑是那正因主角是少年，才无须解释的赤子之心。

小真曾被质问：“你是做了年龄操作手术？你的脸太年轻了，配不上你的剑术。”噬心魔沧桑的灵魂寄居于十二岁少年颜真的身上，接合了两个世界。地球少年们从日常迈出一步就坠入深空，遭遇残酷的星际图景：异质文明间绚烂又无情的竞争，银河联邦权力真空下双头政体各命正义的血腥内斗，以及在伊泽尔异形沦陷区前线，面对彻底他者的生命形态时，智慧生命间那比病毒传播更快、更恐怖的人心惟危。

此时，与其说希望在于少年们携带的人类文明基因，不如说在这个“人类”须面对“去人类中心”反思，“文明”亦需警惕“东方主义”嫌疑的时刻——赤子之心，成了作者给定的火种一颗，无中生有，又借假修真，由此生出无须理由的善良、勇敢和友谊。

于是孤身一人、手无寸铁时，少年们也心怀宝剑，无坚不摧。孩童间最初、最纯粹赤诚的友谊，成为一切的开始，成为智慧生命理解所有共同体的基础，让一个星球敢于梦想它的解放，让同志、战友、邻邦的情谊得以催生。二十年前从地球失踪的中学生丁沐理，在宇宙深处悄无声息地死去了。那异族的世界

① 欧若欧若拉|70c5ec8b，晋江文学城论坛网友交流区，2021 年 5 月 3 日。

里，甚至没有她母语的真姓。但她化身的英雄姆莉，却让乌托邦在异星有了投影，为银河系所有受压迫之人指引前路。

《寄生之子》的故事开始于噬心魔的自述，这一种族因精神寄生与心灵控制在宇宙间臭名昭著，乃至以“噬心”为名。然而这一次，它吞下的，是一颗如日方升，又光芒万丈的赤子之心。

爱呀河迷案录

扶他柠檬茶

扶他柠檬茶（以下简称“扶他”），微博人气作者，粉丝221万。曾为医生，后弃医从文。擅长将“脑洞”扩展成故事，因设定有趣、反转频出又结合时事，时常引发网络讨论。著有短篇集《谁都不服就扶他》（2017）、《云养汉》（2017）等，均由长江出版社出版。2019年在微博连载长篇小说《亡瘾》，接着创作了《反咬》（2020），两部都以虚构的现代社会为背景，情节跌宕起伏、动人心魄，创造出众多游走在社会秩序边缘的、富有魅力的角色。因经常创作虐心情节，被粉丝称作“刀子精”或“妖刀姬”。

《爱呀河迷案录》于2020年12月12日开始连载，2021年6月14日完结，由16个短篇和一个中篇《缚耳来》组成。短篇部分是一系列独立故事，讲述发生在老旧学区房爱呀河小区住户间的各种离奇案件，每一个案件都折射出舆论热点、世情百态。而中篇追溯爱呀河的前史，牵出一桩上世纪的连环杀人案。“爱呀河”这个名字源于作者的梦境，没有特殊含义。受微博空间影响，不同篇目的读者范围浮动较大。但大部分篇目转发量在4000左右，评论量在2000左右，微信公众号的篇均阅读量在2万上下，有稳定的核心受众。

【标签】魔幻现实

【简介】

爱呀河小区是一处建设在爱呀河边上的老旧学区房。这里似乎聚集了大量怨气，惨案频发：从高空抛物造成的意外事故，到因嫉恨发狂的恶魔，再到水泥墙中挖出的婴儿尸骨……惨案背后，有怎样的人间纠葛？而这些案件的旁观者，童话作家楚先生和在此处居住多年的老警察纪勇涛，又有怎样隐秘的关联？

选文共三篇。《大白的死而复生》是《爱呀河迷案录》的第一篇，也是最“出圈”的一篇，获超过 17 万点赞，从一起高空坠物杀人案说起，触碰到诸多家庭社会问题。《火花》发布于 2021 年除夕夜，讲述了与母亲相依为命的残疾小孩的悲剧故事。《铜》是短篇集的最后一个故事，道出了直播间中被迫工作的老奶奶阿铜的悲惨一生。这些故事篇幅不长，但情节曲折、即时性强，反映出舆论场对现实的不同关照。

【节选】

大白的死而复生

爱呀河小区的706号房，房主楚先生被人告了。

楚先生是个作家。告了楚先生的原告，是他同楼的住户，104室的张家夫妇。前几天，小区里出了人命，104的十二岁的儿子死了。一转头，夫妇俩就把楚先生告了。

楚先生和老纪谈起这件事，平均说两个字叹一口气，后来叹两口气说一个字。

楚先生年纪不算大，三十七八岁，有过两本热销书，其他的知识变现，七七八八加起来，还不错，反正他独居，养活自己是够了。

老纪是他的隔壁邻居，退休警察。年轻时候就住在这儿，一直住到现在，算是爱呀河三朝元老。

老纪有个特点，他不喜欢关门。不是指房间门，是指家里的大门。每次有人路过705门口，都会看见门口大开，一个眉目凶悍的白毛老头猫在茶几边上抽烟，烟灰缸里挤满了烟屁股。

老纪起初以为，是楚先生写了什么不合适的东西，给人孩子看魔怔了。孩子嘛，看书看入迷了干疯事，从前也有不少新闻。

楚先生递过去一本书，是童书。当了这么多年邻居，老纪才知道，楚先生写的是童书。

童书能有啥啊，一个小男孩带着只流浪狗翻山越岭找妈妈的故事。就算是老纪，用那双解剖刀一般、多年以来审了无数穷凶极恶之人的双眼，也愣是没法从这本书里审出一个不合适的字眼。

但 104 的那对夫妇要告楚先生，说就是因为楚先生的这本书，自己孩子死了。

关于那个孩子的死，小区里有各种离奇的说法。因为他死得很可怜，他的母亲这样描述，凌晨三四点的时候，她和老公在卧室里被巨响的一声“嘭”惊醒，声音从院子那儿传来—— 一楼住户买房时会附赠一个很小的院子，其实就是普通阳台大小，稍微大一圈，可以放个自行车、养个花啥的，但房产商管它叫“院子”。

夫妇俩到院子里一看，孩子大半夜的在院子里，倒在那儿，头被一台从天而降的电视机砸得稀巴烂。

第二天，2003 号的男主人被警方带走了。

20 楼的住户做证，昨晚深夜听见 03 室传来激烈的争吵，一家三口吵成一团。就在争吵中，家里新买的电视机被男人从阳台抛了出去，酿成惨案。

照常理，2003 才是全责，是他们家的电视机丢下去砸死了一个孩子。104 告了他故意杀人，接着就把楚先生，或者楚先生的书，也一起告了。

楚先生觉得，关他屁事。其他人也觉得，关楚先生屁事。就算是死者的父亲——也就是 104 的男主人，看着自己的妻子每天歇斯底里地在楚先生家门口咆哮尖叫，也抱着胳膊嘟囔：关他屁事啊。

他的嘟囔被女人听见了。她骤然停止了针对楚先生的尖叫，沉默地转过头，用母狮子般的眼神，死死盯着自己的老公。

下一秒，在所有围观者眼前，女人扑向丈夫，尖叫着和他扭打撕扯在一起。

* * *

爱呀河是个老小区。

小区前面本来真的有一条河，但很多年前被填平了。这条名字古怪的河消失，留下这个名字古怪的小区。

有时他大开屋门，听外面来来往往的脚步声，偶尔有那么一两次，脚步声是往自己屋里来的。这时候，老纪都会激动地看向门口。他以为是某人回来了，可来的大多是找错了地址的快递和外卖。

老纪将厮打得鼻青脸肿的夫妇俩拉开。围观人中，就算有几天前同情这对夫妇的，此刻也低头嘀咕：神经病。

电视机砸死人的2003室在找律师。其实2003和104纠结的点都是一样的，凌晨三四点，为何小孩会一个人跑去院子里？

出事的区域按流程被彻底搜查了一遍，在关系上也排除了104和2003的交恶。

104是七年前搬进来的。2003是十二年前。03室是个教师家庭，104是双职工家庭。

搬进爱呀河的104室，掏空了他们家人上下两代的存款，为的是学区学籍。

104的位置很糟糕，一楼，潮湿；朝北，冬冷夏闷，还没太阳；靠马路，吵……

但一切都为了孩子读书。

104的孩子，在邻居看来，很乖，读书也还行。就是那种没什么存在感的孩子，不闹，也不指望有出挑的地方。

搜查员在孩子身亡的院子泥地下方，挖出了一具尸骸——是狗的尸体。104的夫妇说，那是家里从前养的狗，不过病死了。

104 找楚先生麻烦就是因为狗。楚先生的童书中间有一段，他的狗受了伤，主角以为它死了，伤心地埋葬了它。他不舍得离开爱犬长眠的地方，夜里就睡在那座土坡上。

但其实狗没有死，只是重伤昏迷。他睡在坟墓上，身体的温暖唤醒了它，让它挣扎着离开泥土，回到主人身边。

死者母亲很气愤：因为看了这种书，孩子就也想效仿，半夜睡在院子里埋狗的地方，被楼上的高空抛物砸死。这种书怎么能让它出版？什么死而复生，神神鬼鬼，它就该被禁掉。

* * *

城市里，一个“体面人家”要养大一个孩子，父母辈和自己所有的积蓄与资源都砸了进去，就好像用所有钱赌一只股票，结果赔光——谁能冷静？

为了这套房，每个月加起来一万二的工资要分出八千块还贷，剩下四千，要照顾上头四个老人，要给孩子留教育经费，要过日子。这年头呼吸都是要钱的。

孩子死了，房贷还要继续。他们接下来的半生，等于在替一个死人上供。

一个月后，楚先生的书下架了。

编辑通知他这个消息的时候，也是很崩溃的。下架原因是“不明”，应该要归功于 104 的母亲孜孜不倦地给各个部门写信打电话。

但楚先生也只能自我安慰：我失去的只是一本书，她失去了一个孩子。

楚先生有时候心态爆炸，也会冒出阴暗的念头：妈的这种人的孩子死了才解脱，免得被这种神经病老娘折磨受苦。

老纪晚上和学生喝酒，一起拉上他去一醉解千愁。老纪的学生的学生，刚好手上是过这个案子的，酒过三巡，提起一件有趣的事。

他说，那条狗，你们还记得吗？

老纪：什么狗？

学生：那条从他们家院子挖出来的狗。

楚先生：记得记得。那孩子应该挺喜欢那条狗的，所以睡在埋它的土堆上面……

学生：物证科那边走流程也解剖了一下，那家人说谎了，不是病死的。狗的颈椎断了，是被人摔死的。

＊　＊　＊

2003 室是教师家庭，男女都是教师，人们会称呼男主人为周老师。

周老师平时很有派头，他是很以教师身份自豪的。但尽管觉得自己是个伟大的退休教师，来看他的学生几乎没有。如果学生在同学会上聊起这位班主任，都会说“那个自我感觉良好的傻屌”。

尤其是女学生：他是不是觉得所有女的都崇拜他啊？分班前还一个个找女学生聊，让女生别选理科选文科，转头在家长会上说自己和学生一对一聊到八九点。这人有病，真的，和别人说话基本就是自言自语捧自己。

周老师不放过任何一个可以彰显权威的地方，他让学生在放学后再留校两小时，说是“自愿留校”，但如果不留，就会被挨个找去谈话。周老师希望校长下班经过教室时，能看见里面坐满了人，所以位子上人不能少。

周老师退休了。他依旧喜欢不断细数自己从前的成就，比如教职工歌唱比赛一等奖，教职工乒乓球比赛一等奖，谁谁夸他有文采，谁谁夸他不显老。

这些事，他能反反复复说，说很多年。家里的餐桌上说，吃完晚饭说，睡前说。2003 室的晚饭餐桌旁，往往只有周老师一个人的声音，妻子偶尔附和他几句，女儿面无表情低头扒饭。

周老师一直说，现在的年轻人真是不行了。你们看见离婚率和结婚率没有？年轻女人不爱生孩子，这是真的从学校层面坏了，基础教育都没做好。中国的基础教育应该做到哪几点？要男女有别，让男孩子有阳刚气，让女孩子能成为好母亲。我一直说，女老师是不如男老师的，应该增加男老师，至少男女八比二。但你们看看现在，还是一堆女老师。

周老师：有些女老师根本不会对女学生负责。我当班主任带毕业班那会儿，每天下了班啊，挨个找女生聊，告诉她们去选文科不要选理科，女生学理是毁掉自己一辈子的事。可是很多女老师啊……

周老师的女儿放下碗：我吃饱了。

女儿一如既往拿起空碗去厨房洗掉，然后回自己房间关上门，长长松了一口气。

周老师家的电视从上个月开始一直坏坏好好。他让工人来修，反复修了五六次。每次工人在那儿修电视，他就靠在沙发上，和工人说自己过去的那些成绩。

晚饭时候，他的谈资就多了：今天来修电视的那个小吴，听了我以前的事，眼睛瞪得那么大。工人嘛，平时都接触不到我们这样的教师家庭……

女儿放下碗：我吃饱了。

周老师：才吃了两口怎么就吃饱了？

女儿：没事，我减肥。

女儿：电视机还是直接换台新的吧，这么反复修不是办法。我去网上找找看……

周老师让女儿就买原来家里电视机的牌子和型号。女儿说那是十年前的东西了，根本找不到同款。

女儿：只能在同牌子里面找个新的型号。我去官方店下单……

周老师大手一挥：别去网上买！你看有人发文章说嘛，说网上的家电生产线和线下根本不是同一条，质量很差。

女儿：不会吧，应该不会……

周老师说年轻人不懂这个，还是自己来。

他先去线下晃了一圈，发现线下的也没便宜到哪里去；然后在网上，找了一家非官方的店，据说这家店卖的是“另一条生产线的电视”。

价格很低，只要官方店同款的三分之一。周老师下单了。

周老师吃饭时埋怨女儿：要是按你说的买，就当冤大头了。我买这个只要一千二，还包安装。女人就是好骗，网上的店换个名字就信了。我以前办公室里有个女老师……

女儿放下碗：我吃饱了。

电视机在一周后送来了。纸箱子上没有 LOGO。

店家说今天安排安装，结果没有。说三天后，安装师傅还是没来。说一周后……

硕大的纸箱子摆在门口，女儿每天都在问：今天会来装吗？

一周后，安装师傅还是没有来。女儿打了那个品牌的电话，直接从品牌那边约了安装。师傅当天下午来了，只看了一眼箱子就说：这个电视不是我们品牌的，我不能给你装。

那家网店的客服没有再理周老师。

周老师虽然知道自己被骗了，但还是很悠然：现在工商管得很严，只要我写封信给本地工商……

女儿放下碗，这次没有说吃饱了，而是深吸一口气：可是这家店不是本地的，你知道它是哪座城市的吗？

周老师呆住了。

女儿：就算发货地是 A 地，店也可以是其他城市。你问客服，你看他回不回你？

女儿：给工商要什么材料你知道吗？你怎么证明这是假的？你要把电视机寄过去。

周老师：没事，假一赔十……

女儿：这种店可以直接关店跑路，再换一家店开出来。它没有保证金的。

周老师拍桌：说的好像你有办法一样！

女儿说有办法啊，退掉它，重买新的！

但周老师已经确认收货了——签收的当天，网点的客服妹妹打电话给他，说这是考核最后一天了，就差他最后一个确认和好评……周老师满口答应，点了收货。

妻子问：你为什么就不能在正规店里买呢？

周老师：正规店正规店，货都是一样的呀！你们信正规店，正规店就肯定没问题了？

女儿：那你现在有什么办法？你把这台假货装上？货都是假的，你怎么保证电视机没问题？如果它坏了，你找谁保修？

周老师自己冲过去拆箱子：我装给你看！

电视机的电源接上，但按钮一点反应都没有。女儿走过去掂了掂，它很轻，就只有个电视机的壳子和里面两块金属板而已。

女儿气极反笑：天天吹牛说自己多牛多懂，你继续说啊。

然后，2003 室的争吵声就响彻了整个楼层，吵到深夜。最后，以周老师搬起那台假电视机丢下阳台告终。

* * *

104 室搬走了。

夫妇俩离了婚，房子转卖了，各自回老家。他们俩都是县城人，从大学开始，不断试着在这座一线城市站稳脚跟，眼看下一代可以稳稳扎住，却发现是幻梦一场。

楚先生下楼买晚饭，路过 104，发现房门开着，灯亮着，女人带着搬家工，从里面搬出自己的东西。

楚先生买东西回来，104 室空了，灯关着，门开着。里面窗帘撤了，月光幽幽地从窗外落进来。

屋子里还堆着许多原主人不要的东西，比如书和杂志。他走进去，在一堆书里面，看见了自己的那本书。

楚先生翻开它。这本书很旧，显然，这家的孩子在生前一遍一遍翻看过它。

在流浪狗吉姆苏醒、和主角重逢的那一页，有用红笔重重写下的稚嫩语句。

“等大白醒过来，我就和大白一起远走高飞，再也不回来。”

虽然叫大白，但 104 原来养的那只狗只是一只很小很小的博美。

104 室的孩子，过得是不太开心的。

左邻右舍有时候会在晚饭后做作业的时间，听见 104 传来怒骂声。孩子的爸爸有一根细钢鞭，他拿着它盯孩子做作业。

他们付出一切才留在这座城市，孩子承担了所有的希望。他们一生的希望，祖辈一生的希望，都要靠这个孩子来实现，永远留在这座灯红酒绿的大都会里。

有时邻居会听见很清晰的暴怒声：爸爸妈妈付出了多少代价才让你能进那所学校?！你分心？你粗心到漏了题没填?！你怎么不把脑子丢了?！

“是不是那条狗让你分心的？当初养狗时怎么说的？你考好了才给你养狗，养了就不许再分心了——要是那条狗让你分心，那干脆就不要那条狗！”

有男人摔门出去的声音，孩子的哭声，女人的尖叫声……从那天之后，104 室就没有再传出过狗叫。

楚先生拿着自己的书，来到院子里。出事的地方已经被填平了，但依稀能看见新土的痕迹。

他浅浅拨开土层，把书埋了进去。

火花

爱呀河小区 503 室失火了。

死者叫胡杜，今年二十岁。因为幼年时受过脑外伤，有中度智力障碍。

火是从客厅烧起来的，起火点是沙发，再然后是柜子、桌布、墙壁……因为起火时间是中午，大年三十，楼里的居民大多在外面聚会，等发现火情，503室附近已经烧成了一片火海。

胡杜的遗体很好确认。尽管已经焦炭化，但他颅骨上有个非常明显的凹陷，就像一颗橡皮泥人头，被淘气的孩子按瘪一块。

这个凹陷大约有二十毫米，严重阻碍了他的脑部发育，从外观上，胡杜的脑袋好像少了一半似的。

李妹还在外面送餐，听见消息匆匆回来，呆滞地看着面目全非的家。过了一会儿，她突然转身冲上楼，一口气跑了七层楼，八层楼，九层楼，十层楼……她冲到十五楼，疯狂砸起了一扇门。

门开了，一个干瘪的老太从里面走出来。她还没反应过来，就被李妹扑倒在地。接着，老太的惨叫声回荡，她的一只耳朵被李妹活活撕咬下来。

* * *

胡杜刚出事的那两年，李妹的丈夫对她说的最多的话就是，你给这孩子一个痛快吧。

那时候胡杜刚六个月，李妹推着婴儿车下楼买菜，一颗苹果芯从天而降，砸进了婴儿车。

高空落苹果并不是第一次了。1502室的张老太那段时间在带孙子，老人的习惯不太好，喜欢抱着孩子在阳台边吃水果，有时候吃着吃着，顺手就把吃剩的水果丢下去。

从前被人发现过，但没引起啥后果。张老太也五十多岁了，所以最多上门提醒两句。

老太起初是认了，说刚才手滑；紧接着听说砸到了人，就立刻转口说没有。

苹果芯上没留下足够的指纹，无论李妹怎么质问，1502 室都不再回答。

李妹和张老太的官司拉锯了很久，久到她和丈夫离了婚。

她有天刚从律师那儿回家，进了家门，没听见孩子的哭声——胡杜躺在婴儿床里，脸上盖了个枕头；丈夫躲在卧室抽烟，没料到会被她撞破这场人造意外。

丈夫的意思是，闷死算了，让他去投个好胎。

丈夫说，这孩子能不能养大，养大后会怎么样，我们老了之后他怎么办……全都不知道。

他能找老同学疏通关系，再生一个“好”的。

其实丈夫的这番说辞，她也从其他人那儿听到过。

李妹第一次发现，在这个男人眼里，孩子是和他没关系的生物。

孩子是女人十月怀胎掉下来的肉，就算真的养不下去，那也得由母亲来决定婴儿的生死，哪里容得下别人动手？

母亲的视角是什么？是最慈悲的眼色，是最凶狠的母兽，是除了自己与孩子，再无他物的世界。

李妹离了婚，独自抚养胡杜。

* * *

705 室的老纪见过胡杜几次。但凡是见过胡杜的人，若非当过母亲，心里都会冒出一个声音。

“让这个孩子活下来，是很残忍的事情。”

胡杜的智力很低，有共济失调，有一千多度的近视，右眼则完全失明。

毫无预兆地喷射呕吐，抽搐，平衡感几近于无……随着他的长大，头侧的凹陷越来越明显而扭曲，把他的五官畸形地挤到一边。

几个老头聚在花园里抽烟下棋，聊起这场火灾。老纪所在的 7 楼也被烟熏黑了，需要重新装修。

有人说，会不会是李妹终于熬不住了，想一把火烧了算了？

大家都看着老纪，老纪是退休刑警，在大众的认知里，这种老头可以在五秒内直接给出真凶。

老纪：……我咋知道。

大家：你不知道？你怎么会不知道？

老纪：当年那个人装成我表弟住我家那么久我都不知道，别人家的事我怎么知道？

* * *

老纪答应替李妹保守那个秘密。

那年胡杜七岁，无法送入特殊学校托管。那些学校能接收智力障碍学生，但是没有能力接收随时有生命危险的学生。

李妹只能自己继续带他。胡杜学不会上厕所，大小便都在身上，要定时换尿布。有个来帮忙的钟点工阿姨，经常在闲时和别的住户唠嗑。她们用可怜的语气说起胡杜，阿姨说，自己下周打算回老家，她坚持不住了，除了李妹这个亲娘，没人能照顾这个孩子。

阿姨：有时候也理解的，亲娘嘛。但看他这样真的作孽，让他活下来干啥？真作孽。

李妹一个人带孩子，找了份帮厨的活。她工作，孩子等在角落，听话是胡杜唯一的优点，他听妈妈的话，能安静地坐一天。

但帮厨的工作很快就没了。老板说胡杜身上有股味道，不能待在后厨。

她去过工地、装修队，也当过保姆。每攒下一笔钱，李妹就会带着儿子去寻找名医，寻求转机。

她得到的最好结果，是一个老主任和她说，可以试试颅骨修复，但成功率不到百分之十。在剩下百分之九十的情况下，胡杜会死在手术台上。

李妹带着孩子，在那座城市的公园里坐了很久。风轻轻吹过这对母子，胡杜轻声含糊地说，妈妈，水，妈妈。

很多的水，从李妹的眼睛里涌出来。

李妹回到爱呀河，那年在老弄堂里还能见到煤球炉，她拎了一台回来。喂孩子吃了止痛药之后，她把门窗都关紧，烧起了煤炉。

李妹紧紧抱着孩子，让他窝在自己的怀中安睡。她留好了遗书，不管是谁发现的尸体，都希望不要把母子分开。李妹写，这个孩子生时吃了许许多多的苦，唯一有的就是一个妈妈。

那是一个大年三十。老纪提着老战友送的年货送邻居，路过 503 室时，他想给这对母子送些肉松干果。

灯开着，门却反锁。老纪发现不对，当机立断踹开了房门。

所以他知道，李妹曾经试过一了百了。

但若是李妹想了结这个孩子，她一定会连自己一起了结。

* * *

503 室的火灾还在调查中。李妹把张老太的耳朵咬了下来，这是很恶意的人身伤害，但情况特殊，张家也不敢追究。

张老太不止一次说过，你能拿我怎么样？

时间一年年过去，丢水果的事情也一点点淡去，甚至有人开始以为胡杜是先天畸形。没有人为此付出代价，哪怕李妹心里认定了老太就是元凶，也只能和对方进行无休止的谩骂。

她能拿老太怎么样？说来奇怪，李妹过去性情和善，有点因果小迷信，故而不敢作恶。可偏偏遇到这种事的，大都是不知如何面对恶的好人。

张老太年纪大了，性格愈发固执刁钻，她经常指着五楼和其他人说，那个女的再敢逼我，我就直接给她来个痛快。我快七十了，我怕什么？

在老太家里也发现了几桶气味刺激的液体，她嫌疑很大，但当案件组的人上门带人时，老人却近乎歇斯底里地挣扎号叫：你们凭什么带我走？！

但是很快，张老太又被放了出来。那几桶液体被证明只是地板打蜡油，火灾发生的时候，她正在刷短视频，App 后台有连续操作记录。

起火点也确定了，是客厅内起火，纵火者让胡杜开了门，然后进入客厅。

那时，李妹在外面工作。胡杜长大后，勉强能够独自待在家里。

从电梯监控来看，那段时间唯一去过 5 楼的人，只有胡杜的生父，也就是李妹的前夫。

* * *

胡先生这几年回头找前妻，不是想寻求复合，而是有其他打算。

他起初带着花，回到爱呀河小区，重新和这对母子发展感情。后来李妹知道他的目的，把花塞进了垃圾桶。

胡先生说，你这是何必，花很贵的，现在买鲜花，动辄几十块几支，简直疯了。

胡先生鼓起勇气打量胡杜畸形的脸：其实他精神是没问题的，不是那种家族遗传的精神病啊，他是后天的外伤。我咨询过了，他这样的情况，生出来的孩子还是健康的……

胡先生说，李妹，他还可以生小孩，你不想要孙子吗？

胡先生这些年都没有再找到人，他想留个后，继而想起了胡杜。

有户人家，情况和胡杜很相似，也是女儿脑外伤重度残疾。胡先生的意思是，让这两个人配一配，生两个健康的孙子，一家一个，至少留个香火。

钱之类的事已经谈好了，毕竟是用女方家的肚皮，给一笔钱，再担负一下住院费用。胡先生劝李妹，我们还有几十年，把孙子带大了，老了以后还有个孩子能反过来照顾我们。

胡先生以前很喜欢对李妹说，你们女人不理智。李妹有时觉得这句话很对，她真的觉得，前夫在某些时候，理智到好像是完全不同的另一种动物。

胡先生曾经趁李妹工作时带走胡杜，他骗儿子坐上出租车，打开手机里的美女图片，啧啧有声：配给你的都比这些漂亮，比日本女人都漂亮，你有福的。

李妹用定位环把人拦了下来，他们在马路中间拉扯推搡，前夫暴怒：他能留种就行了，又不是让你生？！你是要我断子绝孙？

胡杜呆呆站在旁边，拉住母亲的衣角。胡先生说，你知道你有多自私吗？养条狗都知道要给它配一次，你怎么就知道他不想要女人？

胡杜摇头：我只要妈妈。

胡杜拉着妈妈，母子俩丢下暴怒的男人回了家。

胡先生在找律师，试图拿回抚养权。他警告过李妹：随便出点什么事，你就没办法养这个孩子。这套房子是公房，你里面装修的厕所和浴室全都算违章，我一封信就能弄你。

这个事情还没定论，而且他得到抚养权的可能性也很低。也许为了争取胡杜的好感，胡先生在那天提了些水果上门。

胡先生说：胡杜啊，你开门吧。大过年的，我给你和妈妈送点东西来。

李妹在外面送外卖，每天回到家，脸上手上被吹得好像皱布。她还在想攒一笔钱，重新带胡杜去求医。李妹想，过去这么多年，说不定医学发展了，她看见有个新闻，说用什么人造材料做的颅骨，把一个车祸重伤的孩子救了，孩子萎缩的大脑重新开始发育，有希望达到生活自理……

胡先生说：你跟爸爸走，跟爸爸走就有媳妇，爸爸能养活你。她养不活你的，你衣服都旧了，爸爸还给你带了新外套来……

但是，那天直到最后，胡杜都没有开门。

胡先生叹气：大年三十的，本来想送你们点什么的。

胡先生拿起果篮，恹恹走了。无论怎么审问，他都对天发誓，那天自己没有进过屋，胡杜有智力障碍，如果妈妈告诉他不能开门，他就怎么都不会开门。

胡杜平时会被母亲带到阳光之家，社工们会陪他做游戏，带他参加一些活动。快过年了，阳光之家的社工们带着他做红包。

拿红纸叠成一个个小红包，再拿一张小红纸，里面写上给妈妈的祝福，折成小红花放进红包里。

对于这些孩子来说，这已经是能力范围里能给父母最好的礼物了。

胡杜坐在那儿做手工，他问：我还能送妈妈什么呀？

社工说：你可以给妈妈一个拥抱，说“辛苦妈妈”，给妈妈倒水……

胡杜静静听着，这个有智力障碍的人很少见地没有笑，他认真问：我能送妈妈钱吗？

也许在那个时间点，他发育异常的大脑，第一次开始了解自己与这个世界的关系。拥抱也好，感谢的话也好，递过去的水也好，胡杜突然间明白，这些根本算不上礼物。

这只是某种慰藉。慰藉过去，李妹就必须更拼命地工作，才能负担他的余生与医药费。

胡先生和李妹在客厅里发生过很多次争执，但争执内容大同小异。胡先生一直在问，你养他做什么？他还能做什么？你以为是养猫养狗，养个几年就送走了？他能活几十年！他能活得比你久！

你养他做什么？

胡杜透过门缝，听见母亲的嘶吼。李妹的回答永远只有一句。

“他是我的孩子。”

我什么都愿意为他做。

胡杜叠了很多红包，很多小红花。这些东西没法变成钱，他这一辈子，也没有能力把任何东西变成钱。这个叫作钱的东西，对他而言难以企及，却能解决李妹的所有困难。

除夕夜前，李妹送餐送了通宵。她回到家，抱住了熟睡的孩子。

胡杜醒了。胡杜问妈妈：妈妈累不累？

李妹：妈妈不累。妈妈替宝宝摘小花去了。

妈妈爱你，妈妈愿意为你吃所有的苦。

只要能把你留在这个世界上。

胡杜想听真话，他听过别人骂他是白痴智障。他问李妹：妈妈，你为我那么累的时候，你讨厌我吗？

李妹摇头：真正的妈妈不会讨厌自己的宝宝的。

李妹：妈妈只想和你说对不起。

李妹：妈妈那时候没有保护好你，如果妈妈再走慢一步，就能保护你了。

李妹：宝宝啊，是妈妈对不起你。

* * *

大年三十，胡杜想送些什么给母亲。

一个真正的礼物，一个能把母亲李妹从所有的苦难、所有的绝望中拯救出来的礼物。

他关紧了房门，用那几根因为协调力差而不断颤抖的手指，努力点亮打火机。在大年三十的中午十二点，二十岁的智力障碍者胡杜，点亮了一朵火花。

铜

爱呀河小区的楼下，小铃正蹲在花坛边拔着虎耳草，就看见身后有一家人走进小区，还推着一台轮椅。

轮椅上坐着个白发老妇，她看上去很老了，像是棵活了几百年的树。

* * *

1309 室的吴瑞风，把奶奶从老家接到了 A 市。

吴瑞风三十岁。因为把奶奶接来自己家住的事，妻子和他吵了许多天。

吴瑞风这么做，也有他的原因。总之，老太太先在爱呀河小区住下了。

小铃路过 1309 室，还偶尔能听见里面夫妇的争吵声。吴的妻子拍着桌子：当时怎么说的？你老家那堆农村的亲戚，一个都不许过来！之前把你爸接过来，今年又是老太太！你想干什么呀？你日子还想不想过了？！

吴瑞风：好了别烦，时间到了！准备了！

屋里突然安静，半分钟后，吴妻甜美的声音响了起来：各位家人好，太客气了，这么早就等在咱们直播间……

小铃听不懂，甚至觉得滑稽，哧哧地笑了。

吴瑞风和他的妻子是两个主播，结婚后强强联手，开设了一个夫妻共有的直播间。

农村出身，在很长一段时间里都让吴瑞风觉得低人一等。可随着直播行业风向微变，这又成为他的一个有力武器。

他把奶奶接过来，是为了今年的大卖会。去年，吴瑞风就吃了亏，他和妻子穿着光鲜的情侣装带货，结果不仅数据输给了隔壁那个直接回农村和全家老少一起直播的竞争对手，还因为年初的炫富整顿，直播信用被扣了 10 分。

吴瑞风选了奶奶，没有选父亲，是因为之前试过——父亲像个傻子一样坐在那儿，盯着皮肤白净的儿媳看。安排的剧本背不下来，设定好的互动情节也记不住。

但奶奶不一样，她有个优势，她是个疯子。

* * *

吴瑞风给奶奶想好了一套人设。

奶奶叫阿铜，这不是户籍系统里的名字，户籍系统里她随夫姓，叫吴铜。吴铜的户籍是很后面才补上的，那个年代很多女人都这样。

平时就叫阿铜，也不知道为什么叫这个。

吴瑞风和妻子计划好，到时候就在直播间引导观众，喊她“阿铜木奶奶”。

他们开直播的时候是开着门的，吴瑞风租了 1309 和 1308 两间，一套用来自己住和直播，一套用来当仓库，方便助理搬东西。

偶尔也会有路过的邻居围观一会儿，大家见怪不怪。小铃靠在门口，看着轮椅上的白发老妇。她看着也许有一百岁了，也许才七八十岁。

阿铜斜靠在轮椅上，像婴儿一样咿咿呀呀发着怪声。两个助理来来回回搬东西，经过轮椅时有点害怕：风哥，她这种不会伤人的吧？

吴瑞风：不会的，我小时候她还带过我，就只是疯疯癫癫地唱歌，不伤人的。

吴瑞风很小的时候，有段时间在农村老家，由阿铜奶奶带养；后来五六岁时候，妈妈跑了，爸爸要出去打工，他就被交给了镇上的亲戚。

镜头前，穿着俭朴的他搂着轮椅上的阿铜，给“家人”们介绍奶奶。他的助理策划了一个感人的故事——从农村大山走出来的网红，发达之后不忘本，将奶奶接进城享福。尽管老人是个疯子，但所有的爱都给了儿子与孙子，平时疯疯癫癫，却会对着孩子唱歌……

已经有人被这个故事打动了，在评论里刷“老人家寿比南山”。

今天的榜单名叫“为阿铜木奶奶打 CALL”，有几十个大佬在竞价榜首，第一名打投了十万，是以前的数倍。

阿铜又唱起了歌。吴瑞风和妻子在两侧围着她拍手：奶奶谢谢各位家人的别墅！老寿星要把自己的福气都用歌声分给家人……

小铃在门口看现场直播，她也听见了那怪异的歌声，吴瑞风说那是奶奶独创的安眠曲，自己小时候一定要听这个才能睡着，还建议观众录下来给自己孩子听……

小铃想，这明明是贵州那边的山歌呀。

唱的也不是摇篮曲，是在山里迷路的时候唱的。阿铜在问月亮，月亮你有光呀，你的光像我阿郎的眼睛呀，你从天上替我看着路呀，东南西北南北西东，我走哪一条道回到我阿郎的身边呀？

第一天的直播结束了。吴瑞风的助理收拾完直播间，推着她的轮椅，把她送到隔壁的仓库过夜。

小铃喜欢那个歌声，她蹲在仓库的门口，阿铜唱一句，她应和一句。直到照顾老人的助理被吵起来，让阿铜安静点。

* * *

“阿铜木奶奶”红了，连带着，本来身处三线、人气堪忧的吴瑞风夫妇也红了。

她唱歌的视频冲上了平台首页，下面挂着的商品一夜卖掉了五千件。

有人问吴瑞风，奶奶为什么叫“阿铜”，是哪里的方言吗？吴瑞风也不知道，他猜了个含义，大概是铜铃，他小时候被奶奶带，睡前除了歌声，还会听见很细碎的铜器轻响。

他猜奶奶有个铜铃，妻子沿着这个思路，想了个浪漫的故事，比如爷爷奶奶的定情信物就是个铜铃。

他们在下一场直播时摆了个铜铃，把铜铃塞到阿铜手里。但她根本不会摇，玩两下就摔了。

助理会替他清理私信。直播后，她问吴瑞风：风哥，有人问你奶奶是不是贵州人。

吴瑞风：不是，我老家出贵州了，要更西部。

助理喝着奶茶耸耸肩：哦，他说因为他……什么……民俗音乐研究……他研究这个，然后说老太的歌是贵州那儿的歌。

吴瑞风起了兴致。他觉得这是个机会，如果阿铜的身上，还有所谓的“民族文化底蕴”，那么以后可操作的东西就更多了。

现在直播平台上的主播，都要做两手准备。

一种是装穷。以前那种满身名牌的作风很危险，随时可能因为取向不对而被平台处罚。

一种是正能量。去拍给流浪汉吃的，扶起摔倒老人，或者演个孝子给长辈磕头。

吴瑞风在直播间放话，要“寻根”，找到阿铜的歌到底是贵州的什么歌，让“家人”们一起给奶奶找老家。他抱着奶奶，在镜头前哭掉了半包纸巾：她嫁到我的老家，远离了自己的娘家，这么多年，她为了子女，为了孙辈，没有回过家乡……

小铃在门外看，扯着手里的虎耳草，她听见吴瑞风说，一旦有人找到了那个地方，他就直播带奶奶回娘家。

这让他的直播间排名一路飞蹿，到了当夜的前三。

* * *

阿铜的第一次走丢，发生在第九天。

主播都昼伏夜出，白天，大家都在补觉，她蹒跚着走出门，沿着楼梯在楼道里徘徊。

好在没有出大楼，被好心邻居带了回去。

第二次则更危险，她跟着电梯到了一楼，在小区里失踪了。大家找了很久，最后在绿化带里发现了蜷缩着的老人。

小铃其实一直跟着阿铜，她觉得阿铜想走，不想留在那间小屋子里。其实她也想走，当阿铜被助理拖起来后，她也被拖了起来。她说：我不想回去！

但助理催促她起来，用很大的力气把她架了起来。

其实阿铜走丢，也有小铃的责任在。趁着 1309 的人没注意，她在门外唱歌逗阿铜，逗得她离开轮椅，摇摇晃晃跟她出了门。

夫妇俩的直播间越来越红，脱离了从前半死不活的状态。吴瑞风的公司里讨论了一下，决定先做一期“带奶奶回家”活动，直接带阿铜回吴瑞风的老家，在那个小山村里做三天直播，带货农产品。

吴瑞风还有很多个叔叔阿姨在老家，到时候直播间会很热闹。他很多年没回去过了，虽然对农村一点都不期待，但对即将到手的带货分成却十分期待。

飞机换车，颠簸的旅程本来就很烦了，而且阿铜在路上叫个不停。她很激动，歌声甚至尖锐了起来，吴妻不耐烦地让助理给老人喂了点安定，让她一路睡了过去。

小铃其实也在车上，她藏身在轮椅下面，被一起带上旅途。

中途休息时，其他人在服务站吃东西抽烟，阿铜一个人被留在车上。小铃去拉她：他们都不在了，你可以跑啦。

阿铜吃了安眠药，人还不清醒，只能浑浑噩噩抓着她的手，从轮椅上扑下来，爬出车门，爬向高速。

吴瑞风的助理回车拿东西，发现老人爬到了公路边。

后半程旅途，阿铜都被绑在轮椅上。小铃的手偷偷从轮椅下面伸出来，去摸索绳子，每次她想解开绳子，助理就抽一下她的手：麻烦死了。

就这样，阿铜被绑回了山村。

* * *

直播在当晚不太顺利地展开。

老房子本就荒废很多年，到处都在漏雨，最后借了亲戚的房子用来直播。

起初是暴雨。雷暴雨让这个山村几乎泡在了水里，雨声大得连麦克风都失灵了。

然后，助理替阿铜换直播时穿的唐装时，她又挣扎了起来，头磕在桌上，留下一团瘀血。小铃去抓助理的手：你别吓她了！

但助理将她和阿铜一起丢在床上，用约束带绑住，就去做自己的事了。

暴雨过去后，吴瑞风叫了几个工人，去修葺老房子。亲戚的房子是农村自建小楼，太漂亮了，没那种感觉。

妻子穿着高跟鞋，踩在坎坷不平的泥地上：天啊，你小时候居然在这种地方生活？

吴瑞风嘿嘿笑：觉不觉得我伟大？

妻子：伟大啥啊，这房子倒贴都……

她尖叫一声，被地上的东西绊倒了。金属清脆的叮叮声凌乱，地上居然有一条铜链。

妻子：这都什么破烂！

吴瑞风踢开它。链子一头拴在墙里，像蟒蛇盘踞。他说：农村里狗多，应该是以前拴狗的。

妻子本来没觉得不对，后来想：为啥你家拴狗拴屋里？

妻子：狗不应该拴门口吗？

* * *

直播前，因为老太太磕破了头，得用遮瑕膏盖掉，就打算让她晚点出镜。

吴瑞风坐在镜头前，和妻子表演给农村的孩子喂零食，送课本，送文具。阿铜在里屋，助理拿遮瑕膏替她盖掉那个瘀青。

外面传来吴瑞风惊喜的叫声：这位老师，你说是贵州 × 山的 ×× 寨？你确定吗？

好像那个研究音乐的观众已经分析出了阿铜的山歌来自何处。

评论：对，这些山歌，就像一个村落的记忆。它的发音啊，用词啊，转调啊，都带有特点……

吴瑞风：助理，马上查地图，看看怎么去！风哥说到做到啊，后天就直播带奶奶回娘家——

突然，里屋传来惊呼——阿铜又推开了助理，从里屋尖叫着蹿了出来。镜头前乱套了，当她跑过前屋、经过那条链子时，这个老太太居然准确迈过了它，而身后追逐的助理被绊倒在地。

屋外围着许多来看热闹的村民，吴瑞风想上演孝子戏码，带着镜头追出去：奶奶！奶奶！

阿铜穿过人群，消失在黑夜里。小铃说：你看那儿有个人朝我们挥手，我们跟他跑！

人群里，有两个老头指指点点：她又跑了。

吴瑞风：她会跑去哪儿？

老头：她以前就这样，拖着链子逃。拽得铜链子哗哗响，所以就叫阿铜了。

老头：后来不就是因为逃，被男人用石头打傻了吗？

吴瑞风的镜头还开着。他还没完全理解，但隐约意识到了不祥。但老人说的是山村土话，应该没人听得懂……

吴妻从里面追出来：关掉！关掉！

吴妻已经从评论里看到，有几个懂本地话的人，将刚才的土话翻译成了普通话，发在评论区里。

跟着那个挥手的人影，阿铜在雨后的泥泞中跑到公路边。小铃跟着她：吴瑞风说他老家在贵州更西边，你要跑就得往东跑。

小铃和她几乎同时抬头看月亮。这是山里的孩子都会的技能，看月亮就能知道方向。她们不知道自己估算得准不准，想问那个人影，但人影不见了。

穿过公路，小铃拉着她一起往东跑。她们跑过公路，再回过头，那人影在月色里，缓缓转身回去。

* * *

被找回来的阿铜，还是被绑在轮椅上，推进了SUV。

吴瑞风和妻子对镜头谴责那个不负责任的老人：他说的是别的人，不是阿铜木奶奶。奶奶和爷爷是很美好的夫妻，就是那年几个村一起干农活，两人认识了，很浪漫的，以后慢慢告诉你们……

吴瑞风：我们带着奶奶回她娘家，地区已经问到了。我们要走了，让我几个叔叔阿姨跟大家打个招呼……奶奶和爷爷一共有七个孩子，虽然在农村，但是是很幸福富足的一家人……

镜头里满满当当的都是人，也分不清哪几个是阿铜的孩子，哪几个是村里来看热闹的。吴瑞风等人启程了，开四个小时车去贵州。

他们来到了那座村寨。其实地方不算太难找，这儿靠近省城，更发达些。村口有送葬的哭送队伍，今天有白事。

吴瑞风等送葬队过了，就推着轮椅进了村。直播还开着，他需要给观众看看，自己心里没鬼——他也没觉得可能找到什么。

评论在催促他去找人，他先找了几个年轻人，放了阿铜的歌声录音。年轻人都尴尬摇头，表示听不懂。

评论让他找点上了年纪的。他就去问一个路边乘凉的老太，老太也听不懂。

但那老太找来了好几个人，六十岁到八十岁的都有，一堆人围着他，听那个歌声。忽然有人说，这是我们这儿的人。

吴瑞风：是吧？真的是？

他转头对镜头宣布了这个喜讯。听歌的老人七十岁了，但言辞间很清醒：这是白蝴蝶，女孩子唱的白蝴蝶。

吴瑞风：是你们村“嫁”出去的吗？

他特意强调是嫁出去的。几个人也点头：应该是。

吴瑞风关了直播，皆大欢喜。但有个老人拍了拍他：也不一定。

老人：以前有几个上山采药被拐走的，不知道卖哪儿了。还有个被拐的，她老爹还去找她，结果一去也没再回来。

老人：要么病死在外面了，要么找到了女儿被卖的地方，但被那村人杀了埋了。我记得有次赶集，谁提到的这件事……

吴瑞风和妻子查看后台数据：没事，这不重要。

妻子提醒他：你去补个视频，让她笑笑，推着她在村里转一圈，拍得人高兴点，我们去要个首页推荐。

吴瑞风和她一起补妆。那老人又想起什么：我记得那个姑娘的名字。

吴瑞风笑笑：肯定不叫阿铜吧？

老人摇头：叫小铃。

轮椅还在村口停着。助理在小卖部前喝饮料刷手机。夫妇俩回去，打算把轮椅推进村。

突然，他们发现，阿铜已经死了，不知道什么时候，在轮椅上静静地死了。

[节选自微博]

【粉丝评论摘编】

@希波想睡觉：

悲剧不会是一个人酿成的，悲剧是时代的碎片组合成的一把巨斧，斧头是必定会落下的，落在谁的头上又能追到谁的直接责任，只是运气。

（选自微博，《大白的死而复生》评论区，2020年12月12日）

@Wua.：

呜呜呜呜大年三十茶茶（即作者扶他柠檬茶）你怎么放刀子！（或许对身体有缺陷的孩子来说不出生才是最好的选择，但对于母亲来说，自己孕育的生命肯定是很难放弃的。之前听到一个医生讲很多父母知道孩子救不活还是会坚持让孩子接受治疗，因为无法忍受孩子接回去以后一点点失去生命的折磨。这种事情很难简单用对错来评价吧。希望大家不管怎么样都好好的吧。

（选自微信公众号，《火花》评论区，2021 年 2 月 11 日）

@一抹青云出墙来：

所以小玲就是奶奶自己，是被拐卖前的自己。奶奶已经被折磨得人格分裂了，这个人格永远停留在在家里无忧无虑摘虎耳草的年龄。不然城市的花坛里哪来的虎耳草，那是西南山区才常见的植物。而且小玲不停地解绑奶奶手的绳子，助理不停地打她，怎么可能发现不了轮椅下的小玲。轮椅下面那么小的空间也藏不了人。

（选自微博，《铜》评论区，2021 年 5 月 30 日）

@可莉的鱼鱼：

说实话，写实又残酷。我一向佩服好的写手对各种人物特征精准的掌握，作者扶他就是其中之一。

但我不爱看《爱呀河》（即《爱呀河迷案录》），一是爱呀河的惨案基本是因果律，而我不爱看这样的人间惨剧。Literally（简直）不能用“惨”字形容，爱呀河小区悲剧的发生都有因可循。部分作品中角色逝去的原因多种多样，但无一不是生前自己或是旁人多种恶因一齐发作的结果，活着的人却痛斥老天的不公与无情，就这样带走了他们至亲至爱的人。惨吗？我不觉得惨。他们的离去是对活着的人或是自己犯下的罪行与恶最好的报偿。

二是过于真实，太窒息。慢慢看着文章，它好像就在我的日常生活中上演一样。多个典型的社会人物合在一起排演了似乎有几分荒谬的写实剧本，写实到我甚至会代入我见识过的一些人和新闻事件。荒谬吗？真正的生活远比文学作品来得更加荒谬，真正的法律案件永远比罗翔老师课堂上所举的例子还要book 思议（编者注：不可思议），生活永远比小说精彩。

（选自微博，2021 年 8 月 20 日）

@i 魏人永不翻车：

直到唯一一张照片上小楚的脸彻底消失后，老纪才想起了一切。名字、外貌的壳腐朽后，剩下的才是人最生动最真实的部分，所以老纪记忆中的那个人只是一丛丛再具体不过的生活意象，以及意象带来的家的感觉。伴随死亡而来的是新的开始，就像爱呀河毁灭又重生那样，爱也生生不息。

（选自微博，《纪勇涛》评论区，2021 年 6 月 14 日）

（导引、简介、节选、粉丝评论摘编：王鑫）

这是一条“人间”的河流
——评扶他柠檬茶《爱呀河迷案录》

王 鑫

爱呀河是一条被填平的河。爱呀河边上立着爱呀河小区。爱呀河小区里上演着数不清的人间百态，爱呀河河底沉着数不清的尸体。

2020 年 12 月 12 日，扶他柠檬茶（以下简称“扶他”）开始在新浪微博连载短篇集《爱呀河迷案录》（以下简称“《爱呀河》”）。开篇《大白的死而复生》便是一出离奇的死亡事件：祖国的花朵死了，凌晨三四点，高空坠落的电视机直直地砸中了他。谁干的？为什么年仅 12 岁的孩子会在夜深人静时跑到院子中……是什么直接或间接地造成了他的死亡？买到假电视机的年迈邻居周老师？争吵不休的父母？沉闷的学习生活？被家长偷偷处理掉的小狗大白？还是楚作家创作的、慰藉了小朋友心灵的童话书？

一个孩子孤零零地死掉了，但死亡从不是孤立事件。虽然生活的重力一点一滴地累加、人们很难说清究竟哪件事才是“最后一根稻草”，但“雪崩的时候，没有一片雪花是无辜的”。

于是人们接着读这个故事，想求一个答案。读着读着，就在每一片雪花中看到了现实：不尊重孩子意愿、杀死宠物，却怪罪童话让孩子做梦的父母；无视父母需求，连网购也不肯好好教授的年轻儿女；瞄准老年人、在下沉市场捞钱的黑心电商；为了孩子上学、全家举债买学区房的高昂教育成本；课外书 / 动画片 / 电子游戏有罪论；高空坠物伤人；抑郁症低龄化……扶他就像一位高明的造景师，将这些或委屈、或愤怒、或复杂的世情堆积在一起，压在一个孩子的敏感心灵上，再轻轻敲碎小狗大白这根支柱，造成了开头那场离奇的“雪崩瞬间”。

这些读起来无比现实，因为每片雪花都真实存在；但它又读起来无比魔幻，因为真实的人生中根本塞不下这么多现实。这是过量的现实。《爱呀河》收录的大多数案件，和第一篇一样，都遵循着现实过量的原则，将无数现实要素堆叠在一起，把主人公们逼上绝路。

可过量也有自己的发生条件。人们之所以承认过量的可能性，很大程度上是因为小说连载的场域——微博。原生家庭、性别对立、校园暴力……这些事件，无一不曾在微博上掀起过腥风血雨，慢慢聚集成每隔一段时间就要被拉出来讨论的公共话题。所以，《爱呀河》的每一处现实要素，都是人们用转发、点赞、评论“投票”出来的。在千万次重复、长时间讨论之后，它们就变成了微博内的“现实”。而爱呀河小区，就是这个特殊的舆论场映射出的人间。每道单元门，每个格子间，都上演着“微博现实”的某个切片，每一片背后都有人潮汹涌、万众瞩目。

当然，一定会有人说，这不过是掌握了流量密码：微博上流传的“现实”故事数不胜数，真假莫辨，观赏矛盾、看自己支持的“三观”获胜，不是很“爽”吗？但我更愿意说，流量密码代表了微博空间特殊的现实生成方式，而扶他遵循微博现实的逻辑，编织出现实的可能性，正是微博内的“现实主义”。

引发激烈讨论的事件，背后总是有尖锐的家庭冲突、社会痼疾、情感芥蒂……给人们的内心留下了深刻的伤口。面对这些，立场鲜明地“撕到底”固然发泄了情绪，却不过是暴力之下的二次伤害。但扶他是一个充满“痛感”的作者，她虚构出一桩桩“撕破”之后的人间惨案，不是为了宣告哪方获胜，而是展示出当这些矛盾以最极端的形式爆发时，永远是世间最柔软、弱小的部分在承受悲剧：孩子、老人、宠物、心里的良知、求爱的本能……甚至哪怕生命消逝了，矛盾也不会消失，巨大的隔阂仍然横贯在人与人之间，默默酝酿着下一起悲剧。

在这种巨大的窒息感和无力感之下，读者们也被“刀”了。于是他们在看到现实中的初中小女孩从高楼跳下，留下一封懂事到令人心疼的遗书时[1]，就会想起此前，爱呀河小区 1901 室一个叫许然的少年也曾留下一封遗书，想起“一个大人自杀了，人们会说，他是因为什么事才自杀的。一个孩子自杀了，人们会说，现在的孩子应该反省一下自己”(《爱呀河迷案录·一书》)。每一场雪崩的围观者，想起了自己只是幸运地没有崩溃，是悲剧的漏网之鱼，进而与主人公产生共情。

因此，在由热点构筑成的“现实”的另一面，《爱呀河》的底色却是绝对的温柔。这一点，被短篇连载时插入的中篇故事《缚耳来》诠释得淋漓尽致。老警察纪勇涛和作家楚先生，是几乎在每个故事中都会“出镜”的旁观者，却与上世纪河底的惊天大案有关。楚先生文思枯竭，听闻家中一位远房堂叔是连环杀人凶手，便到他住过的地方找灵感。而这位堂叔，当年假扮成纪勇涛的表弟，借住在他家。于是，一个恶鬼般的杀人狂，与警察玩起了“过家家”的亲情游戏，渐渐迷恋上人间的温暖……这个中篇，乍看与小说结构全然背离，也不涉及任何热点事件，却是整部作品的“应许之地”：与当下本该相互理解，却相互控制、打压、伤害的人们形成对比，遥远时空中，本最不该相互理解的警察和杀人狂，却“假扮家人”，救赎了彼此的心灵。更有读者将“缚耳来”这个毫无意义的名字译为“for a lie”：为了圆一个谎，就要撒更多的谎，但为了人与人之间的那一点温暖，一切都是值得的。

小说最后，被填平的河道再度挖开，堵塞消除，爱呀河重新流淌起来，像一个美好的寓言，隔阂终将消融，新的炊烟又会升起。正如《缚耳来》的结尾：“没人知道，每一条人间的河水，会汹涌成怎样的新生命，怎样的美丽新世界。”尽管，无论是在现实中还是在“微博现实”中，矛盾从未真正消解，但切肤的痛苦和对人间温暖的渴望，仍然会推着人们继续走下去。

---

① 2021 年 8 月 18 日，豆瓣鹅组成员 user82049 发帖《初一小孩的遗书 无能为力的难受》。遗书道出父母给学习生活施加的重压，称“人生一趟，遇见你们我很荣幸，若有来生，我们不要再见面了”。

装腔启示录

柳翠虎

柳翠虎，豆瓣阅读作者，毕业于北京大学法学院，2019 年 8 月在豆瓣阅读发表了第一部作品《这里没有善男信女》。《装腔启示录》自 2020 年 4 月 23 日至 8 月 1 日连载，是豆瓣阅读 2020 年第二届长篇拉力赛中女性组“轻装上场”①这一主题下的参赛作品。除了读者的推荐票，大赛主办方还邀请了影视、出版、音频、漫画多领域的头部公司参与评奖，《装腔启示录》最终以总分第一的成绩，在女性、悬疑、幻想三组中夺得总冠军。这是一部以女性成长为线索的职场小说。柳翠虎文笔精细，善于营造气氛的同时金句频出，将职场 / 情场小白青涩、无畏、理想化的心态刻画得淋漓尽致。

【标签】职场　都市

【简介】

从北京大学法律系毕业后，唐影在北京国贸的一家律所从最底层的律师助理做起。既没户口也没存款的北漂处境时常让唐影感到焦虑，“装腔”成了她标榜自己与众不同的方式。在一次出差途中，唐影邂逅了金融“雅男”许子诠，

① 女性组分为两个主题，其一是亲密关系，旨在“塑造形象丰满的男女主人公，通过描写一段亲密关系，展现当下恋爱或婚姻生活”，另一主题轻装上场指的是“以女性在情场、职场、生活场中的成长经历为主线，创作风格鲜明、轻松好读的故事”。

就此开始了感情上的拉锯战。在踌躇满志对富豪展开情感攻略却遭遇现实的打击后，唐影突然意识到自己对许子诠的感情。“万花丛中过”的许子诠也发现了唐影在自己心中无可取代的地位。兜兜转转，两人最终牵手成功。与此同时，在经历了多次或奇葩、或惊险、或残酷的职场事故后，唐影最终凭借专业能力获得了甲方的认可和赞许，成长为独当一面的青年律师。

选文节选自第 44 章至第 47 章，此时唐影干净明亮的白日梦受到了欲望和人性黑暗面的侵蚀。因富豪马其远一时兴起的邀约，唐影放了许子诠鸽子。在拆穿网红 Michelle 浅薄的装腔表演后，唐影还来不及消化这份优越感，马其远就当着她的面毫不遮掩地流露出对“烧仓房”驾轻就熟的乐趣。这给了唐影一记当头棒喝，使她意识到攻略富豪的成本不只是青春、身体、精力，还有人格和尊严。在遭遇这番残酷的现实后，她不由自主地想得到许子诠的抚慰。自此，本文迎来了极具喜剧色彩的情感高潮，这一对在装腔上你追我赶、难分伯仲的都市男女终于开始走向大和解。

【节选】

第44章　但你们，在我眼里一样

马其远发来的地点在王府中环。

人均2000+的粤菜馆，“好酒好蔡”，算是北京粤菜餐厅的巅峰。唐影看到餐厅地点的时候略有一点点欣慰，毕竟站在天平另一端的，是秀色可餐的许子诠。

服务员将唐影引到包厢，马其远正坐在一旁沙发上刷手机，见到唐影有些开心，伸手招呼。唐影见餐桌不小，座位上还摆着四副餐具，好奇：“还有别人吗？”

他点点头说，还有一对朋友。他说带了女伴，我想那正好，这家餐厅你应该没来过，就叫你一起了。

言谈间流露出带唐影见见世面的想法。反倒激发出唐影的斗志来，干干笑了笑，想着难怪就让我过来，原来是承恩。恭敬地坐在马其远身旁椅子上。

又想起马其远的朋友，唐影多问一嘴：“他也没结婚？”

包厢开了四方小窗，日暮降临，远处是密密树林映衬天空，二环难得见到的安逸景致。马其远本看着窗外，听了这句话，睨唐影一眼，笑笑回答：“结了。妻子在国外。”

然后，欣赏小姑娘得知了八卦后惊讶又偏偏强装镇定的表情。

和马其远一起吃饭谈事的男人姓李，做的也是钢材生意，据说是美食老饕，嘴刁又爱各种餐厅。带来的小姑娘显然尽力装扮过了，全套妆容与红底高跟，顶着一张被现代医学流水线与网红审美雕琢过的脸，短短肉胳膊挽住老板手臂，风风火火进来。

姑娘十分热情，利索地与马其远打过招呼后，拉着唐影的手介绍自己叫

Michelle，是一名互联网新媒体从业者，眼里闪过矜持。似乎担心唐影没懂，李老板又替 Michelle 补充了一句："她啊，是个网红。"

"哇？"唐影点头，提起兴致来。

都市白领普遍八卦，因为工作沉闷压抑，急需纾解。于是对八卦横生的演艺圈总是怀着向往，渴望一窥其中风景。唐影好奇："你叫什么？我去关注你。"

Michelle 迅速发来自己微博、小红书、抖音、微信公众号、B 站主页链接，热络推广："我是文字、视频多栖发展。你都可以关注一下！"

唐影被震慑，客套逐一加完，发现 Michelle 微博粉丝数足足 40 万，但每条微博回复几乎只有个位数，莫名想起大王……耳边声音又热情响起："对了，我还有粉丝群，你要不要加？"

唐影一愣，对上马其远和李老板的笑意，马其远见她犹豫，笑着劝说："加一个呗。我们都加了。"

她更震惊，只好恭恭敬敬扫了码，进入一个 120 人的安静小群里。

马其远与李老板似乎习以为常，看完了 Michelle 与唐影寒暄，接着聊起生意。留着两个女人大眼瞪小眼，好在 Michelle 健谈，新纳了粉丝心情好，与唐影攀谈起来："你做什么呀？"

唐影回答，律师。

"唷嗬！那好厉害的，那你不会吃亏的，男人都不敢和你吵架对不对？"Michelle 眼睛瞪大，新粘贴的假睫毛忽闪，但没能掩饰住新割的欧式大双眼皮。

唐影干笑，说可能逻辑能力强一些，做事顾虑多一些。

Michelle 点点头，又把话题引到自己身上："我们家以前也有家族律师的。但我现在和父母决裂出来，凡事要靠自己，沦为打工仔。"恰当露出苦闷坚强神色。

话已至此，唐影表情微变，装腔警铃大作，又看了对方一眼。在装腔技巧逐步发展的今天，× 王们终于衍生出了委婉又矜持的"凡尔赛文学"装腔法，重点在于含蓄。大抵是用无奈的语气，明贬实褒，看似抱怨，却在不动声色之间，流露出腔调。

而以客套方式对待凡尔赛文学式装腔的关键，是要有一双透过现象看本质的慧眼，像小时候阅读古诗词一样找到整句话中提纲挈领的那个词——

比如现在，唐影熟稔并准确地恭维道："哇，家族律师?！那很厉害啊。"面露足够惊讶。

Michelle 果然满意，笑盈盈摆手："还好啦，就是我家嘛，比较复杂……"她耸耸肩，摆出忸怩姿态，幽幽："其实，我们是中国最后的贵族。你如果见了我妈妈就知道，什么叫作真正上流社会的女人。"

唐影被"贵族"与"上流社会"两个词震惊，正不知如何应对。恰好服务员上了头盘小碟与开胃汤，大家安静下来。

就见 Michelle 熟练拿出手机拍了照片，又打开视频，开始对着菜看一个个介绍。她视频拍摄得小心，只拍菜品，不入镜人物。马其远与李老板在一旁饶有兴致地看着，早就习惯。甚至还与她搭话，问一句："这菜你怎么评价呀？"

Michelle 则会翘着兰花指入镜，很认真品尝一口，在镜头下朗声品评："淡淡的清香与柔韧爽滑质感，形成混合，充盈在我的口中，汤汁层次丰富，令我想起孔明的《诫子书》。咳。"她清清喉咙，另一只手趁机打开桌上小抄，朗诵起来："静以修身，俭以养德。非淡泊无以明志，非宁静无以致远。"顿了顿，似乎还嫌不够，又翻了翻小抄，读出牛头不对马嘴的另一句："八方各异气，千里殊风雨。剧哉边海民，寄身于草野。"最后郑重总结："这道菜，就是这个感觉！"

马其远与李老板大笑起来，在旁捧场鼓掌，说好好好，评得到位！

Michelle 得意一笑，停了视频，盈盈瞥了唐影一眼。

唐影全程握着筷子，半张了嘴看她，几秒后发现似乎不礼貌，赶紧也跟着两位大佬鼓掌，尽量称赞："你……你挺有内容的。"

"嗨，我就是做内容的嘛。现在自媒体竞争激烈，普通内容都不吃香了，要有钱有腔调有噱头才有人看。”

唐影忍不住逗她。“可这样不会有人觉得你装吗？”意有所指补了一句，“现代人最烦装 ×。”

“哟，这你就才疏学浅了吧？”Michelle 握着筷子在面前的空气上轻轻一点，仿佛她面前停留着一个虚拟的知识点，似乎被人揭穿，她忍不住带了攻击性，“现代人最烦看别人装 × 没错，但他们喜欢自个儿装 × 啊！要不喜欢装 ×，那些个社交网站早就倒闭了，你觉得社交网站是为了什么？不就是让人光明正大装个 × 吗。比如你，你别说你不喜欢装 × 哈。”

唐影一愣，被问住——她的问题设计得巧妙，毕竟，一个人如果声称自己从不装 ×，这个行为，本身就是一种装 ×。

Michelle 喝了口水，似乎对“装 ×”这个话题有些敏感，接着抗议：“而且，关注我的都是些老百姓嘛，不知道世界上有这种生活，让他们开开眼界不好吗？反正这就是我日常生活，你要是觉得装，可能就是你过得还不太行咯……”

唐影屡次被她的用词击中，瞥了眼二位大佬，见他们已经接着谈事，不再关注两人。又听贵族少女接着驳斥，似乎已经把唐影当成了指责她装 × 的假想敌，她说：“其实，我这种阶级的，也很好奇现在普通老百姓的生活呀。听说，大部分人，也就是白领们，上班都还得坐地铁，没有私家车的哇。而且我从微博才知道，这个年代，还有人没坐过飞机，没出过国！”神色愈发夸张。

唐影挤了挤嘴角，跟着哈哈笑了笑，忽然觉得有些没劲。

一直以来，唐影对待赤裸裸的装 × 行径只有两种方式：要么装回去，一场比拼，教育对方做人，比如她曾经在酒吧对待徐家柏；要么干脆认㞞，双手鼓掌眼里冒出星星，化身观众，将 × 王捧杀，比如她曾经对待婊姐。

可现在，她看着面前急切地用一种近乎反智的方式标榜自我的女孩，莫名产生了一种类似于心疼的感觉。拙劣的身份伪装，像是她脸上同样粗制滥造的双眼皮刀口。唐影在各类都市八卦里听说过许多这样的女孩：把脸费力装修之后，也要把祖宗上十八代一并装修。试图让血统配得上野心——毕竟这个年头，灰姑娘人设已不吃香，小红书里的贵族如雨后春笋冒出。大家心知肚明，扮上流社会才会有拥趸。

面前那张虚荣又用力过猛的脸，因为听到了“装 ×”一词就竖起浑身的刺，不过是倒立行走的自卑。她在那个瞬间意识到，应对一场刻意装 × 最有格调的方式——

是一颗包容而怜悯的心：毕竟，和人比拼，是把他当作对手；而怜悯他，才是真正将他踩在脚下。

“心疼”二字，是 × 王真正的克星。

最后，唐影干干对 Michelle 一笑，直白回应：“我觉得地铁挺好的，好几十亿呢。比劳斯莱斯贵多了，更适合贵族。”可没等她再加一句“不过，在这个年代，以是否乘坐公共交通工具来划分资产与阶级，其实浅薄又可笑”，对方就夸张地看着她：“哇？真的吗？你可是我周围唯一一个坐地铁的！快告诉我，地铁里什么样？我听说很臭？”

嘴角抽搐。唐影不说话了。

“Michelle 是不是很有意思？”晚餐结束，马其远问她。

整个晚上，但凡上菜，Michelle 都会掏出手机拍摄几段视频，而马其远与李老板也会在她拍摄视频期间停止交谈，之后再大笑鼓掌。

仿佛让 Michelle 来吃饭，就是为了看她逗趣。

唐影笑了笑，说：“是有意思。把人民群众称呼为老百姓，像是梦回大清。”

马其远跟着哈哈哈哈哈笑起来：“这丫头本来是餐厅服务员。前两年意外跟了老李之后，见了点世面，越发有意思。平日无聊时就喜欢叫她出来逗乐。”

唐影抬了抬眉毛，没说话。

两人此刻坐在马其远的汽车后座，夏夜晚风宜人，半开车窗，窗外是游动的长安街。她在马其远身边一向像个下属，挺直脊背坐着陪聊天，连手机都不敢掏出。

唐影想到 Michelle 从小小服务员到如今有钱拿刀子动脸，包包也是名牌，感叹："那这样看来，她还是运气不错？哪怕李老板最后没有选择她，有了这段经历，也算是小小逆天改命……起码她肩上背着的 CF 手袋就是硬通货……"

马其远见唐影一本正经跟自己分析，尽量装作世故，却反而暴露了天真，被小姑娘逗笑，忍不住和她多说几句："运气好确实。她本来是个月薪 3000 的服务员，跟了老李，混成小网红，偶尔拿个推广，月入一两万不是问题。"话锋一转："但你说到名牌包，你想想，既然她已经大大赚了便宜，老李哪会再诚心送她包包？"

唐影惊道："所以她的包包？"

"假的。"马其远笑起来，食指竖在唇前比画一个"嘘"，接着说，"老李在广东那块有生意，熟悉许多 A 货工厂，买给这些小姑娘们的，都是 A 货。"又摇头叹："他精得很，给自己老婆女儿才舍得买真货。"

不是没钱送包，只是觉得你不值得被送包包。大佬驰骋商场多年，不做亏本买卖，对每一件商品的价格，早就计量在心。

唐影心灰，反而有些替 Michelle 不平——在这些中年男人眼里，小姑娘的青春肉体，不值多少钱。她不解，转头认真看向马其远："可……可……如果只是玩玩，不打算有真感情，那李老板为什么还要让她跟着自己？好好陪着自己老婆不好吗？"

"因为人生总有一些快乐，是伴侣难以满足的。特别是那些拥有越多的人，世界上能够满足他们的事情就越来越少。"他看了她一眼。

唐影不说话了。

马其远笑起来，表示："所以我很羡慕你。"

"羡慕我？"她不解，只身奋斗在北京的社畜，没有户口、买不起房、摇不到号，工作是身份与骄傲与立足的根本，有什么好羡慕？

"对，羡慕你。"马其远胳膊肘撑在靠椅上，侧对着她，几分真诚："你相信吗，如果我能选择收入，月入五万最好，再高不要！为什么呢？五万块既能保持一个舒适的生活，不愁吃穿。同时对于人生依然有着足够的期待与奋斗的动力。收入再高，反而就空虚了。”

这个答案让她瞪大眼，她脑中第一时间浮现的是那个网络段子——

“不知妻美刘强东，悔创阿里杰克马。名下无房潘石屹，一无所有王健林。”

马其远希望月入五万的说辞，在她耳朵里，怎么听怎么与马云那句“钱对我不重要，我对钱没兴趣”的名言有着异曲同工之妙。她这才发现：有钱人从不会用“有钱”来装 ×，缺钱的人才会。有钱人装 × 的思路更为超脱一些，炫耀自己财富的终极，是淡淡表达自己，一点儿也不在意钱。

唐影憋了一会儿，忍不住说：“我想起之前马云接受采访说的那句，他说，他人生最快乐的日子，就是每个月领 91 块工资的时候。”

马其远一怔，露出志同道合的神色，笑起来：“你别说！我还真能理解！你想想，人生活在这世上，让我们坚持下去的是什么？不就是个念想！可当你什么都有了，你还能有个什么念想呢？人生最可怕的不是一无所有，而是一无所求。”

她点点头，尽可能领会大佬的境界，忽然想起什么来：“所以，你们才需要不断通过新鲜的小姑娘来寻找刺激？”

兴致正浓，马其远没意识到这是传说中的“送命题”，反而顺着话题聊了下去，并未否认唐影的说法，只是接着说：“你知道有个故事吗？叫作烧仓房……

还没说完，就发现唐影表情变得难看，他及时住了嘴，看向她。

唐影抿了抿唇，终于说了出来：“我一直以为，你约我吃饭什么的，是因为……喜欢我……”

“当然是。”他点头，想了想，安抚似的拉住了她的手，没注意唐影往后稍微缩了缩，他又补充，“而且，唐影你知道我最喜欢你什么吗？”

她愣在那里，怔怔看着马其远，听他淡淡笑着告诉自己：“不是外貌不是学历，而是你身上那股子劲儿，那股一心绷着的想上蹿的劲儿。”然后，他等着唐影露出感动的神色。

却不料她反问：“类似于 Michelle 那种？”

马其远被她问住。

“怎么会这样想呢？”他将目光转到她身后的车窗玻璃上，再转回她的眸子，想了想，又说，“你们，有很多不一样的地方。”

第 45 章　我生命里一切闪闪发光的东西，都是我强求来的

马其远随口提到的烧仓房故事，唐影碰巧读过。

什么是烧仓房？故事里的富二代描述：其实很简单。浇上汽油，扔上擦燃的火柴，看它忽地起火——这就完事了。

这不是犯罪吗？故事里的男主角得知富二代的这项爱好，表示疑问。可富二代却说：“烧的是别人家的仓房，确实是犯罪。但那些无人问津的仓房，又有谁会在意呢？”

“那么，下一次烧的仓房确定了吗？”

“是啊。已经定了。”

两人的对话到这里结束。第二天，富二代带着新交的女朋友扬长而去。而此后，男主角再也没有见过那个女孩。

初读那个故事的唐影并不理解其中隐喻，直到此刻她才明白，马其远们口中的仓房，不过是指富二代交往的那些怀揣着野心与渴望、好看又贫穷的女孩。

她们自信始终知道自己要什么。可她们不知道，他们爱的就是这份自信——那种向上的欲望、渴求寻求捷径的野心，是他们眼里最值得一烧的仓房。

爱情的快乐早就尝腻，各色各样的姑娘，再不能激起别样心情。但毁灭可以，毁灭的快乐，是最奢侈又新鲜的刺激。

他喜欢带着她们领略另一个世界：私人飞机、游艇、奢华服饰与食材……再看着她们一点点从单纯、努力到被物质洗礼，习惯这种生活之后，再提出分

手，看她们绝望，落泪，恳求，丢掉仅有的尊严。不同的女孩子，拥有不同的崩溃风景。对年轻姑娘意志的摧毁，就像烧掉一座仓房。

试图跨越阶级的感情，不过是一场残酷游戏。

唐影这才发现，食得咸鱼抵得渴——大佬的票子，从来不是好赚的。

天真地以为自己掌握了傍大款的终极奥义，即把他当成老板。却不知多一个老板一点也不难，难的是，与此同时接受他把你当成一个玩物，以及作为一个玩物可能面临的结局。

也是，她和 Michelle 本质上又有什么区别呢？同样是年轻小姑娘，野心勃勃怀揣着那点情绪价值试图换得另一个世界的入场券。李老板不会真心爱她，马其远又何尝不是？他们的眼睛锐利像鹰，一眼看穿她们的伎俩。

做人附庸与替人打工终究不同，它出卖的不仅仅是青春、身体、心力，更有尊严，与独自站立在世间的能力。

唐影表情越来越凉。

连司机都能感受到气氛变冷，在调高音箱的同时顺手也把车内空调温度挪高了一度。

马其远看得出唐影此时落寞的心情，自己也没了趣味。毕竟，到了他这个年纪，与年轻小姑娘相处更多的是为了找乐子，而非寻烦恼。“闹别扭”于他永远是一个否定词，他之前所期待的情绪价值，转眼成负。他希望迅速结束这次会面，让唐影将这份情绪自我消化。

两人默契地不再说话，司机知趣地加速行驶，将唐影送到楼下时，马其远莫名提起了一句：“我之前跑步认识的一个女孩，也住在这个小区。”

唐影很想硬气回上一句：“林心姿是吧？我知道。她是我室友。哈，大叔你们有没有想过，你们把我们小姑娘当玩具的同时，我们也只是将你们当饭票呢？”

当然结果还是㞞。

她点点头，用最后一点心力恭维：“是吗？那还真是缘分。”

马其远笑了笑。说你早点休息。司机应声下来，替唐影开了车门。

路灯在另一旁，迈巴赫车身影子覆盖在唐影身上，车子发动，随着油门响起，车轮从她单薄的影子身上狠狠碾过。

唐影回家的时候，只有力气倒在床上。想就这么睡死过去，可惜不行——她挣扎了半天，总算起身从床头柜一侧扯出一张卸妆湿巾，胡乱抹在脸上，眉粉眼影睫毛膏腮红口红将卸妆纸揉成狼狈的调色盘。另一手习惯性掏手机，刷遍微博微信朋友圈豆瓣，脑子转速跟不上手速，最后还是打开淘宝——

她想起替王玉王搬家的时候，翻出一大堆吊牌未拆的衣服和化妆品。她当时惊讶地问，你囤这么多东西是要摆摊吗？

王玉王摇头，说这些是我的药——有句话不是说吗，女人的心理健康和她的购物欲成反比。我工作特压抑，或者半夜加完班特脆弱的时候，我就上淘宝。买买买买买，支付的那一刻，就会被治愈。

当时唐影如遇知音，恨不得拽着王玉王的手说我懂懂懂懂！只是我工资低，买得少一些。但花钱确实能让我开心。

购物网站贩卖的欲望，多多少少，填补与滋养白领内心——

只可惜，现在不是了。

唐影歪在床上刷了半天的淘宝，琳琅满目却激不起她一点一滴的购买欲望，拇指漫无目的在商品界面上滑动，心却飘到另一个地方：

当你爱上一个人，他便成了你唯一的药。

下一刻等唐影反应过来的时候，她已经坐在了车里，像病入膏肓的病人去求药——夜晚实在方便叫车，趁她的冲动还未被理智蚕食，车到楼下，她噔噔噔跑下楼，北京初夏的风从耳边吹过，像是一场梦幻灭后另一场罗曼蒂克的私奔。车里在放蔡琴的老歌，适合夜晚也适合思念。

过了十分钟，她站在许子诠的小区前。

她的脚步莫名地着急，像是怕十二点后魔法消退一切被打回原形的灰姑娘。

她记得车里刚刚放着的蔡琴，在唱：莫等夕阳西下点点残霞，只剩下无尽的牵挂。

声音遗在脑子里，脚步像是走动的分秒针。

随着步伐，理智一点点又回来，她变得踌躇起来：在2020年，别说单身男女，哪怕是男女恋人都有一项心照不宣的禁忌——不搞突然袭击。男女之间任何时刻的突袭，都可能得到惊吓。

就在她伸手将要揿门铃的前一秒，脑中罗曼蒂克的背景音乐消失，只剩楼道里孤零零的穿堂风声。风吹凉了她的一时脑热：

要是开门的是个裸女怎么办？

唐影彻底冷静下来。

最终她站在许子诠门前，将耳朵小心摁在门上，尽可能听屋内动静。声控灯暗了下来，四周变得安静。她扒拉着他的门，像一只壁虎。

想了很久，她避开门铃，终于很小心很小心地冲门缝喊了一声："许 子诠——"

回答她的，是楼道里重新亮起的声控灯。

他出门了。

她抿抿唇，泄气，背靠在他的门上，忽然觉得命运着实残酷——

性感内衣还穿在身上，约会却没有了重新开始的机会。

低头掏出手机，犹豫半天，最后只给他发了一句："今天抱歉哈，下次请你吃火锅赔罪。"

没想到对方秒拨了语音过来，劈头就是，"你回家了？"

唐影一愣，心虚地支支吾吾："对……刚……刚到家。"

那头像是信号不好，过了会儿才响起许子诠的声音："哦。"顿了顿，又问："你……他吃完饭了？"

唐影点点头，楼道的地板太硬，她换了个姿势，看着窗外遥遥月亮，说："嗯，吃完了。你呢？你不在家吗？"

他也不避讳，声音轻轻："嗯，我没在家，后来和朋友出去吃饭了。"

似乎还担心唐影不想歪，又补充一句："和一个妹子。"

再补一句："长挺好看的。"

三句话一句比一句讨厌，她顿了几秒，恨不得直接伸腿踹他家门，声音干干："噢。忘记你后宫三千。"

"是吧？"他笑了笑，嘱咐，"麻烦下次好好珍惜我。"

徐子诠此刻站在破旧的楼道里，一手插兜，一手拿着电话。楼道的灯随着他的脚步亮起，他又轻轻叩了叩门，没有人应。

想起她口中那句："刚到家。"有些嘲讽地勾了勾嘴。旧小区筒子楼的楼道窗户很大，能看到对面高高的棕榈河大楼，以及楼顶上一轮圆圆的混沌的月亮。他看着月亮，一级一级走下楼梯。

唐影耳边贴着他的声音，不满他的快乐，只问："所以今晚的火锅，吃得很开心咯？"

吃到现在还舍不得回家。

"你猜？不过认真的，今晚的毛肚很嫩，鸭血也新鲜。最棒的是他们家的脑花，那叫一个入口即化……下次得带你去吃。当然了，如果你再放我鸽子，我只好再叫别的妹子陪我去吃。"他这么东拉西扯，顿了顿，才问，"你呢？我怎么听你的语气，像是不怎么开心？"

窗外的月亮被一块乌云遮住了，唐影扶着楼道里的窗，凉飕飕对他说："是啊，我今晚确实很不开心，但听到你和别的姑娘吃得开心，我也稍微替你开心一些了。"

"哟——"许子诠笑起来，"我这么重要？"

"你很重要的。你不知道吗？"她也笑，更笑自己三更半夜送炮被拒之门外。

他走到楼下，再次回头看了一眼唐影家的窗，三楼，一片漆黑。嘴角勾了勾，又垂下，忽然认真："我不相信。既然我这么重要，为什么今天还丢下我？"

既然在乎，为什么骗我"已经回家"？

她一怔，迅速反问：

“既然你这么介意我丢下你，今天怎么不让我留下来？”

既然介意，为什么转身又约别人？

两个人都没说话了。

过了一会儿许子诠才说：“唐影，我……我不太会挽留。”

头顶的月亮被棕榈河大楼挡住，她小区的破路灯还没有修好。他在黑暗里踩着自己的影子，对电话认真解释：“我长这么大，从来不知道什么叫作勉强。你说这是装 × 也好，说是自信也好。确实如此，凡事我喜欢顺其自然，无论是感情，还是其他。我信奉强扭的瓜不甜，或许是一种底气。因为自始至终，上天给我的一切，从来都不会太差。”

这世上，是你的，终归是你的；不是你的，也无须强求。他从来不相信什么是独一无二。毕竟拥有的太多，已不怕错过。

“可我却相反。”黑色侵袭了楼道，她站在黑暗里，以同样认真的语气告诉他，“我特别喜欢强求。我和你不太一样，我生来普通，长得也普通，我生命里一切闪闪发光的东西，都是我奋力强求来的。不是所有人都有资格对这个社会说一句‘顺其自然’，绝大多数人都在逆水行舟。你口中的不勉强，倘若放在我身上，就是甘于平庸。”

所以她不舍也不会放弃从身边游过的任何一个哪怕渺茫的机会，她是至下溯流而上奋斗不息的人，任何一根稻草，都可能是救赎。

“那么……”最后她记得，许子诠问她，“唐影，你有没有考虑，强求一下我？”

黑色的楼道里，只有电梯上上下下的小小红色指示灯，唐影伸手摁开电梯。他的问题更令自己觉得可笑。

在电梯数字变换的时间里，她对许子诠说：

“又或者你呢，许子诠，你有没有考虑，学着勉强？”

两个人都没再说话。

在电梯门关的那一刻，信号暂停。唐影抱胸站在电梯里，唏嘘今晚真是神奇，一场幻灭紧跟着另一场幻灭。你奋力追逐的人，从骨子里看轻你；而你动心的人，只愿意站在原地。不是每一场冲动的奔赴都能迎接一个好结局。至少，唉，她应该庆幸的，被拒之门外，也好过，开门的是一个裸女。

电梯门开，唐影叫车回家，车流融入北京的夜里。

许子诠也没有继续站在原地。

语音通话突然挂断，两人默契地不再继续。他将手机揣进兜里，走在沉睡的水泥马路上，一盏盏路灯与一辆辆车，从头顶与身旁滑过。他想笑自己傻。心不在焉吃完了火锅，就赶到她家楼下。想等她，见她，守着……冲动轻易让理智离家出走。

他明明已经在学着勉强。而结果，却是失望。

他心灰地沿街走了很久，才想起要掏手机叫车，这时才发现手机震动，好几条提醒——

360 智能门锁。

十多分钟前的系统消息：

“逗留警报请查收。发现有人在家门口可疑逗留，点击详情查看完整视频。防止恶性事件发生，智能看家守护您的安全。”

第 46 章　这是哪里来的野女人跳舞?

许子诠站在黑夜里，路灯的光浮在他的头顶，隔着道路两旁的树影。

月亮不见了，滑入他的心里。

他盯着手机屏幕，监控视频没有色调，电子眼冷硬记录下的画面，那个女人在家门口走来走去，时不时站着，时不时看着窗外——确实形迹可疑，像在实施一场毫无准备的犯罪。

在他心里犯罪。

嘴角慢慢勾起，他又压下，将手机塞进兜里，若无其事地向前走去。

2020年的北京街道，处处都有监控。从许子诠身后的那个监控摄像头里看去，会看到空荡荡的马路上，一个头小肩宽，身形极好的男子。他双手插兜，步伐高冷，走着走着，却像压不住心底的欢快似的，脚步轻快起来，然后几个小跑，突然跳跃比画了一个投篮动作。再然后，似乎意识到自己有点蠢，看了看四周，步伐再次高冷。又过了会儿，就在他马上要走出监控画面时，他似乎才想起要打车。他挠了挠头，停在路边，掏手机叫了一辆出租车。

在等车的时间里，他专注地低着头，看着手机：看手机里已经看了一百遍的，无聊监控视频。

唐影在睡觉前，莫名其妙收到来自许子诠的一句："晚安，好梦。"

她一愣，没懂：他似乎还挺高兴？

她扔了手机，没好气，仰躺回床上，在心里骂了一句："渣男。"

"许子诠就是渣男啊。"

林心姿看了唐影一眼，几分无奈，周日上午，两个人正在大望路瑜伽馆的更衣室里。夏天快到，女士们又想着报上健身房，将减脂塑形提上日程。林心姿心血来潮看上了这家新开门店，豪爽刷徐家柏的亲密付买了一年会员，还能加上闺蜜体验课程。难得这周末有空，她拉着唐影一起上课。

唐影和林心姿说了昨晚的事，当然省略了大部分细节，只说他约自己吃火锅，结果她临时有事放他鸽子，等返回想找他再续前缘时，他已经转身约了其他漂亮妹子。

"你没和他说你就在他家门口吗？"林心姿又问。

"没。我才不要那么上赶着。"唐影脱了短袖，调整肩带，换上一件运动内衣，"要是他知道我大半夜找他，很丢脸好不好？"

"也是哦，他估计得意死。"

爱情的游戏不过是谁先主动谁就输。不想输的人，哪怕再想主动，也要装作不主动。

林心姿点了点唐影脑袋，很认真地说："还是那个意见，你别在他这棵树上吊死。但凡你周围不是只有他这一个男人，他绝对不会像现在这样掉以轻心。"

唐影愣了愣，又想到马其远，没回答了。只是低头啪地扣上柜门，设定密码。

美人见她不应，以为她不屑于搞这些幺蛾子，无奈叹了一口气，满脸怜爱："宝贝，你就是太单纯了。"

换完装，林心姿便伸手没收两人手机，说这边上课不让带电子设备，她让唐影去服务处拿消毒好的毛巾，自己则走到教室另一端，将两人手机锁在密码柜里。这家瑜伽馆设计贴心，柜里还有专门接口给手机充电。

林心姿替唐影的手机插上接口的瞬间，屏幕亮起，正好一条微信弹出。

熟悉的名字。

她发誓她不是故意想看。只是……林心姿对着屏幕愣怔了半秒。最终扣上柜门。

想要设置密码，忽然心烦意乱，总是摁错。第三遍才设置成功。等林心姿从服务处拿了两条毛巾要去上课的时候，老师都已经进了教室。

唐影已经坐在一旁的青色瑜伽垫子上等自己——她最近瘦了，穿着瑜伽服，曲线也算玲珑，胳膊与脖颈在淡紫色瑜伽服的衬托下雪白，因为有些热，唐影的脸红扑扑的，一张脸泛着白里透红的光泽。林心姿第一次这么认真端详这位闺蜜。带了打量的意味。

唐影见林心姿又拿了毛巾进来，笑起来："你怎么了？明明叫我去拿毛巾，自己又拿了？是不是笨？"

"笨"这个字，在林心姿此刻听来格外刺耳，她想反讽，对上唐影的笑意，又泄了气。林心姿这么看了唐影了几秒，才干干笑了声。"嗨，我都忘了。最近老是忘七忘八的。"手上却没闲着，将唐影给自己拿的那条毛巾麻利地扔了回去，说："得，你自己拿的自己用吧。一人用两条。"

唐影也没觉得奇怪，笑嘻嘻收回毛巾说："好哇好哇，一人用两条，奢华！"

林心姿没应了。她闭上眼，努力跟着轻缓的音乐，试图熄灭心口那团乱蹿的火气。

——唐影手机里的那条消息来自马其远。

而内容，在她看来更为讽刺，马其远问的是："小影，今晚一起喝简阳羊汤？"

她很难形容自己那时的心情。有关马其远与唐影的一切回忆被串联到了一起，前因后果。她最后成了试错石，像是古代给皇帝给老佛爷餐前试毒的太监，一项一项试出马其远的喜好与背景，等她"死透"了，再换唐影，抄一条近道。她从微信的字里行间敏锐看出这两人的亲昵，心口像是被人狠狠一拧，被窃取了什么，又无处可说。

想到这里，她心中冷笑起来，对，还有许子诠。许子诠不也是？唐影倒是聪明，光从她那里捡漏，探查了信息，再投其所好。鸡贼又鬼祟！

她想起唐影曾形容过自己是一个勇于拼搏的人，这样的人每一个脚步都憋着劲向上踩着，向上的决心有多强大，脚下踩踏的力量便有多狠厉——而她，无形中成了被唐影踩在脚底下的那个人。

她成了她邂逅富豪阵前冲锋的炮灰。做了她的垫脚石。

而她却始终瞒着她，呵，所谓好友。竟然还觉得她单纯？

瑜伽课音乐舒缓，林心姿的眉却拧得越紧。

老师探查到林心姿的不稳，从她面前走过，抚了抚她的眉，叮嘱："注意保持表情柔和。放松。"

林心姿睁了眼，对上隔壁瑜伽毯上唐影的眸子，见她对自己笑了笑。更像讽刺。她越发生气起来。

一堂瑜伽课60分钟。

结束后林心姿佯装疲惫，一副因为课程强度太大而懒得说话的样子。唐影见她不语，也不提别的话茬，问林心姿下午的打算。林心姿没精打采地说回家吧。

两人走到教室另一头的密码柜取手机。林心姿利索地开了柜子拿出手机扔给唐影。

顿了顿又问唐影："你呢？晚上怎么安排？"

唐影习惯性翻了翻新微信，一小时的时间里，涌上好几条未读，大部分是工作群与项目同事，她先点开王玉王发的，发现又出新状况，一下子紧张起来。注意力都在工作上，嘴上只回："加班咯，还能有什么别的安排？"

林心姿笑了一声："哟，不去喝羊汤呢？"

唐影光顾着看王玉王发来的大段工作安排与文档，未听出弦外之音，依旧机械地回答："大夏天喝什么羊汤啊。"

林心姿没回复了，嘴角捏着冷笑，挺直脊背，一个人走向了更衣室。

等唐影反应过来的时候，林心姿已经不声不响走了。

她一脸震惊，想着这丫头这是怎么了？掏出了手机要给她发信息，这才看到马其远一个小时前发来的，被淹没在一连串工作信息里的那句：

"小影，今晚一起喝简阳羊汤？"

心里一咯噔，她想，完了。

她赶紧打电话给林心姿，想要解释，结果对方秒挂断。又战战兢兢试探性发了一条微信，果不其然，回信的是系统：

"消息已发出，但被对方拒收了。"

唐影叹气坐回休息室沙发，倒没有特别担心：心姿拉黑人是家常便饭，过去但凡和陈默吵架，一定第一时间拉黑。等气消了，再将人放出来。生气时的她是高高在上的女王，用黑名单关押罪人。

她想着大不了等美人闺蜜消了气，再好好解释，反正和马其远也必定没有后续。正准备起身回家，微信嘀嗒又冒出来一条消息。唐影本有些恹恹，一看来信更加疑惑——

发消息的是许子诠。

他发的是一个视频，经过精心剪辑与处理，配上了当红鬼畜音乐《无价之姐》，视频的画面陌生又熟悉，黑白画面。她很嫌弃地发现视频主人公是一个邋遢女人，素颜穿一条连衣裙，头发松松绑一个丸子，在楼道里随着音乐节奏快速站起又坐下、站起又坐下，并伴随卡点时不时靠近又远离镜头……一段被认真制作成鬼畜舞蹈的监控视频。

看第一遍的时候唐影皱了眉头，腹诽这是哪里来的野女人跳舞？

视频自动播放第二遍，直到第三遍的时候唐影噌一下从沙发椅上立起来，脸也噌一下变红，没忍住出口就是一个："去他妈的……"

她认出了画面里那个跳舞的野女人——

是昨晚他妈的在许子诠家门口的自己。

对方估计她应该看到了视频，好死不死又补了信息过来，一脸美滋滋："你是不是超傻的，哈哈哈哈哈哈哈哈哈"

唐影闭眼，杀人的心都有。

对方继续兴致盎然："我做了好久才做出来的这个视频。哈哈哈哈哈哈，喜欢吗？"

唐影没回，告诉自己要冷静。

对方接着："特搞笑有没有？我要一直存着，哈哈哈哈哈哈哈！"

唐影冷冷盯着微信通讯界面许子诠的头像与对话，怎么看怎么觉得这个男人讨厌，一脸得意又开心的样子，像极了地主家的傻儿子。她当机立断，决定拿出大美人的气场，起手刀落，将许子诠关进黑名单。

此刻的她恨不得把手机扔了，脸上滚烫又窘，第一次懂了什么叫作恼羞成怒。鼓足勇气再点开一次视频，捂着脸，每多看一秒钟，都想尖叫着穿越过去杀自己一次。

没过两分钟，许子诠就打了电话过来，声音委屈："喂，你怎么拉黑我？"

她心累："我想静静。"

"渣男"听出了她疲惫的语气，这才意识到自己玩过了火，赶紧解释："不是，我是想表达我很高兴……你昨天来找我……"

唐影没说话了。她只觉得窘迫。

许子诠静了静，又问：“你在哪儿？我来找你。”又补充：“我有很重要的话要对你说。”

她不应。

他低声唤她名字：“唐影，唐影。”温柔里带一点焦急。

唐影低着头，半晌才答他：“我在SKP旁边的瑜伽馆。”

挂了电话。她趴在桌面上，脑子还是纷乱，充斥窘迫与懊恼。女孩心思被人用这种方式拆开，他简直是绝世的傻叉，当然更介意的是——自己为什么不他妈的好好化个妆再去找他。恨完了他只能接着恨自己昨晚跑得太急，只顾关心内衣好不好看，监控摄像头里的自己穿得像个在做康复训练的病患，看不出腿看不出胸看不出屁股……

一边恨，一边听到隔壁脚步声与沙发椅移动声，她抬起头，意外地看到熟悉的身影，那人察觉目光也注意到她。

两人对视——

“唐影！”她惊喜地发出夸张的尖叫。

她怔住，伸手招呼：

“……嗨，Michelle……”

第47章　女主角的腔调，在于不屑和群演争宠

唐影没想到会遇见Michelle。

昨晚才在马其远的局上见到，今天又在瑜伽馆狭路相逢。

Michelle的脸在阳光下呈现出新的变化，唐影看出来她大概是垫了假体，下巴突兀地尖出一块，被日光照出半透明色泽。她今天穿一身运动服，应该是刚刚也做了瑜伽，身材勾勒得惹火。见了唐影，她忸怩又奔放地手舞足蹈起来。她身材管理能力超群，舞动手臂时身上该抖动的地方放肆抖动，不该抖动的地

方则紧紧绷住，夺得一旁路过的男士目光。

Michelle很热情，她用夸张语调说："小影，你竟然也在这里！"

唐影努力寒暄："是啊。刚健身完。"

她又邀请："我也是哦，现在想吃饭，你要不要一起？"唐影一愣，说我叫了朋友呢。

Michelle眼睛眨眨。"是马老板吧？"又叹一口气说，"你们家老马真好，我们家老李每天都没空陪我。"伸手就来挽唐影胳膊。

尽管已经习惯了她的出口惊人，这句话还是让唐影从头到脚别扭起来。她的手凉凉地搭在自己的腕上，像爬了一条蛇。唐影赶紧摇头说："啊不不不，不是马总，是别的朋友。"

Michelle觉察到她的窘迫，神色越发亮："哪个类型的朋友？"

还没等唐影回答，她就看到一个男人朝她们走来：许子诠今天穿着短袖与牛仔裤，像是刚刚着急出门，头发随便抓了抓。他皮肤白，脸小脖子长，轮廓分明，总能在人群中显得出众。

"好货色哟！"Michelle半是嫉妒半是火热，掐了一把唐影。

"你还有朋友一起？"走近了的许子诠意外竟然还有一个女生。

唐影刚想开口解释，Michelle学会抢答："我们是好朋友呢！刚刚碰到，我想约她吃饭，这位帅哥你赏光，把小影让给我呗。"

Michelle对着猎物的时候是好手，说话歪头看人，腻着嗓子，软洋洋的。对着许子诠的眼神半是撒娇，半是挑衅。撒娇激发人保护欲，挑衅唤起人征服欲，二者相加，博一份关注。

许子诠笑起来："那可不行。我有话要对她说的，你把她让给我吧。"

Michelle把唐影拽得更紧，嗔他："你这个男人好小气哦。算了，我批准你和我们一起吃饭。你想说什么，一会儿在餐桌上说啊！"转头就拉着唐影说我们选餐厅吧，唐影被她拽走。没几步，Michelle又回头对许子诠命令："喂，你呀，快跟上。"

她俏丽眨眼，声音依然腻里带滑。

唐影听得都心颤，她回头看了许子诠一眼，见他真的跟上，表情几分无奈，又饶有兴致。这份兴致忽然让她觉得灰心起来，她想起那些情感理论——只撩你却又不着急确定关系的男人，一定不是只撩拨你一个。他对她这样，对一起吃饭的火锅姑娘、对 Michelle，是不是都一样？

又扭头看 Michelle，见她扇动睫毛，褶出人工双眼皮深深的痕迹。她压低声音问唐影：“你喜欢他吧？”

唐影不答，脸色不太好看。

Michelle 咯咯笑起来，接着说：“哎，你刚刚不要生气，一会儿我帮你测试测试他好不好？我很厉害的，这个男人靠不靠谱，我一下子就试出来了！我很热心肠的。”

她说话时表情夸张，眉眼都有戏，此刻一副跃跃欲试申请勾搭许子诠的表情，更是把心思都写在脸上。这类招数她本该不屑，可今天，带着懊恼与昨日在他家门口的灰心，唐影鬼使神差冒出来一句：

“行……”

你随意勾搭吧。

三人选了一家澳门猪扒饭，Michelle 确实不负众望：她本和唐影坐在一侧，刚坐下来，就拿出手机要拍照，一边拍一边说自己是个博主，去哪里都得照相积累素材，可拍了半天，总不满意，她眼睛转转，终于坐到许子诠身边，拿摄像头一比画，开心起来：“哎呀，这个位置光好很多了有没有？”

她自拍了十几张，又软软贴着许子诠哀求：“小哥哥，你帮我挑一张嘛，哪张好？”

她的香水味野心勃勃向自己袭来，许子诠本能要拒绝，后缩一步：“你让唐影给你选，我不懂这些。”

可对面女人却开口，像是和自己赌气，一脸看热闹不嫌事大的样子：“你怎么不懂了？你是 gay 的素质，直男的本质啊。”

许子诠没想到自己这样就被放弃，还没来得及瞪唐影一眼，Michelle 就握着手机扑来："对嘛对嘛，小哥哥你不要找借口，是不是不敢看我的自拍？"

退无可退，许子诠只好一张一张替她看，两个人头凑在一起，从唐影的方向上看去，像一对亲昵的小情侣。

她在对面孤零零叼着吸管喝水，火上浇油，脚下没忍住，隔着桌子，狠狠踹了许子诠一脚。

她鞋头本尖，猝不及防地一下，力道惊人。接着如愿看到桌子面前的那个男人，眉头吃痛一皱。但嘴上仍如常，看着 Michelle 相册里的一张张自拍，端出 gay 的素质评论："这张笑太夸张了""这张眼角有皱纹""这张颈纹深了""这张看起来双眼皮很不自然"……

Michelle 被他评价得不自在，强笑说："你好讨厌哦。"

唐影心里翻白眼，要抽回脚——这才发现动弹不了：她派出去偷袭的那只脚，被对方以一个巧妙的角度勾住。他们坐的是方桌，面积不大，又垂着桌布，掩盖住两人暧昧的角力。她试着使劲硬拔，结果人家力气更大，稳如泰山。

她今天穿着裙子，小腿光溜溜套一双尖头平底鞋，这会儿一脚悬空被他制住，不安全感袭来。唐影这才发现，为什么那么多情色场景都热衷以桌子为道具：桌子上衣冠楚楚体面交谈，桌下看不见的地方，正好肆无忌惮。

他穿着牛仔裤的腿扣着她，他的体温隔着粗糙布料温热摩挲她的小腿肚子，别样的温度，任她怎么使劲都纹丝不动，像是两个人本是一体。这样的想法入脑，下一秒，唐影脸倏地红起来。

"选好照片啦！谢谢小哥哥。"Michelle 快乐宣布，又贴着许子诠小声撒娇，"好谢谢你哦，可不可以加你微信？"

许子诠睨唐影一眼："你不是有吗？推给人家。"

话虽这么说，脚下又使劲，将她往自己方向扯了扯，像是警告。

唐影差点被从椅子上拽下，扶住桌子沿，云淡风轻又咬牙切齿地对 Michelle 说："哦，好啊，以后推给你。"

以后是一个虚词。类似于“有空再约”，可以直接理解为“再也不见”。

许子诠满意了，勾唇冲她笑，眼睛也弯弯的。像是终于玩够，往椅子上一仰，变换坐姿，释放“俘虏”。

一顿饭吃下来，唐影才发现 Michelle 能傍上李总是有理由的。比如她花招实在是多，要么一边说着话，一边不经意将外套脱下，露出白花花的胳膊，说到兴头手舞足蹈，胸前跃跃耸动；要么在唐影与许子诠聊天时，若无其事伸手拿过许子诠的杯子，印下唇印，然后在别人目瞪口呆的表情中佯装惊讶：

“哎呀。拿错杯子了！”再歪歪头，把水杯还给许子诠，天真叮嘱，“小哥哥你一会儿喝水要小心哦，要是间接接吻的话，会好害羞！”

招式错综复杂，许子诠也头大，被 Michelle 团团缠住。碍于礼貌，嘴上还得敷衍。

从唐影的角度看上去，“渣男”应接不暇，节节败退，似乎马上要被收入麾下。她心里冷哼，果然来者不拒。

这么恨着他，下一刻手机震动，发信息的却是对面那位。许子诠被她微信拉黑，又给她发了短信——

“你哪里搞来的这个神仙？”

“噢？你觉得是神仙？小仙女？”她愤恨啪啪啪回信。

“……仙女？妖怪吧……”许子诠叹，“说实话，你是不是因为视频怀恨在心，所以存心搞我？”

“是别人想搞你。从了吧。”

界面显示“对方正在输入中”，唐影等了一会儿，又等不到回信。她抬头，桌子对面 Michelle 已经无限贴着许子诠，十指纤纤替他理根本不需要理的领子，一边理一边腻腻赞叹：“小哥哥，可不可以碰一下你的喉结……”

一顿饭吃了一小时不到，终于结束。三人走向商场门口的时候，Michelle 早已忘记唐影是自己闺蜜的设定，只顾粘着许子诠说话，从自己家的两只猫胡乱扯到区块链、MCN 和粉丝经济，又说起贵族家世，比如自己家在美国有一座霍格沃茨式的建筑古堡。正当许子诠开口问两人怎么回家时，Michelle 脚下精准踩空，伴随一声尖叫——

她成功崴了脚。

似乎是真的疼，也不排除她平日修习过戏剧表演课程。Michelle 眼眶泛红，浅棕色美瞳下的汪汪泪眼望着许子诠，就连下巴里新塞入的假体都有戏，维持出一个凄苦弧度。

她一只手抓着许子诠衣角，呜咽恳求："小哥哥，我起不来……"

许子诠无奈看了唐影一眼，伸手拉住 Michelle。下一秒，她稳稳当当将自己泼进了许子诠怀里，发出咝咝的诱人抽气声：

"诠，送我回家好不好？"

声音酥到唐影都腿软。

Michelle 身形本就矮小，圆乎乎的肉弹。如挂件一般坠在许子诠怀里，画面实在有些香艳。

此刻许子诠面对的考验有些像千年之前的柳下惠，只不过——历史上下五千年，坐过龙椅的男人数百个，坐怀不乱的男人却只有一个。唐影这才悲哀承认：他只是一个男人，会犯所有普通男人都会犯的错。何况他还是一个喜欢美女且对美女来者不拒的男人，他犯错的概率，甚至远远大于普通男人。

心酸起来。

她在这个瞬间不是没有想过，也像 Michelle 一般崴个脚或者摔个跟头，哭哭啼啼与她争宠，你敢露个沟我也可以撩个大腿，大不了就在此地纠缠，看许子诠更心疼谁。

但又有什么意义呢？

这么多年的经验告诫她，和傻 × 较劲是一件非常危险的事情。

这件事情的愚蠢与无力程度可以类比在互联网上和陌生人真情实感地吵架。但凡你认真地将一个自己都看不起的人当成敌手，就不得不和他们使用同一套规则，而在他们的 BGM 里，没有人能够与之为敌。

她不可能为了许子诠放弃自己的腔调与底线。而许子诠，他也应该有自己的应对。

女主角没有义务与群演争宠，属于女主角的腔调，是在发现男主角犹豫时，当机立断，帅气转身离去。

所以最后，她对着空空的水泥地面开口，没看许子诠也没看 Michelle，尽量语气轻松：

“行吧，那你送她回家。我先走一步了。”

[节选自豆瓣阅读]

【粉丝评论摘编】

@赫拉扎德：

目前为止非常喜欢对林心姿的描写，林心姿是一个具有普遍代表性的角色。她可能是你的室友、你的闺蜜、你的情敌，甚至可能就是你。绝对称不上单纯，但也绝不是一个坏人。是一个灰色的，在社会中漂流的姑娘。你可能会厌恶她的小小心机，但也可能会叹息。

你用不着爱她，她只是真实地存在在那里，仰着脖子往上注视，试图主宰自己的命运，结局好坏难以预测。

（选自豆瓣阅读，2021 年 5 月 11 日）

@慕容兔兔：

这部书里很有些物质流俗，可俗得精致，俗得活色生香，俗得有滋味儿，人民币知道往哪儿撒。作者向我敞开了另一个世界的大门，如一曲衣香鬓影的

《丽人行》。我平时只会在后海酒吧街热情的招呼声中慌不择路，如同唐僧逃离盘丝洞口，之后拐个弯一心往烤肉、火锅和小龙虾的方向钻，喝酒怎么顶饱。没有那样的交游，所以更觉新奇，原来我不是不爱看热闹都市里的故事，而是因为贫穷确实限制了部分作者的想象力，就比如精英律师请得起秘书请不来助理，霸道总裁能把民政局搬到家来。

（选自豆瓣阅读，2020 年 6 月 3 日）

@喃昭玙：

《装腔启示录》像一个扩写了的中国式脱口秀。阅读体验也很有脱口秀的 feel。

该有的段子（灵堂会议），结构，巧合（羊肉汤），call back[①]，金句，梗（杨超越），犀利的戳破，还有生活感悟下的点点温情，都有了。

我现在在想，当作家挣钱还是脱口秀演员挣钱。

（选自微博，2021 年 8 月 19 日）

@maggio：

现实都市中的装腔与试探，最终结局归结于美好的生活。

这是一个充满装腔的故事，故事开头就糊了一脸的文艺和逼格。

然而随着故事的发展，文中属于装腔的部分越来越少。

直至最后，所有人都找到了自己的归宿，而每个人逐渐趋向于生活中的平静和美好。

真好。

（选自优书网，2020 年 9 月 16 日）

（导引、简介、节选、粉丝评论摘编：马哲）

① 脱口秀里的 call back 指扣题。先讲一个笑话，几分钟之后再把那个笑话的内容重复一次，但不是简单重复，而是要让这个重复变得更有意思。

起于“装腔”，止于“启示”
——评柳翠虎《装腔启示录》

马　哲

在《杜拉拉升职记》《小时代》《失恋 33 天》这些“小妞文学 / 电影”成功后，作者和版权方对这类作品的打造可以说是驾轻就熟。古怪变态的上司，亲切聪慧的导师，精明有趣的闺蜜，再加一段受挫的恋情，一个可以信任的恋人，把这些人物和桥段外加“北上广”的地标性建筑打包，配置给一个青涩的刚步入社会的女大学生……一部青少年和大学生爱看的都市童话就成了。从这个角度来看,《装腔启示录》是工艺合格的文化商品。

这部“时尚”小说最大的特色就是为读者呈现出一个催人奋进的鎏金社会，轮番展示那些时常出现在品牌广告里的符号与场景：名牌大学、高档住宅、CBD[①]白领、时尚服饰、精美菜肴……洋溢着成功与金钱味道的元素在作者的调度下，系统性地构成了一个封闭、完善、令人目眩神迷的大舞台，小说人物在其中装腔作势，读者流连忘返。对于那些闪闪发光而又极具稀缺性的东西，人们总是忍不住好奇。阅读《装腔启示录》，这种好奇心必能得到满足，看“七分美女”“顶级富豪”“名校毕业生”“帅气的金融雅痞”这些占尽优势资源的社会精英互相撩拨、过招，给被困于日常的读者极大的八卦快感。

柳翠虎擅长使用对比和反差的手法讲故事，在极尽能事渲染出财富和权力令人艳羡、催人向上的气氛之后，又毫不避讳人性的贪婪和阴暗，细致入微地展现了涉世未深的年轻人在诱惑和理想面前的自大与困窘。因此，在人物表现

① 即中央商务区。

上达到了一种近于强曝光的效果，清晰有力地映射出他们拜倒在金钱和权力之下的虚弱、疲软、乏力。

原始的狩猎法则是贯穿《装腔启示录》的惊鸿一笔，柳翠虎在为读者展现北京国贸 CBD 的繁华、发达之后，也将他们带到了一个充满着竞争和掠夺的野蛮社会。这样的例子在故事中比比皆是:在展现了唐影的上司“大王”和客户“婊姐”有钱任性、有权嚣张的一面之后，作者转头就揭穿了这两个人穿假名牌、编造经历、婚内出轨的老底；在美女林心姿乐此不疲地应对各路追求者，给他们打分、出难题时，作者也并没有忘记一次又一次让终极“舔狗”在美女的怀抱背后露出猥琐的笑容。终于，林心姿的男友对她无微不至的照顾发展到了人身控制的那一步，曾经的美好演变成了令人窒息的危险。原来，美女毫不费力得到的那些呵护和体贴之下可能是算计和控制。

但如果和《杜拉拉升职记》《小时代》《欢乐颂》这些中国本土的“小妞文学”代表作相比，《装腔启示录》缺少了一分“合为时而著”的底气。十年前横空出世的杜拉拉赶上了全球化经济的利好期，外企不仅能为年轻人提供丰厚的报酬，还有完善的培养体系，所有人都相信未来会更好。而以“90 后”为目标受众的《小时代》出版和上映，恰逢互联网经济热潮，更好的未来看似已经到来，不过富家女顾里仍旧流着泪对同为“富二代”的男朋友说:“没有物质的爱情就像一盘散沙。”——强权的话语开始取代奋斗的逻辑。待《欢乐颂》播出后，剧中人物樊胜美一次次因为被原生家庭拖累的遭遇登上微博热搜，“阶层固化”的阴影已然挥之不去……

与这些作品相比，《装腔启示录》对时代性的把握和发挥尚欠火候。尤其是在“后疫情”状态的当下，经历了 2020 到 2021 年漫长的隔离与封闭之后，曾经摇曳多姿的都市像一场黄粱美梦，醒来后索然无味的人们需要的是修养生息。奋斗的逻辑早已被“躺平”取代，“996”的节奏更让年轻人无暇经营生活，更无暇婚恋。此时再看唐影的经历，精彩有余，吸引力不足。作者未能把握住都市经济和女性生命内在律动的最新节奏，止于“启示”，仍是以写“指南”的方式处理都市女性题材。无论作者的主观意图如何，作品最终呈现的客观效果，是愈演愈烈的雌性竞争和无意义的感情内耗。当唐影以一个更年轻的成功男性对自己的倾慕，向来自家乡的初恋证明自己的成长时，小说的立意与女主人公的生命力都走向了下坡路。故事的真实感令人感到亲切、受益，但在真实感之上，如果还有“美”还有“梦”，读者才会爱这个世界。

比唐影更有意思的人生，或许是作者柳翠虎本人的经历——她从北大法律系毕业后也曾经进入一线律所从业，作品中的场景和细节描写离不开她的真实体验。但现实中柳翠虎放弃了唐影那种开足马力、一往无前的奋斗人生，选择了一份“955”的工作，过上了“有自己时间”的生活，才写出了《装腔启示录》。柳翠虎的舍和得，或许更具时髦味和“装腔”的调调，这正是“小妞文学”的受众们乐在其中、反复咂摸的。时代的两面性，一面是“内卷”，一面是蓬勃兴起的“体验经济”。在此背景下，时间是比美貌、学历、职场 title[①]更具诱惑力的资源，而“小妞文学”这支都市 / 女性的双重奏，始终为这个时代最稀缺的资源奏响，方能激起都市女性心底的热望。

① 即岗位称号，也是公司地位的象征。

十六和四十一

三水小草

三水小草，晋江文学城驻站作者，2012 年起在晋江创作长篇小说。擅写美食文，凭借《心有不甘》（2014）、《上膳书》（2019）、《吃点儿好的》（2019）等作品收获大量粉丝，被读者戏称“一看就是真的做过饭”。作为言情小说作者，三水小草偏好“女强”设定，多以女性成长作为故事主线。2019 年完结的《枕边有你》以夫妻互换身体的设定讨论女性职场、婚育等问题，在微博、豆瓣等平台掀起广泛讨论，被不少读者认为“唤醒了自己的女性意识”。

《十六和四十一》从 2020 年 12 月 14 日开始在晋江文学城连载，2021 年 3 月 9 日完结，全文共计约 29 万字。小说讲述一对单亲家庭的母女互换身体的故事，以温情的笔触带领读者不断追问“何为母职”。在讨论女性处境的脉络上，《十六和四十一》堪称《枕边有你》的续作，不同于在性别二元对立中展开的《枕边有你》，《十六和四十一》的故事全部发生在女性内部，情节冲突性不强，思考却更加深入。受题材限制，《十六和四十一》热度一般，收藏量将将破万，但几乎每一位留下评论的读者都被它深深触动。

【标签】女性　母亲

【简介】

四十一岁的售货员何雨和自己十六岁的学霸女儿何默默，在一次争吵后突然互换了身体，这一切只有当两人真正相互理解时才能结束。于是，顶着妈妈皮囊的何默默初入职场，逐渐意识到“妈妈”这一身份实际将拥有无限可能的何雨束缚在了原地；重返校园的何雨则发现，完美女儿何默默曾有一段被迫放弃的友情，十六岁的“懂事”背后藏着的是一个孤独女孩强烈的自我怀疑。日常生活被重组为母女二人的探险之旅，一个又一个关于女人的问题也在旅途中不断涌出。

选文共三段，分别来自正文第 25 章至 26 章，第 29 章和第 48 章。第 25 章至 26 章，讲述何雨与何默默的第一次强冲突。婚姻失败、事业无成的何雨将自己的人生视作一片荒地，何默默因此质问，自己是不是妈妈厌弃人生的一部分，二人由此逐渐互相打开心房。第 29 章是抓流氓事件中的一节，女高中生盖欢欢因被流氓猥亵而厌弃自己的女性躯体，何默默身体中的何雨通过袒露自己的方式开解其心结——女性性征并不肮脏。第 48 章描写了遭受生父家暴的时新月在十八岁生日当天，将起诉父亲作为送给自己的成人礼物，此前时新月母女引发的何雨与何默默母职观念上的冲突也在本章得到解决。小说围绕何雨、何默默两人展开，同时又塑造了时新月、林颂雪、于桥西等可亲可爱的女性角色，将理念融入生活故事，映照现实，叩问人心。

【节选】

第 25 章　荒地

（前略）

“默默你想吃点儿什么，妈妈给你做。”

何默默说：“我做了小米粥。”

“哟，我家默默会照顾自己了呢，还熬了粥。”

用勺子在锅底搅了一下，何雨对自己的女儿说：“我给你做香油鸡蛋啊。”

糖水加姜片煮的荷包蛋，再多倒一点香油，是何默默的姥姥传给何雨的“病号饭”，生病的孩子总能吃到香甜味道里掺着点辣的软软滑滑的鸡蛋。

说话的时候，何雨已经把水烧上了。

“妈妈你休息一下吧，别太累了。”

何默默裹着毯子站在厨房门口看着，站在灶前的人是“自己”，眉目温柔，满是关切，捧着一颗心在操劳。

这是她妈妈。

很长的时间里，何默默看着这样的妈妈，什么话都不敢问，她能感觉到一种近乎凝固的深沉的爱，这份爱是保护她的墙，也是她不可逾越的墙，直到她自己变成了“妈妈”。在她意识到妈妈不只是妈妈之后，她试图用自己的努力去翻越和寻找什么，却也一次又一次地失败。她很难过，妈妈也很难过。可是妈妈的难过从来不说，就像对她今天这样类似离家出走的行为，妈妈也不肯表达自己的着急和愤怒。

妈妈的爱是沉默的，又是理所当然的，就像她跑五六百米去找医生买药，回来也不会说什么。这不是她的功勋……可这又是什么呢？一份天经地义的付出吗？

在接受爱的自己是面对着墙壁的人，在表达着爱的妈妈，也在自己的围城里。

这是一种很奇妙的想法，明明此刻是站在厨房的门口，何默默却觉得自己的灵魂到了一个更高的位置，她看见了两个框子里的两个人。

一个框子里是她，一个框子里是妈妈，还有一个更大的框子框住了两个小框子，还有一个更大的框子在套住很多很多人。

“妈妈，你说，我什么都可以跟你说。”

何默默听见了有人说话，她恍惚了一下才意识到是自己在说话。

“是，我是这么说了。”何雨眼睁睁看着自己抓着铲子的手冒出了青筋，她的语气还是正常的。

“那你，是不是早就知道，林叔叔提的，提了个建议，他说我……他说那个人想让我去国外？”唇齿艰涩，何默默用手抠着厨房的门框。说完，她的嘴唇就抿成了仿佛掰不开的一条线。

何雨把铲子放在一边，说：“是，我知道了。”

“您是怎么想的？”

“你是怎么想的？”

“妈妈，你说了我可以问你。”

家里的空气不知道什么时候变得紧绷了起来，水开了，何雨打了鸡蛋进去。

“默默，你觉得妈妈会怎么想呢？”

“我不知道。”何默默深吸了一口气，“我只知道我妈妈希望我的人生跟她的一点也不像，我不知道到底什么样子才是不像，因为我连在我妈心里她自己的人生是什么样子的都不知道。我不知道标准是什么，我不知道我妈妈会不会就因为希望我不一样，所以要把我送走。今天桥西阿姨说的话每个字我都能听懂，她是你最好的朋友，她是对你说这些话的。我什么都理解，可我还是好难受，在她的眼里你的生活一定糟透了，因为有我！这才是，这才是跳出了一切框架看着你做出的评价，这是真正爱你的人做出的评价。”

何默默擦了一下眼睛，上面竟然没有泪水。

“我不知道该怎么做，我一直以为只要我是最好的孩子一切都会变得更好。但是现在根本不是这样，即使我再好也没有用。即使我再好，在桥西阿姨的眼里你还是糟透了。如果你一直留我在身边，甚至还会更糟。我想反驳这种观点，可我一点依据都没有。为什么会这样？为什么我想反驳她，但是我第一时间想到的是，即使我成了最好的孩子也没有用，因为我的妈妈还是讨厌自己的人生？！”

面对着冒着热气的锅子，何雨闭上了眼睛，有什么东西在滴答作响，在她的心上。她缓缓地，不紧不慢地说：

“默默，妈妈的人生失败跟你没有关系。你妈我就是这种人，傻，一根筋……我没当过好女儿，你姥爷去世我连最后一面都没见到，你外婆我也没照顾好。我也没当好一个朋友，当年你爸跟我闹离婚的时候你桥西阿姨正是最忙的时候，我一点忙都没帮上。我喝酒，唱歌，还要她挺着个大肚子满城地找我。你妈我也没什么事业，十几年了还是个销售，去办事处开会，新来的员工个个都跟你差不多大，我的年纪都够当她们妈了，还要跟她们争业绩。”

何默默努力让自己别蹲在地上，听妈妈说这些话，她一点也不好过。

“我像你这么大的时候，骄傲得不得了，天天出去玩儿，也没好好学习。你姥爷宠着我，我想做什么都鼓励我。那时候我觉得整个世界都是我的。结果你姥爷突然没了，我知道的时候，你姥姥已经眼睁睁看着你堂舅他们把他给火化了。我连我亲爸死之前穿的什么衣服我都不知道。那时候我在想什么呢？默默，我真的远不如你，妈妈那时候不知道应该自立自强，不知道应该让自己努力学习变得更好，高考就考了个大专，还是要花很多钱的那种，你……他，就那个人，他在北京读书，我去了北京，住他们学校门口特别破的小招待所，每天什么也不干就等他下课，去他宿舍收了他的脏衣服去洗……那时候我以为我是成长了你知道吗？我不要这个世界了，我就要一个小小的家，我总能要到的，你看，我多傻啊。妈妈在该懂道理的时候什么都不懂，这才是你妈妈为什么把日子过成了现在这样。我为什么说我希望你别像我，我怎么能让自己的女儿也变得这么傻呢？

“如果说讨厌，妈妈讨厌的是自己，也只有自己。”

鸡蛋有七八分熟了，盛在放了白汤点了香油的碗里，何雨端出来，绕过何默默放在了桌子上。

“先吃鸡蛋吧。”

何默默坐在了餐桌旁，这是她第一次不是从妈妈和别人的只言片语中触及妈妈年轻时候的样子，每个字她都认真地听在了心里。

何雨拍了拍她的肩膀。

“你桥西阿姨会那么说，是因为她总觉得应该风风光光地过，我怎么可能风光得起来呢？学历不高，人又不聪明，也没有你桥西阿姨那么敢想敢拼。你看，你姥爷留给我的店，我都没想过自己开个什么经营一下，就吃每个月那点儿租金。至于说再找一个，默默，妈妈实在不信自己能再找一个好的。所以，她说的话你也别当真，妈妈啊……”

走进厨房里的“女孩儿”有细瘦的肩膀，白皙的颈项，和遥远不可及的未来。

何默默看着“自己”，恍惚间觉得自己看见的是真正的十六岁的何雨，十六岁时什么都还拥有的妈妈。

“妈妈这半辈子算下来，一直是一道减法题，这也没了，那也没了，唯独你，你是在给妈妈做加法。有时候我回头看看这辈子，荒凉的一片空地上，只有你，长着叶子开着花，那么……努力。”

背对着女儿说这些话，何雨努力让自己说出口的声音好听一点儿，好听地承认自己的失败和沮丧。

“妈妈讨厌什么都不讨厌你，你是唯一的那棵树啊，妈妈怎么可能讨厌你？妈妈只是有时候，真的只是有时候，在想我女儿这棵树，是不是能长在更好的地方……”

“没有所以！”

何默默的声音尖厉得如同尖叫。

“没有所以！没有更好的地方！没有你就没有我，没有更好的地方！”

女儿终于哭出来了。

放下菜叶子，何雨几步走到外面抱紧了她在哭的女儿。

“不去就不去了，默默，我们不去，妈妈不让别人带走你。”

“你不懂，你还是不懂，没有更好的地方，没有更爱我的人，没有，没有。我不是在荒地上长出来的，我不是！我明明是你耗尽了心血才养出来的，我不是在荒地上长出来的！”

我的妈妈，她的人生怎么可以是一片荒芜？！

第 26 章　谎言

何默默哭了很久，哭到香油鸡蛋都凉了，哭到锅里熬的小米粥都冒出来了。

何雨只在火被粥水扑灭的时候短暂地离开了一下，其余的时间她都抱着自己的女儿。

“妈，你不是荒地。”

何雨在笑，是带着眼泪的笑。泪水止不住，笑也止不住。

“那我是什么呢？”

这是何雨半截人生中无人可问的问题，她是什么呢？不是一片抛弃后一无所有的荒地，不是一棵棵树被砍掉一朵朵花都被摘掉的旧时花园，不是耗尽了所有养分最后只有一棵树自己生长出来的贫瘠荒野，她是什么呢？

“默默，你告诉妈妈，在你的眼里妈妈是什么啊？妈妈就是你妈妈，是当了你的妈妈，妈妈才觉得活着还是有滋味儿的，这以外啊……妈妈什么也不是，很多时候是你带着妈妈往前走的你知道吗？我看着你那么拼命地去学习，我就会想，我得再好一点儿，至少我得多赚点儿钱，我不能有一天我女儿能上最好的大学了，结果我连她的学费都拿不出来，那样的话我的人生可就彻底失败了。”

何默默还在哭，缩在她妈妈的身体里，躲在“自己”的怀抱里。

“你不用为妈妈觉得难过，我觉得这一辈子这个样子也没什么不好。前一半的人生什么都好，然后什么都没了，后一半的人生让我的女儿鼓励着我走出来了，我自己让自己活得普普通通，足够了，真的没什么不好。”

“不是普普通通。”

何默默终于想起来从桌上摸了纸巾来擦自己的鼻涕。

“不是普普通通，不是荒地，不是被抛弃的人生，不是什么都没有了只剩我的人生……”

不应是，不该是，不是一个贴着妈妈标签，此外一无所有的剪影。

说着说着何默默打了个哭嗝，把她妈逗笑了。

妈妈的笑声并没有让何默默的心里好过，从几天前意识到妈妈不只是自己妈妈开始，她一直在寻找妈妈除了自己之外还拥有的东西：

“很多人很喜欢你，不是那些男人。妈妈，左心阿姨有时候就会跟我讲你以前一直照顾她，她把我当成你，做了肉都想分你一份。刘小萱姐姐也喜欢你，我知道她平时喜欢偷懒，但是今天我这个‘何雨’病了，她擦地什么的都主动去了。很多人都希望你有新的男朋友，能幸福，你的同事是这样，还有桥西阿姨，还有我姥姥。还有……还有我的同学，时新月和我同桌了那么久，我从来没有关心过她，可是你有。我现在想明白了，你说过的那个帮助了时新月的人就是你，你就是你说的那个英雄。还有贝子明，我一直觉得他好讨厌啊，不想跟他说话，但是他也愿意把笔记借给你。许卉也是，其实我知道她不喜欢我，因为一开始老师找班长的时候先问了我，从那之后她就一直想把我比下去。可她喜欢你，愿意把笔记借给你。还有林颂雪，她也是，知道了我身体里的是你，她也没讨厌你，因为在她眼里你是个很好的人，她也喜欢你的。妈妈你看，我发现了那么多人都喜欢你。”

何雨突然觉得自己的女儿比自己印象中还可爱，实在是太可爱了，也只有这些孩子，才会小心地把这些帮助和关爱当成人生的价值吧。

“默默，别人喜欢我，也不一定是喜欢我，可能就是帮了我一把，你因此就觉得妈妈的人生很好吗？”

何默默沉默了一下：“这不是唯一的标准，但是被很多人喜欢，这样的人一定很善良，很热心，很讨人喜欢，这些东西其实很难的。”

自认为人缘不好的何默默同学深有感触。

结果她妈一下子从情绪里出来了：“觉得很难你倒是多跟人交流啊，交流都不愿意你还说难，我跟你男同学说两句话看把你吓的。”

眼泪还没擦干的何默默：“……”

刚刚还抱着女儿觉得她特别可爱的何雨：“……”

何雨摸了摸她女儿的头：“妈妈刚刚那句掐了不播。”

何默默努力忍住，没忍住，鼻涕还没擦干净呢就笑了。

“妈妈懂你的意思……默默，以后，妈妈努力不这么想好不好？你不想妈妈觉得自己的人生失败，那妈妈就学你，去看看有没有点儿发光的地方，好好工作，搞搞事业……再怎么做呢？”

再怎么做呢？

何默默也不知道，她所知道和推崇的是一往无前拼尽全力的人生，她不知道妈妈现有的人生怎么能更好。

看女儿在很认真地思考，顶着自己的脸，何雨抬手捏了一下。

“别着急，慢慢想，你帮妈妈想，妈妈自己也想，这么多年都过来了，不差这几天。”

“你不能再以为你是荒地，虽然我觉得我的话还没有说服力……但是，但是什么事情都应该有一个起点，这个起点在你心里。”

何雨的手从“自己”的脸上放下来，她笑着说：“好。”

“妈。”

在何雨放开了何默默之后，女儿又叫住了自己的妈妈。

“我不会离开你，我不去美国，我想要的我自己能挣到，我不需要抛弃了你和我的人施舍什么给我。你说我是你人生里的一棵树，就请你相信这棵树，它不会歪的，也不想去别的地方。”

何雨转头看向“自己”，表情那么坚定，眼睛在发亮，热诚，真挚……美好。

仿佛世界上另一个一直向前的何雨，她没有走错路，没有信错人，没有轻易就放弃了自己。

这不是她，这是她的女儿。

也……挺好的。

“好。”她的唇角颤抖着努力勾勒出一个笑容，“妈妈相信你。”

锅里粥是热的，给女儿把鸡蛋热了一下，何雨看看天也黑了，也不想折腾炒什么菜了，从冰箱里拿出速冻饺子放在锅里刷油又加水地做了两盘煎饺。

吃完饭，何默默要刷碗被妈妈赶去学习了，还被监督着吃了新买的感冒药。

“止咳糖浆你一次喝一大口，别小口喝，顶什么用啊，喝完了记得喝水。”

于是何默默开始学习之前在桌子上摆了一大杯热水。

何雨刷完了碗又去擦地，今天这么潮，都得用干拖把拖。拖完了放在卫生间，等天气好了再洗，防着在卫生间里沤出味儿。

和女儿说的每个字都在何雨的心上跳，其实她说自己要改变的时候很真诚，很真诚地在撒谎。多好啊，她从女儿的心上借了一股勇敢，假装自己可以努力换个活法儿。但是，明知道是谎言，她的心却一直在跳。从她听见女儿说“妈妈不是荒地”开始，好像什么地方有一场雨，下在了干涸已久的地方。那里藏着什么东西，想要生根，想要发芽。

擦完了地，何雨坐在了电脑前。

今天据说什么帮会要和什么帮会为了个情感纠葛打架，她本来以为自己半夜回来是看不了热闹了，现在这个时候是不是打得正痛快呢？

中年女性对这种八卦真是完全没有抗拒能力。

刚登上游戏，家门就被敲响了。

"何雨你怎么回事儿，你还没跟我说清楚呢。赶紧开门儿，我给你们娘俩儿带饭来啦。"

是于桥西那货在门外呢。

何雨看看何默默紧闭的房门，再看看自己面前这马上就要看的热闹。

"于桥西你个二傻子你现在跑过来干什么？"

"一听骂我就知道这真是你了，还问我干什么？"门一开于桥西就拎着两个饭桶挤了进来。饭桶是真饭桶，直径十五厘米，高度三十五厘米以上，"你他妈换了芯子了，我可不得来看看到底是怎么回事儿？"

说话的时候于桥西那双眼睛还往房间里溜，看见里面的卧室门是关着的，她抬起头对着何雨使眼色：

"让我话伤着了，在里面哭呢？"

说话的时候于桥西难得语气有点儿虚。

何雨看她那样，一根手指头戳她脑门儿上："现在知道自己天天放瞎屁了吧？什么话都乱说。"

"我也不知道你们换人了呀！你披着你女儿的皮戳我，我真是浑身鸡皮疙瘩起完了。"

于桥西把东西递出去，熟门熟路地找了自己的鞋换上，知道现在这个年轻孩子是自己这二十多年的老姐们儿，她上上下下仔仔细细地看了一圈。半晌，她憋出来一句：

"雨啊，你可真是赚大发了！"

何雨："……我就知道没个正经屁了，别嚷嚷了，等个几十天就换回来了。"

于桥西拣了个椅子坐下："几十天也行啊，现在让我变成个十几岁小姑娘我先卖套房子买衣服然后上街勾搭小伙子去。"

何雨笑她："得了吧，你也就嘴皮子厉害，你真年轻的时候也没勾搭啊，谁敢跟你凑近乎你不跳起来把人给揍地上？”

“那时候是傻，再说也没钱啊。重点不是勾搭到了谁，是勾搭的过程你知道吗？年轻，有钱，又穿的漂漂亮亮的，那不是别人来贴着我？看看这小手，以前没发现啊，默默一身好皮子，随了你点儿好处……手指头也好看。”

何雨猛地把手从于桥西的手里抽回来。

于桥西翻了个白眼儿：“摸的是你，又不是你女儿，看把你紧张的。”

何雨抬手想打她：“你还在这儿跟我瞎闹，今天要不是默默心里什么都明白，没把你的话往歪了想，咱俩就得死一个了。”

“行啦，这不是没事儿嘛。再说了，我说的也是实话，她今天不知道明天不知道，以后还能不想？等她长大了就知道我说的话是对你们两个都好了。怎么样，你们俩聊了聊，她说什么了？”

听见这句话，何雨泄了气似的靠在椅子靠背上。

“这种话你以后别再说了，别跟默默说，也别跟我说。有钱没钱，她上大学我能给她的都给她。要是她有一天觉得没出国是错的，想恨，那就恨我吧。”

于桥西恨不能捶死面前这个小姑娘版的何雨。

“你怎么又把自己往里面绕呢？”

“至少现在，默默跟我说，她不走。她不光不走，她还让我看看你，看看我那些同事，让我想想我日子怎么往好了奔。”想起一个小时前自己的女儿，何雨笑了笑。

看着她的表情，于桥西“哼”了一声：“她就是个孩子，还傻着呢。”

“你和我当孩子的时候可没她这个劲头，我是发现了，我女儿……至少我女儿过去十六年说到的事儿没有没做到的，她说她想靠自己的实力去自己想去的任何地方，我为什么不能信她呢？”

于桥西撑着脑袋的手放了下来，稍微正了一下身子：

“这话，不像是何雨能说的。”

“是啊，以前的何雨说不出来。”

女孩儿的脸庞过分年轻，她面带微笑，看了眼之前有人坐在那儿哭的位置。

“我现在能说出来了，我信我家默默，以后会后悔，现在我也信。”

第 29 章　不脏

（前略）

时间一秒一秒地过去，盖欢欢出神了很久，突然小声说：

“何默默，是不是什么题都难不倒你？”

何雨在心里疯狂点头认为没错，她女儿就是聪明可靠全校第一，嘴上说：

“嗯……任何问题都会有一个解决方案，你如果想不出办法，可以说出来我们一起解决。”

“是吗？”

盖欢欢又安静了下来。

她的眼圈儿红了。

“那你告诉我，为什么我是个女的呢？”

说话的时候她又抱紧了手臂。

隔着宽松的校服外套，也能从轮廓上看出女孩儿的胸部被她的动作挤压在了一起。

何雨的喉咙一紧，她成人的思维从盖欢欢的语言和动作细节里发现了一些东西，一些她绝不想看到发生在孩子们身上的东西。

“什么性别都没有错，错的是人，是一些人太恶心了。”

“是吗？”盖欢欢微微抬起头，她盯着何雨的眼睛，“那为什么，我现在觉得自己这里，这么脏？”

她捂住了自己半边的胸。

“我就是骑自行车来上学的路上，我什么都没有做，那个人他就骑着车到我旁边，然后就抓我这里，抓完了他就走了……”

随着话语，女孩儿的手指慢慢地收紧，白皙的手背上暴起了青筋。

“只有我留在那儿，我对自己说没什么，我只是遇到了一个流氓。但是我特别想哭，可是我不能哭，有人穿着我们学校的校服从我旁边经过。我不能哭，我哭了别人就都知道了。”

盖欢欢哭了，眼泪从她的眼睛里流了出来，痕迹蜿蜒在稚嫩的脸上。

“为什么呀？我什么都没做啊，我就是骑车子来上学，为什么他就盯上我了？”

眼泪抹在袖子上，盖欢欢的声音已经失了腔调，近乎尖叫：“他还在笑！那个人他还在笑！我在这儿坐了这么久，他还在笑啊，他怎么还在笑啊！”

何雨站起来，抱住了盖欢欢的脑袋。

“欢欢，欢欢，这不是你的错，你什么都没做，他就是个傻×、变态、流氓，他一辈子像个厕所里的蛆虫一样只敢躲在暗地里欺负小姑娘。我跟你讲，发生了这种事情他什么都得不到，你什么也没失去，知道吗？他就是个下作的傻×！”

“我觉得好脏啊，他怎么会什么都没得到呢，他在笑啊。”

“他笑是因为他卑鄙，他懦弱，他觉得你会害怕他才会笑的，你知道吗？”

没人看见何雨的脸庞，她此刻的表情坚毅而轻蔑。

“这种人永远都在这个社会的最底层，他这辈子都比不上你。真的，你相信我。你会长大，变成熟、勇敢，那种人走在街上看见你都会低下头的。你相信我。”

盖欢欢把脸埋进“何默默”的腹部，号哭着说：

“你说的我都懂，可我还是觉得他的手还在这儿！好脏啊，真的好脏啊。我不知道我为什么要长这个。我现在好难受啊，何默默，我好难受啊！”

“他的手不在了，他这辈子都不会再摸到你了，真的。”

“在啊！怎么会不在，何默默，我现在真的觉得我好脏啊！我一直以为我什么都知道，学校发的教育手册我也都看了，更多的我也不是不知道。我知道我不应该难受的，可我还是觉得我好脏啊。就因为我是女的，就要被人这样吗？”

课间操结束了，有男同学快步冲进教室，看见何默默站在那儿抱着一个人。

“这是怎么了？”

何雨看了他一眼，拍了拍盖欢欢的背：

“来，我们去洗脸。”

何雨脱了校服，挡住了盖欢欢的头，逆着同学们重回教室的人流一路把她拖进了卫生间还空着的隔间里。

小小的隔间里，盖欢欢还是趴在她的肩膀上抽噎个不停。

何雨觉得一股热气在她脑门儿上散不去，谁千辛万苦养大的女儿是让那帮垃圾祸害的，怎么每次出了这种事儿都是女孩儿在哭呢？

要是默默遇到了这种事……

“盖欢欢，你看我。”

今天何雨在校服里面穿的是一件上半截有扣的 T 恤，她解开扣子，露出了锁骨以下的部位。

“你看，盖欢欢，虽然不大吧，咳，你有的我也有。”

盖欢欢靠在水箱上，用特别狼狈的一张脸面对着“何默默”。

“没什么脏的。”

说着，“何默默”把 T 恤脱了下来。十六岁的何默默刚开始发育没多久，穿的还是棉质背心式的内衣。

“有这个有什么好丢人的？”何雨指着白色的布片，“有妈的谁没叼过啊？生完孩子奶水足的妈，说不定还帮别人喂孩子呢。”

盖欢欢有点愣，似乎被何默默的行为给惊到了。

何雨一手抓着自己脱下来的衣服，另一只手拉住了盖欢欢的手。

“这是我……的。”何雨觉得自己今天是对不起女儿的小身板儿了。但是她是个当妈的，眼前是个只比默默大一岁的孩子。让她眼睁睁看着一个女孩儿说自己“脏”，这也太为难她了。

“我是女人，我有奶子，每个女人都有，如果我以后有孩子，这就是给孩子最初营养的地方，要是没有，人类早灭绝了。我还有子宫，就在肚皮下面，以后我就在那儿孕育孩子。男人想要传宗接代，屁话，没有女人怎么生孩子？明明就是靠这里生孩子。我会挺着肚子，肿了脚，吐得头发都掉了，打喷嚏都得小心别漏尿，就这么过了十个月我的孩子就走尿尿隔壁的那道儿出来了，默……有什么不可以说的？这就是女人，没有什么好觉得不好意思的。谁觉得这事儿丢人，谁摸了人一下就觉得自己占了大便宜，那是他自己辱了自己亲爹妈。

“这里下面不就是个奶盒子吗？跟身上的其他部位一样，它也会生病，它也有用处。老天爷让女人长这样，是为了让人类繁衍的，没别的。老天爷会说‘我造这么个东西是为了让别人摸一下就脏的’？

“把这种地方当成了不能碰的，是男人，是他们有毛病，不是女人有毛病！是男人惦记自己没有的，跟他妈狗撒尿圈地一样不让别人碰，还拿着钱拿着饭哄着女人不让别人碰，仅此而已。这不是真有什么道道儿的地方，你想让谁碰就让谁碰，这不是圣地，也不是为了让个男人隔着衣服摸了一把就脏了的。你觉得那个人摸得恶心，因为那个人他就是个畜生，换件衣服不就干净了？实在不行你自己摸摸，哄哄它，跟它说今天你吓着了，不好意思，这不就完了？”

盖欢欢死也想不到有一天何默默会在一个学校卫生间的隔间里脱了上身的衣服给自己进行性知识普及。

还说“奶子”。

她甚至都忘了哭。

外面传来说话的声音，是下了课间操的同学们在抓紧时间上厕所。

“行了，你摸摸它。”

盖欢欢眼睛瞪大了：“啊？”

何雨抬手放在了自己的白色内衣上：“你看，我也摸了我的，你快摸。”

盖欢欢看看自己的手，慢慢放在了左侧的胸膛。

“对不起，今天吓到你了。”

“啊？”

“快跟着我说呀。”

“对……对不起。”盖欢欢明显脑子有点不太够用，她看看自己穿着的校服，又看看“何默默”，吞了一下口水，低下头说：“今天吓到你了。”

“我很喜欢你。”

“我……很喜欢你。”

“你特别好，我永远都会很喜欢你。”

“你特别好，我永远都会很喜欢你。”

放下手，何雨拿起T恤往身上套，厕所的隔间太小，她手臂都伸展不开，别别扭扭地穿上了。

“还脏吗？”低头系着扣子，她问身前的女孩儿。

盖欢欢的手还放在自己的身上，她低头看看，又看看“何默默”，又看看自己，不知道为什么，之前一直压在身上特别恶心的感觉竟然散了很多。

“不，不脏了。”

“你现在可能还不太懂，但是一个人想要对得起自己，不管是它还是哪儿，永远都不会脏，记住了吗？”

“那……我……就……我……就没事了？”

“不然呢？也不是没事儿，有精神了就把这事儿告诉你爸妈，报警打电话，查监控，把那个垃圾找出来。”

校服外套搭在肩膀上，何雨打开了厕所隔间的门。

盖欢欢跟在她身后，满脸通红还挂着泪，被气势十足的“何默默”嘱咐了一句去洗脸。

当天下午，同学之间就开始流传“何默默不仅学习成绩下降，还欺负同学”的传言。

第 48 章　礼物

不知道是不是因为之前有露阴癖骚扰学生的事件，学校门口架起了几盏新的路灯，白的。对于习惯了昏黄路灯的同学们来说亮得甚至有些晃眼，何默默就觉得自己脚下的影子在白色的地面上长长短短令自己很不适应。

时新月走在她的身边，时不时会抬起头看她。

都说灯下看美人，属于“何雨”的脸庞未施脂粉，也被这光映得明丽慑人。

四十岁的女人走在放学的人流中十分显眼，偶尔会有学生转身回头看。

“阿姨，谢谢。”时新月不是傻子，自然知道阿姨所说的“路过”是谎言，她为人内向又言语笨拙，昨晚在警局可以说是她十几年来口齿流畅的巅峰，走了几十步才憋出了一句谢谢。

何默默转头看她。

在和妈妈交换身体之前，她也没跟时新月当多久同桌，老师希望她能带动一下时新月的学习积极性，她也没做过什么。

她对时新月最深的印象是语文成绩十分突出，偏科严重，加上好像谁都可以欺负一下的性格，客气一点可以称一句“内秀”。

她从没想过为什么时新月会是这个样子。

就像她从没想过妈妈为什么会是现在的样子。

从小到大，何默默其实是个极其有求知欲的孩子，初中物理和化学课本，甚至是课外读物上的趣味实验和有趣的自然现象，只要条件允许，她都会做做试试或者验证一下。她想过为什么苹果是甜的，梨子是酸的；想过为什么雪会剔透，而雾却遮住人的眼睛。她想过十万个为什么，她长久地渴望知道世间的一切原理。可她没想过自己的妈妈，自己的姥姥，自己的同学。

她沉迷于实验室里的显微镜，心心念念天文博物馆里的望远镜，可她没有用自己的眼睛去平视过自己的身边。

“我明白为什么语文老师会那么说了。”

“啊？”

时新月抬起头，不知道为什么阿姨会突然说一句没头没尾的话。

“老师说你的作文总是写生活中很细节的东西，情绪都是真实又细腻的，我……何默默在这方面确实差得很远。”

“啊？不……没……没有。”

“明明就是有。”何默默语气里没有情绪。长久的生活的痛楚，在这个和自己同龄的女孩儿心里成了诗与酒，覆盖着生活的酸苦。与她们擦肩而过的这些同学不知道，自己坐在她的身边也不知道。“你太了不起了。我今天花了五十七分钟的时间来思考，如果我是你，我会怎么样……我做不到你现在这样，不，应该说，现在的我绝对不会存在。如果把你的遭遇创建成一个模型，最后导向你这个结果的概率极低，更多的情况下是……糟糕的情况很多，而我一定是更糟的那种……”

五十七分钟就是她今天考试时候写的作文，与其说是作文，不如说是检讨。

老师居然还认为自己能带动时新月的学习积极性。她这个总是自怨自艾被妈妈庇护长大的孩子，怎么可能拥有比时新月更积极的态度呢？

“那是鲜血灌路才越过的荆棘，她的脚上应该白骨森森，可她走出来了。根据爱因斯坦的相对论，我们知道人间的路走起来很快，也知道地狱的路走起来会很长……所以她走了很久，很久。”

她今天在作文里是这么写的。

“阿姨，您别这么说。”

何默默语气坚定：“我说的是实话。”

时新月的耳朵已经红透了。

走到路口，过了马路就是车站。

红灯亮了。

何默默抬头看着那个灯。

“时新月，你还会继续走下去吧？”终于忍不住了，何默默问身边的人，她的语气很轻。

“啊？”时新月抬起头，她的身高比“何雨”矮一截，看背影甚至会被误认为是小学生，“阿姨，您说什么？”

“我说……特别特别了不起的你，一定会继续走下去，对吧？”

高考 3+3，时新月的数学成绩还是有很大的提升空间的……她要有更好的成绩。

灯光下，时新月看着“阿姨”的眼睛。

这个阿姨其实很奇怪，不看她的脸，听她没头没脑的话，根本感觉不到是一位长辈在说话，像是一个同龄人，一个内心很柔软很柔软的同龄人。

时新月笑了，是抿着嘴那种很内敛的笑容。

“阿姨，我要考大学……”

“好好学数学。”

时新月：……

“我整理一些笔记明天给你带过来。”

时新月：……

“一定要考很好的大学！”

何默默转头注视着路对面的红灯，说话的语速越来越快。

“一定要有很好的人生！

“一定要变成最好最好的那种样子。

“……我求求你。”

时新月顿了一下，才小声说：“好。”

她的语气很坚决。

何默默的语气还是很平淡，连刚刚求人她都说得平淡：“嗯，很好，我会帮你的。”

红灯变成了绿灯，模糊又变得清晰。

一只手擦过何默默的脸庞，带走了水渍。

“阿姨，阿姨，你别哭。”

那是眼泪吗？刚刚沿着脸庞的轮廓划过的，原来是眼泪啊。

何默默自己抬手擦了擦脸，她想笑一下的，可她笑不出来。

时新月笑了，短暂地露出了一点白色的小牙齿。

“阿姨，你真的好像何默默呀。”

红灯再次变绿的时候，她们过了马路。

时新月主动拉住了“何雨”的手。

“阿姨，我一定会，一定会很好……我活着，就是为了……”

为了什么呢？时新月没有说出口，她的步子迈得很大，每一步都像是踩在了什么上面。

在路边等了一分钟，新月要坐的公交车到了，她上车之前还对着“何默默的妈妈”摆摆手。

“阿姨！谢谢你！”

车子开走了。

何默默在原地站了一会儿。

一辆很酷的自行车停在她面前，一包纸巾出现在她鼻子底下。

“何默默，你都没为我哭过。”

说话的人语气里有那么一丝丝的委屈。

何默默双手放在外套兜里。

“你一直跟着我们？”

短短的句子让林颂雪的眉头扬了一下，她收回纸巾，从自行车上下来。

“谁和你‘我们’？你和你同桌？我听说了，昨天她被一个说是她爸爸的人打了，阿姨带着她一起跑，今天就换你来保护她了是吗？”

何默默不想回答这些问题：“你该回家了。”

林颂雪：“我不。”

不光是林颂雪该回家了，何默默也转身往家的方向走。林颂雪提了一下车头，推车上了人行道。

“何默默，你想做什么，我可以帮你。”

“不需要。”

“只可以你帮我，不能我帮你是吗？何默默，如果你只是一味地想保护我，我是不是可以认为你还把我当朋友？”

“不是。”

何默默径直向前快步走，林颂雪毫不气馁地推着车与她并行。

“何默默，如果有一天我被我爸打了，你会为我流眼泪吗？”

“中年女人”的脚步停下了。

“林颂雪，这样的假设一点儿意思也没有。”

林颂雪也停下了，路灯的光照在她的背上，有一半影子落在了何默默的身上。“你突然单方面跟我绝交，不允许我关心你，只可以你关心我，你告诉我你又是什么意思？”

“没什么意思，同学我也是可以关心的。”

眉目清秀的女孩儿扬了扬下巴，笑着说：“是啊，我们的友情也是从你关心我开始的。”

何默默又继续往前走。

林颂雪还是跟她并肩而行。

两个人都没再说话，只有林颂雪一直在笑。

“你要是想去陪新月放学你早点儿跟我说呀，我又没事儿，我去多好呀……”

何默默一进家门，何雨就赶紧迎了过来，又接着说：“我看你卷子做了一摞，这么累了就别出门了。”

“没事。”

听见女儿只回答了两个字儿，何雨这才想起来她们母女俩在冷战呢。

换了鞋，何默默走进了自己的房间。

“默默，晚饭吃了什么？”

“牛阿姨做的陕西拉条子。”做拉条子的阿姨姓牛，是陕西西安人，何默默问过，已经记住了。

“好吃吗？”

“嗯。”

“默默呀，妈妈有个想法。”

站在女儿房间门口，何雨一点也不在乎女儿的态度冷淡，笑着说：“默默，我明天还是没事儿，我打算去找找律师，问问时新月这个事儿有没有什么办法。”

掏出一本书打算睡前看的何默默抬起了头。

“但凡有办法，最好是不影响新月，咱们就帮她们办成了，钱嘛……正好明年的房租要来了……把那个畜生送大牢，你觉得怎么样？”

何雨知道，女儿一定会答应自己的提议的。

“妈，一个非 211、985 毕业的文科生就业面很窄，考公务员和事业编制是一条她们舍不得放弃的路，如果有个坐牢的父亲就很难通过入职前的审查。”

考试的间隙，何默默搜了“爸爸进监狱”，然后发现了这一条。

“阿姨应该就是因为这个，所以不愿意报警，见警察，起诉。”

何雨沉默了。

其实她不是没想到，她只是希望能再问问，再找找，看看有没有方法。

让这对母女能全身而退的方法。

“默默，妈妈今天见到了新月的妈妈……妈妈懂你的意思了……”

“妈，我今天太累了。”

“请注意，倒车。”

何雨心烦地放下了撑在门边的手，转身往客厅走去。

“你好好休息，妈妈不吵你了。别忘了，你班主任让你晚上十二点之前必须睡觉，早上七点才能起床。”

第二天，周四，市一中月考的第二天。

何默默去上班了。

何雨还是不死心，在心里盘算着找个律师。

那个男人肯定不会善罢甘休，真要按照时招娣说的“私了”法子，万一惹出了麻烦，时招娣有利也成了没利，何雨可不想事情变成那个样子。

还没等她出门，一个电话突然打了过来。

何雨以为是于桥西又喊她去吃饭，没想到却是时招娣——她昨天从时招娣贴的纸片上把她的电话记了下来，还打了一个过去让对方存着。

“小姑娘，我昨天有个事儿忘了问你。”电话那头很嘈杂，有电钻的声音，显然对方正在工地上，“你们这么大的小姑娘都喜欢什么呀？别太贵啊，就……二百块钱，买个蛋糕得好几十，你照着一百出头跟我说吧。”

“蛋糕？”何雨瞬间想明白了，“新月要过生日了？哪天？”

“今天！我女儿今天就十八了！”

何雨吓了一跳。

“今天？”

“是！你赶紧帮我想想啊，我这忙着呢，一会儿再打给你。”

在警察局就知道了小姑娘是比默默大一岁多的，当时兵荒马乱，也没想到对方居然今天就正式成人了。

何雨在家里绕了一圈儿。

说实话，默默过生日的时候，她就是给准备一身新衣服，带她出去吃顿烤肉或者火锅，再视女儿当时对学习材料的需要给她一两百块钱。

她哪知道这么大的孩子喜欢什么呀！

时新月……应该喜欢书吧？世界名著？

“我家里一堆呢！有卖书的我都让她先挑一轮，光那个啥《红楼梦》就好几本，小月还说不一样，非要都留着……”第二个电话里，时招娣否决了何雨的提议。

何雨："那，买衣服？"

"买了她也不穿。"

想到她们是住在废品回收站那个环境里，何雨沉默了一下。

"要不你给她买根好点儿的钢笔，一口气用到大学也不亏。"

时招娣高兴了："这个好！"

挂了电话，何雨匆匆出了家门，蛋糕有了，钢笔有了，她怎么也得给时新月买点儿什么……想到时新月脚上那双又脏又破的鞋，她坐上公交车去了她工作的商场。

买鞋的地方在 BO 门店楼上，何雨没有坐直梯，而是绕了一圈儿到了 BO 的门口。

"何姐，默默怎么来了？"先发现她的是在开小差的刘小萱。

何默默抬起头，看见"自己"笑容满面地站在外面。

"嘿！"看着自己女儿在那儿工作，感觉可真是说不上来，一阵儿酸一阵儿喜，一阵儿又觉得有意思，何雨笑着冲女儿招招手。

店长顶上了何默默的位置，何默默快步走出了门店。

"出什么事了吗？"

"没有……咳……"看看左边，看看右边，何雨小声说，"转我点儿钱。"

平常不花钱没感觉，到了这时候何雨才发现什么是"穷学生"，能动用的资金居然才一百块。

跟女儿要钱，这感觉可真新鲜。

"好。"何默默立刻掏出手机。

"那个……今天时新月过生日。"何雨小心看着女儿的脸色，寻找着交流的机会。

何默默的手顿了一下。

然后，何雨收到了一千块的转账。

何雨："……"

何默默很认真地说："我想送她几本数学的学习资料，一会儿我把名字发给你，学校门口的书店大概都有，我来不及去买……"

"没事儿没事儿！包在我身上！"女儿有事拜托自己，何雨高兴都来不及，至于别人过生日自己女儿送啥，这重要吗？她送她自己也是这个嘛！

何默默抬眼看了看妈妈。

"妈，谢谢。"

"客气什么呀！"

眼珠一转，何雨一把拉住了"自己"的手臂，探头对店里说："左心阿姨，我让我妈帮我买双鞋，五分钟就下来！"

店长笑着说："行啊，你们别让巡场看见。"

何默默就这么被她妈给拉走了。

"咱俩还没一块儿给别人选过礼物呢。"电梯上，何雨笑眯眯的。

何默默不说话。

"你说，新月能喜欢什么颜色啊？白的？黄的？白的干净，黄的显嫩……买双夏款吧，立刻就能穿……"

运动区贴着巨大的海报，穿着古装白袍的男人踩着滑板，穿着裙钗的女人以跑酷的姿态越过了宫墙。

"这个广告打得铺天盖地，咱们看看这个姑娘脚上这双？"

何默默看了一眼，低下头说："这个一看就很贵，她不会收。"

"也对！"

女儿说话啦！何雨笑容愉悦。

"那咱们看看这个牌子别的样式，买双打折的总行吧？"

"嗯。"

挑鞋子的时候何默默又回头看了一眼海报，那个女演员……

"时新月喜欢这个演员，用的书签是她的照片。"

何默默对这件事印象还是挺深的，因为她在几年前的一个晚上看了这个演员的电影，坚定了她要面对一些人的决心，她记得这张脸。

“嗯？”

何雨顺着何默默的目光看向海报。

“哎呀，我们家默默记性真好！”

她笑容灿烂地跑过去对店员说：“姐姐，我妈是你们同商场的同事，能不能商量一下，我们买鞋，你们送张海报呀。下次你们去我妈那儿买衣服，让她给你们走会员折扣！”

一双打折的灰色运动鞋，一张不要钱的海报，何雨带着这些东西乐颠颠地到了学校门口买教材，才想起来自己现在这个样子不适合进学校把礼物送了。

肯定会有很多人问她为什么没病没灾不考试。

更重要的是，进去了大概率出不来，还得再找任老师，再被训一顿……

想了想那些麻烦，何雨掏出手机给林颂雪发了条信息。

“颂雪小可爱，麻烦你去叫一下默默的同桌午饭的时候来学校门口。”

抱着书，拎着鞋，何雨走到一家奶茶店坐下。

等了二十几分钟，学校里传来了隐约的铃声，是考试结束的声音。

何雨又点了一杯奶茶等着时新月。

又过了几分钟，何雨的手机响了。

“她今天没来。”林颂雪说，“我碰见何默默班主任了，她也在问呢。”

何雨噌地从座位上跳了起来，嘴里的纸吸管被她直接拽出了奶茶杯。

奶茶滴在桌子上，她也顾不上了，赶紧给时招娣打了电话。

电话占线。

两分钟后，她的电话响了。

“小姑娘，怎么你们老师告诉我小月今天没去学校啊？”

时新月没有手机。

她只有一个黑色塑料袋里装的现金，被她从书包里拿了出来。

“您好，我想起诉一个人。”

“小姑娘，你脸上有血呢，先去医院吧。”

“不用，我要先见律师。”

女孩儿不只脸上有血。

她的脸也不只有血，还有笑。

“我满十八周岁了，我想起诉一个人。”

“小姑娘，你想起诉谁啊？”一名女律师从办公室里出来，被眼前的情景吓了一跳。

“我要起诉赵强，起诉他虐待、敲诈勒索、故意伤害。”

“小姑娘，你别激动，我们把伤处理一下好不好？你看你腿上也有伤口。”

“我不激动。”时新月直视着律师的眼睛，“我知道您是韩律师，我看过您的案子。我想见您，想了五年。”

火焰在平常怯懦的眼眸里燃烧着。

也许，它已经在无人知晓的时候燃烧了很久。

“我终于等到这一天了，我不是激动……”

“伤害你的人是赵强吗？他和你是什么关系？”

“他是我生父。”

[节选自晋江文学城]

【粉丝评论摘编】

@初见12的那朵花：

这不是一般的男女主言情文，是一篇母女灵魂互换，然后一起成长，一起救赎的文章。作者大大在文案最底下，有一句话，我觉得很吸引我，她说：这个文的立意是，“母亲”不是个标签，是她一生的一部分，她的一生故事很长，有情感和梦想。其实我想说，任何标签都一样，它不应该成为一个人的全部，而只能是一部分。

……

大大给了我们一个很棒的结局。妈妈突破了自己，踩着自己的过往，重新和自己和解，终于有了改变。而何默默，也对自己有了新的认知。不是妈妈和女儿了，是何雨和何默默。两个人，最亲密，又最独立的两个人。

（选自晋江文学城评论区，2021 年 2 月 26 日）

@蔓藏一鹤：

好难得在一篇好文里，看到女性占比如此之高。没有互相撕扯算计，没有钩心斗角，没有炫富……只有一个个性格不同但是足够感染人的“人”。全文的女性互助真的让我好多次都忍不住眼泪。被猥亵的女孩同时也被社会驯化，被摸一把就觉得脏了；被家暴的女孩宁可不要所谓的未来也要让施暴者进监狱；还有女律师……有些文虽然冷门，但是真的很有血有肉，很适合拍电影。

（选自微博，2021 年 7 月 25 日）

@农村山泉第三拳：

能感觉行文字里行间满满的真诚，小女孩对友情对亲情的心思与大人竭力想要保护女儿的心都抓得很细腻，配角也描绘得非常好，各有特点的同时也都有所成长。因为背景更多的是校园，所以大部分人物都是单纯的孩子，老师也都是一心为了孩子好。看到结尾大家都有光明的未来，都拥有继续走下去的勇气和信心，真的又感动又开心。

（选自微博，2021 年 3 月 21 日）

@银时：

其实细究起来，文里提到的每个事件也没什么惊天动地的，没有天崩地裂也没有海枯石烂，没有真假千金也没有单亲妈妈带球跑[①]，她们就是在生活中被不断打磨也一直努力生活的两个人。在她们这里，渣男抛妻弃女从来不是充斥生活的苦难底色，女儿和最要好的朋友决裂、母亲如何拾起最爱的音乐，才是母女俩真正关注的。

之前看《厌女》，里面有一段话，让人印象特别深刻："母亲一边诅咒自己的人生，一边又将同样的人生强加给女儿，引来女儿的憎恶。女儿一边视母亲为反面教材，'不想成为那样的人'，但同时也知道要想解除母亲的束缚必须借助他人（男）之力，对这种只能委身他人的人生深感无力。"

其实这段话只有部分与文章内容吻合，何雨确实厌恶自己的人生，但她拼尽全力将女儿托起，就是为了让女儿远离她以为的、跟自己人生一样的泥潭；何默默确实想解除母亲的束缚，想要母亲过自己想要的生活，但她从来不认为母亲是反面教材。永远没法忘记何默默在母亲自我贬低为荒地时的尖叫："我明明是你耗尽了心血才养出来的，我不是在荒地上长出来的！"

妈呀，当场原地表演一个猛女落泪。这句话真的太催泪了。

真羡慕这对母女，她们有机会以对方的视角看另一个世界，看彼此揭开"母亲""女儿"这层身份后，底下最本真的自我。

（选自豆瓣小组"小说打分器"组，2021年8月11日）

（导引、简介、节选、粉丝评论摘编：许婷）

① 网络文学中"带球跑"指女主角怀孕了却离开了男主角。"球"即胎儿。

把她还给她
——评三水小草《十六和四十一》

许　婷

在凭《枕边有你》博得一片叫好声后，三水小草沿用了身体交换的设定，选择讲述一个母女互换的故事，往“女人何为”的探寻路上更进一步。不同于在男女二元视角下展开的前作，《十六和四十一》将故事框定在了女性内部，以母职为线，将不同代际、不同身份的女人拼凑到一起，重新描绘出了一幅女人应有的肖像画。

《十六和四十一》是一个关于发现的故事。

和母亲何雨交换身体的女儿何默默，在得知平凡甚至有些庸俗的何雨居然有着三位追求者后，突然发现自己的妈妈其实很漂亮——此前，好似有一张写着“妈妈”两个大字的纸片盖在何雨的脸上，而她的一切都只是“母亲”一词的延伸。由此，母亲身份下那个名叫何雨的女人才逐渐显露出来。

然而，这类“妈妈不仅仅是妈妈”的宣言，只会让十六岁的女儿心潮澎湃——就像2021年春节档电影《你好，李焕英》引发的热议，原来妈妈也曾是少女，终归只是以孩子的视角去重新发现妈妈。《十六与四十一》中，对于将自己的人生视作一片荒芜的何雨，“妈妈”不仅是束缚自己的标签，更是仅剩的心安之所、避难之处，自己的女儿则是这片荒地上唯一的一棵树。在自我厌弃的人生里，能够成为一名妈妈，好好看着自己的孩子成长，已经是最幸福的时刻。母女间的第一次强烈冲突在此爆发：母亲和女儿一样，有着深刻的因为被抛弃而产生的痛苦与自我否定，女儿希望母亲拥有的“独立的幸福的人生”早已被母亲自己拒之门外。

于是，何雨如何重建自我，才是这个故事真正的发现之旅。

将伤口暴露出来，《十六和四十一》的治愈之路也正式开始。三水小草以先破后立的方式将自己对母职的理解悄然嵌入小说。和何默默交心后的何雨，选择听从女儿的建议开店创业，以期成为一名“更体面的母亲”，但这不过是母职惯性下表演出的努力——何雨对何默默始终怀有作为母亲的亏欠之心，既然女儿想要这样的母亲，那么自己便这样改变，尽管这又成了另一种形式的自我牺牲。然而，另一对母女，时招娣与时新月的故事彻底激发了何雨何默默二人间潜藏的矛盾。被丈夫家暴的时招娣为活命选择丢下女儿时新月，独自出逃，女儿时新月小小年纪受尽折磨，数年后时招娣有了些积蓄才回来接走女儿。何雨为此指责时招娣害了女儿，母亲应当豁出命来保护孩子；何默默则认为母亲也是个人，该被指责的只有家暴的丈夫。面对将时招娣视作有罪者的众人，何默默愤怒地发问：难道母亲就应该为孩子奉献一切吗？

何默默的质问敲击着“神圣母亲”的神话，何雨在与时招娣的相处中亦逐渐动摇了自己关于母亲的固执想象——必须为孩子奉献一切的母亲究竟是人，还是只是一个被规定的道德化身？一个女人，作为母亲，究竟应当将孩子放在什么样的位置，三水小草在此并没有给出明确的答案。但在冲击“母职神话”后，三水小草依旧选择以母亲对女儿的爱作为何雨改变的核心动力——“自己好好活，才能教会女儿怎么好好活。”

然而，这种迂回并不代表三水小草在母职议题上的保守。

故事中的于桥西，作为何雨最好的朋友，视何默默为何雨幸福生活的最大障碍，曾多次表达希望何雨放弃女儿，过好自己的日子。但这样的她，也会在何默默决意为何雨放弃自己的人生时表达反对，只因为于桥西明白，何雨是真的爱自己的女儿，尽管何默默曾以为于桥西会是唯一支持自己的人。将“母亲”的属性从女性身上完全剥除，以期成为独立的个人，实际上仍然是在第二性框架下对男性的拙劣模仿。女性不应当将生来固有的属性视作一种惩罚，只有接纳自己的生育职能与母亲身份，才有可能实现真正意义上的女性觉醒与女性独立。作为母亲的何雨深爱着自己的女儿，“自己好好活”是为了给女儿做个好榜样，可其中又未尝没有自己的不甘。毋庸置疑，束缚女性的母职神话应当被打破，但母女之间真挚浓烈的爱也不该被抹去。

三水小草在小说完结时表示，写作过程中“一些东西的深入和表达是很难的一件事”，“一次一次地调整了自己的想法”，“希望大家在阅读的过程中有短暂的片刻，把何雨和何默默当成某个并不具体的人”（第72章“作者有话要说”）。这里所说的“并不具体的人”或许指向了女性普遍的生存境遇，每一个女性都是女儿，也都有着成为妻子、母亲的可能，任何一种身份都不应当覆盖全部的自己，自己也不必恐惧任何一种可能身份的到来，这是何雨教会读者的。

毫无疑问，《十六和四十一》是一篇因义成文的作品，作者的写作有着极为自觉的女性意识与女性视角，但小说并没有因此成为一篇笨拙的命题作文，所思所感，均被不动声色地串入日常生活故事，以事件、人物冲突表达观念。与其他充斥着大段说教的现实向作品相比，《十六和四十一》中充满烟火气的故事更显得圆融和缓，这与三水小草的美食文背景不无关系。

除去母职议题，三水小草还在小说中加入了校园霸凌、性骚扰、家暴等现实感强的事件，这些事件穿插于母女相互理解的主脉之间，既推动主线剧情，又各成一环。事件中的女性角色，如售货员、班主任、女律师等全都熠熠生辉，相互扶助，不同年龄、不同职业、不同身份的女性在文中逐渐汇作一团，展现出作者本人对女性群体多个面向的关怀。

小说的最后，因为心中无法熄灭的一丝火，四十一岁的何雨最终再次拿起了十六岁的何雨拥有的吉他，用一句“四十一岁的吉他说它不想死在夜里”为这段母女互换身体的故事画上了句号。是少女，也是大人；是歌手，也是母亲。将无数个何雨叠加在一起，摘下标签，接纳自我，才是真正完整的何雨。

终于，把何雨还给何雨！

那么，把每个她还给她。

美人挑灯看剑

吾九殿

吾九殿，晋江文学城签约作者，2016 年左右起在晋江文学城发表小说，作品题材以西幻和仙侠为主，代表作有《成为暴君之后》(2019)、《身为女王如何拒绝爱意》(2020) 等。吾九殿是一位写小说会带注释和参考文献的作者，《成为暴君之后》涉及许多欧洲中世纪的历史细节，《美人挑灯看剑》则大量参考了中国古代神话与历法的相关文献与专著。但这并不使她的作品变得枯燥或者带着学究气，恰恰相反，吾九殿以飞扬的文学想象力炼化材料，创造出丰饶瑰丽，既有史诗感又唯美多情的幻想世界。吾九殿的语言华丽排荡，抒情性极强，注重修辞的形式感，善于以文字铺写画面。

《美人挑灯看剑》于 2021 年 2 月开始在晋江文学城连载，目前尚未完结。其情节紧凑且每一个情节段落的篇幅都比较长，又常有多线叙事，相比于“追更”，更适合通读；吾九殿相比于“甜”更擅长写“虐”。这些特征或许都限制了《美人挑灯看剑》的商业成功，但并不妨碍其成为一部小众佳作。

【标签】仙侠

【简介】

仙门第一纨绔、太乙宗的小师祖仇薄灯曾是上古时代的白衣神君。为了让人间不再受瘴厄之苦，神君传道于人间，定四极、衍天轨，一心建立一个人、神、妖和平共处的理想世界。神君为了遥不可及的理想而三生三死，一次次赌人心向善，一次次一败涂地，天神背弃、诸妖离心，仙门以“护佑苍生”为借口将背负人间业果的神君截杀于野，自此人间晦暗三千年。白衣的神君变成了红衣的纨绔，只剩下满心悲与恨，而人间却依旧是那个在贪嗔痴妄中摇摇欲坠的人间。但那不切实际的理想却总有余火代代相传。总有人挺身而出，以少年之无畏，将世界推向光明的那一边……

《美人挑灯看剑》以中国古代神话和历法为基础的世界观独特而丰富，人类居住的十二洲被大荒瘴气包围，每座城池有城神守护才得以顺利度过瘴月，繁衍至今。因为城神不同，每座城的形态、风俗也都截然不同。选段是第 29 至 37 章，即发生在以鳙鱼为城神的鳙城中的故事，人与鱼共生共存的信念是这座弱小城池不可动摇的骨气与底线。

【节选】

第 29 章　鱬城很美

（前略）

又过了一日。

仇薄灯几人还在大梦三千年，就被娄江哐哐哐地喊醒了。

鱬城到了。

“说真的，”陆净睡眼惺忪，站在飞舟外打着哈欠，“这么乌漆墨黑，我们真没来错城吗？”

左月生点头附和。

他们远远地望着瘴雾里的鱬城，雄壮的城墙有枎城的数倍之高，但附着在城墙上的光却很淡，似有似无，整座城像是处于沉睡的状态。按道理，鱬城是座大城，城墙上的神光应该要远胜于枎城才对。

“现在是赤鱬休眠的时令，”娄江解释，“城光黯淡是正常的。”

“休眠的时令什么时候过去？”陆净顺口问。

“大概还要一两个月吧，”娄江看了看周围瘴雾的浓厚程度，在心底计算了下，“真可惜，如果不是在眠鱼时令到来，就能看到群鱼遨游天空的景象了。”

仇薄灯最后一个上来，听到这句话便走到船首，瞥了一眼下面，果然一片昏暗。

……这算哪门子的很美？

仇薄灯刚打算收回目光，沉眠的城池里忽然亮起了一点一点的光，先是像无数颗珠子漫布在大街小巷，很快地就汇聚在一起形成一缕缕向上的流光，倏忽间，成千上万的流光又开始盘旋，卷成一个越来越大的旋涡。

“那是……”身后的娄江不敢相信自己的眼睛，“是鱼群！是赤鱬！”

数以万计的赤鱬游弋在空中。

群鱼金属质感的鳞片发出深浅不同的美丽光华，如桃花，如海棠，如石榴，如朱砂，如丹铜，如茜素……旋涡汇聚到最大的一刹那，它们澎湃而起，赤鳞如霞，洪流般徜徉于天地之间。

数不清辨不清的光点从飞舟周围掠过，照亮仇薄灯的瞳孔。

第30章　繁星投影

群鱼如飞鸟，弧游旋曳，天空被映成暮色般的瑰红。

少年们立在舟头屏息凝神，陶长老坐在船舱的房间中，枯如老松的手里握着一根烟斗，鱬鱼从窗外游过，鳞光投在他的白发上。他望着窗外的游鱼长久地出神，最后叹了口气，把烟灰敲在桌面。

天雪舟最后被鱼群载落到地面。

仇薄灯踩着由一条条鱬鱼搭成的梯，走下飞舟。

真正降落到城中，就会发现整座城笼罩在绵绵细雨中，水线将天和地连接。鱬鱼看起来应该就是借这水汽在空中巡游。

细小的雨珠挂在仇薄灯的睫毛上，他默默地远眺这座城，屋脊牌楼都立在蒙蒙雨帘里，起伏斜飞的线条映进他的眼底，辉煌而又孤冷。

（中略）

“几……几位是来鱬城的仙长吗？”一个人匆匆忙忙地从雨幕里跑出来，“鱬城终年有雨，水汽潮湿，还请仙长们见谅。”

来人怀抱七八把伞，边说边艰难地把伞分给刚从飞舟上下来的仇薄灯几人。手忙脚乱间，夹在腋下的一把伞啪的一声，掉到地上。他一边连连道歉，一边弯腰要捡，娄江先一步把伞捡了起来，起身时和他打了照面。

“等一下！”

娄江把伞紧紧握住，睁大了眼。

来人是个青年，穿件深红的鱬城祝衣，身形虽高但一张脸十分白净秀气。而莫名地，娄江觉得这张脸非常非常眼熟……是那种曾经每天都要看上一百遍两百遍的眼熟……

“你……你……你你是你是……”

娄江突然就磕巴了。

仇薄灯几人已经撑开了伞，走到前头，听到动静便纷纷回过头来。

（中略）

“不，我不是。”对方极快地否决，并试图把伞从娄江手里抽走。

娄江紧握不放，双方犹如拔河。

“没错，就是他。”

陶长老苍老的声音插了进来。

“你没认错。”

听到陶长老的声音，来人立刻松手，以袖掩面，扭头想逃。

“走什么走？”陶容长老叱喝，“见了师长连句问候都没有？我就教了你这种忘恩负义的混账玩意？”

娄江踉跄几步，不敢相信：“他就是舟子颜？”

“没错。”陶容长老吐出口烟，重重地道，“三岁明心，六岁不迷，十二定魄，十六悟道，他就是唯一一个在阁石上留下剑痕的年轻代弟子。曾经的山海阁第一天才，现在的奶孩子第一人才。”

娄江抱着伞，噔噔噔后退了好几步。

青年的脸他的确非常眼熟，因为他真的曾经每天都要把这张脸看上一两百遍。

娄江也不是一开始就这么稳重持成。

之所以变成这样，是因为有次他无意中听到长老们的交谈，说他天赋的确上佳，可惜还是远不如当初的舟子颜，言语间尽是叹惋。娄江自恃山海阁年轻一代的魁首，万万没想到有不如人的一天，而且是“远不如”。

娄江去翻了三天三夜阁内弟子宗卷，最后终于找出了舟子颜的记录……此人的确是山海阁第一天才，娄江为对方的修炼记录所惊骇，只是不知道为什么，宗卷只记录到他十六岁悟道，后就杳无音信，平时宗内似乎也完全不提这个人。

一个“远”字，把娄江刺激得头悬梁锥刺股，发誓终有一日要在长老们眼中，将此人取而代之。他还偷偷复刻了弟子名册上的舟子颜画像，修炼得心浮气躁的时候，就把对方当靶子练飞剑的准头……

在娄江的想象中，未来某一日，他会和舟子颜狭路相逢。

届时经过一阵刀光剑影、龙争虎斗后，他会眼神睥睨，居高临下地宣告：海山代有人才出，君非昨日第一人。

但娄江完全没有想过，一直以来的死敌走出假想时，竟然……竟然是这样一个形象！

“老师，在师弟面前，就不能给我留点面子吗？”舟子颜放下袖子，尴尬地笑，“什么叫奶孩子的，好歹也用个鱬城城祝吧……”

（中略）

说话间，两个奶娃娃被惊醒，一揉眼睛此起彼伏地哇哇大哭起来。

“不哭不哭，乖啊乖。”

舟子颜双手背到身后，摇晃两个孩子，动作之熟练，俨然在育婴方面已经炉火纯青。

娄江一脸天崩地裂。

仇薄灯几人瞠目结舌。

陶长老怒气冲冲，用烟斗指着舟子颜，对娄江说：“为什么阁主和长老都不愿意提起他？你当是难言之隐？呸！是羞于提及！他十六岁悟道，左阁主差点都想打破旧例，让他直接担任阁中长老，都要召集内阁商议了，这家伙却一门心思辞宗回鱬城当祝师，九头牛都拉不回。从此一无长进！你再把这小子做榜样，当心老夫抽你！”

“也不是一无长进……”舟子颜讪讪，“这不从祝师当上城祝了吗？”

“你还有脸说？”陶长老一烟斗砸了过去，“走的时候悟道，十几年过去了，还是悟道。你以后也别喊我老师，我没你这种丢人现眼的学生。”

（中略）

舟子颜一手抱着一个娃娃，领着一行人穿街过巷。

“鱬城产绯绫，色泽之艳，冠绝天下……”

舟子颜一边走，一边向他们介绍。

鱬城丝织业极盛，几乎家家户户门口都有布架子，用来染布的颜料盛放在陶缸里，发着微弱的霞光。舟子颜同大家解释，鱬城的鱬鱼每年都会换一次鱼鳞，鱬城人就将换下的鱼鳞收集起来，研磨成粉，以此染出的布，便和那条赤鱬的颜色一般无二。

城中的人将这样得来的布称为“赐红”，地位等同枎城人勺蒹水酿落叶为酒。

仇薄灯打伞走在舟子颜身后。

街道两旁的竿上挂着深深浅浅的红布绯绸，大大小小的赤鱬在布匹间倏忽往来，就像海中的鱼逐浪戏波。雨水落到绸布上，水愈洗布愈红，偶尔染缸中的颜料被游进水中的鱼尾甩起，飞溅空中，就会化为流光散去，像一朵朵小小的烟花。

一路上，不断有赤鱬过来，用额头顶一顶舟子颜的手，用灿灿的尾巴拍拍他的脸颊，用鱼鳍钩钩他的头发。

舟子颜对此一副习以为常的模样。

鱬鱼群聚时辉煌美丽，但分散游于整片城中时，或尾随人而行，或三三两两追逐打闹，或忽隐忽现藏于角落，就显得活泼可爱。左月生几人忍不住伸出手去，想和它们玩。但手刚一伸出去，赤鱬就闪电般游远了。

反倒是专心撑伞走路的仇薄灯身边有不少赤鱬。

它们追逐他的衣袖衣摆，在他身边捉迷藏，不时撞到仇薄灯的手背上。仇薄灯反手将撞上来的一条小鱼拢住，它也不挣扎。

“小家伙有点顽皮。”舟子颜替它们道歉。

（中略）

舟子颜……路过一户人家的时候，把左手的小孩递给一名走出屋的妇人。“杨婶，你挂完布了啊。”

妇人接过小孩，感激地朝舟子颜笑：“舟子，你又去接人了？这是刘家的虎子吧，把他也留下，一会我带过去给刘嫂，你忙正事要紧。”

鱬城人大概是因为生于烟雨长于烟雨，说话口音绵软温婉。

“我还以为两个孩子是他的。”

仇薄灯低声对陆净他们几人说。

陆净他们默默地点头。

——其实一开始他们也这么以为。

很快地，仇薄灯几人就见识到了舟子颜在这座城里到底照顾过多少孩子……但凡是个小豆丁，会走的，就要跌跌撞撞跑过来拽他袖子抱他腿；不会走的，就要扒拉着摇篮站起来，冲他咿咿呀呀。而舟子颜对付他们似乎格外有一手，他袖子里仿佛藏了无穷无尽的糖果糕点，随时随地都能摸出一块来把人打发走。

“他一个人承包了整座城的幼儿园。”

仇薄灯感叹。

怪不得陶长老骂他是“奶孩子第一人才”，也怪不得山海阁一副要把这人就此除名的架势。

任何一个宗门，好不容易出了一个难得的奇才，寄予厚望地等他长成又一宗门顶梁柱，等他大放光彩，惊呆其他门派的狗眼。结果这天才长到一半长歪了，放着名动天下不要，窝回小角落一心一意养鱼奶孩子……

换谁都得气死啊！

（中略）

“……子颜只是想恳求长老，明日替鱬城行一次天祭。”

他低下头，看着桌上的茶水。

“神鱬提前苏醒，子颜想，或许举行一场天祭，能让鱬城的瘴月提前过去。”

（后略）

第 31 章　使他不迷

（前略）

“俯仰乎天地，杳渺兮浩宇。”仇薄灯手指叩击近水廊木，应和一起一伏的缓水声敲出慢沉的节奏，曼声长吟间湖面渗透微光的水雾卷来舒去，仿佛浩浩冥宇，“要驱逐鱬城方圆百里内的瘴雾，这样的天祭，你有多少把握？”

陶长老只能帮舟子颜启动阵法，但负责祷告祭祀的只能是舟子颜自己。

因为他是鱬城城祝。

只有他能代一城之人上叩青天下问黄地，能集一城之念去恳求鸿宇降恩散雾青山。在祭天的一刹那，满城的人和神鱬纷纷杂杂的所思所想，会如洪流一样汇到舟子颜身上，他的意志要如大海般浩瀚，要容得住万江归东，否则天祭就会失败，他以后也会变成一个傻子。

“我其祀宾、乍帝降，若？我勿祀宾、乍帝降，不若？”[①]松开捏住袖口的手指，舟子颜注视着湖中随水波漂动的鱬鱼卵，有几分局促，“若与不若，是上苍决定的，但祀宾与非祀，是我所能决定的……想法很幼稚，老师就经常这么骂我。不过，我一开始其实并不喜欢这里，甚至觉得它很让人讨厌。”

仇薄灯终于偏头看了他一眼。

“看不出来吧？”舟子颜不好意思地笑笑。

这倒的确。

一个育儿专业户，一个把上亿条鱬鱼记得清清楚楚的人，简直浑身上下写

---

① 引《卜辞》。

满“我生来就与城融为一体”。很难想象，他有过觉得这座城十分讨厌的时候。

“恕子颜冒昧，仇长老觉得鱬城是座怎样的城呢？”

仇薄灯想了想：“鱬城很美。”

舟子颜又笑了笑，不怎么意外这个答案，他抬头看灰蒙蒙的天，细雨绵绵不尽地下在他眼底：“很多来鱬城一两次的人都这么想，他们短暂地来了，迅速地又走了，就觉得它很美。”

“你是想说它还有丑陋的一面？”仇薄灯说。

“不，”舟子颜低声说，“我是想说，大多数人不知道鱬城之美从何而来。曾经有人和我说，最艳的红，是命色。”

命色？

仇薄灯微微挑了一下眉。

舟子颜刚想说什么，一名八九岁的小祝女嗒嗒地跑了过来：“子颜子颜，又有人归水啦。”

“说了多少次，要喊城祝。再不济也得喊声先生。没大没小的。”舟子颜不轻不重拍了一下小丫头的脑袋。

（中略）

“你说的命色就是归水？”仇薄灯问。

“仇长老如果不介意，就跟着一并来吧。到鱬城的人很多，不过一般情况下，我们不会让外城人看到鱬城的这一幕的。至于为什么……”舟子颜叹了口气，“您看过就知道了。”

城街如河巷如溪，溪河汇聚，就成了湖。

圜坛广约十丈，高约十五丈，坛周有壝两重，壝墙四方各设四柱三门的棂门一座，坛分三重，下层宽广浸没水中，上层孤高欲接云天。此时四方棂门下各立祝师祝女二名，下中两重明灯绕匝而燃，共计三十六盏。

“魂兮离散，君何往些？

“四方不归，君何往些？

“何舍故土？去往不详些！”

高台上，舟子颜绕着一具男尸踏步而歌，声音尖锐高亢。

仇薄灯远远地看着他，只觉得这名白日熟练奶孩子的青年仿佛骤然换了一个人，变得肃穆庄严。他的声音穿过茫茫水雾，上问乎天下寻乎地，于浩然缥缈的厚土四方严厉地叱问游离在外的魂魄。

“魂兮归来！”

四方棂门下的祝师祝女们齐声高唱。

舟子颜合手握刀，刀尖没入亡者胸口……

“魂兮归兮！厚土瘴迷，其唯止歇。

“魂兮归兮！高天无极，其唯止歇！

“……”

水雾翻卷，苍凉的招魂之歌带着故土的谴责和呼唤，穿过四方棂门。原本被水底的光照得雪银一片的圜坛周围渐渐地出现了霞光。一尾尾赤鱬不知何时乘雾而来，它们在圜台周围，群聚而舞，应着祝师祝女们的歌声，如母亲，如父兄，如故友般，温柔地催促不知飘往哪里的游魂返乡。

仇薄灯按住了太阳穴。

舟子颜主持归水用的是鱬城的方言，仇薄灯没有学过除通用雅言外的任何一种城语，他不懂具体的一字一句是什么，可他就好像曾听过类似的声音，千千万万遍，以至于接触到类似的旋律一下子就明白这陌生语言里翻涌而出的呼唤。

那故去之人的魂魄啊，莫要在黑暗中久留，有这么多人守着一盏明灯等着你归来。

……无边无际的瘴雾，永无止境的死寂，世上再无那样的晦暗。

谁在那暗里点起了孤灯一盏？

谁在那死寂深处一遍又一遍呼唤？

使他不迷，使他魂定神安，也使他泫然欲泣。

“魂兮归兮！彼将不离！”

舟子颜一刀剜出亡者的心脏，摆放在方台的正上方，敛刀后退。

“魂兮归兮！归彼水兮！”

数以万计的飞火游虹向上升起，又向下落下，像一朵由无数个生命组成的花，盛大地绽放又辉煌地合拢，在刹那间淹没了高高的圜坛，淹没了故去之人。

归彼水兮！彼将不离！

归兮归兮！

仇薄灯向后退了一步，靠在柱子上，看着这仿佛残忍又无比壮美的一幕。经历过招魂、斫斩后，群鱬将圜坛淹没，绕坛而旋，久久不散。如欢迎，如接纳。

“您现在还觉得鱬城很美，鱬鱼很美吗？”

有人在他背后问。

“你以前就是因为这个讨厌鱬城？”仇薄灯反问。

下了圜台的舟子颜衣袖上还沾着亡者不凝不冷的血，血一滴滴落下，一落自空中，便如幻影流光般消散。他点点头：“小时候一想到自己死了，也要被切碎喂鱼就觉得很害怕，活着的时候好端端的一整个，死的时候反倒要支离破碎。想到那种场景，就会哇哇大哭起来，为了这个还被笑了好多年。”

“后来呢？”

“后来我爹我娘死了。他们很早很早就死了，我看着他们被送到水面的高台上，又哭又踹，也不知道哪来的力气，好几个大人都拦不住我。他们也被神鱬吞没了，我没爹没娘了。于是，我恨所有鱬鱼，觉得是这里，是这些鱼吞了我的爹娘，是真的恨，谁劝也不听的那种。”

仇薄灯沉默地听着。

说话间，几尾赤鱬游到舟子颜身边，轻柔地蹭他的脸颊。舟子颜伸出手，用指腹轻轻地按了按其中一条圆圆的额头。

“爹娘死后，它们锲而不舍地陪着我，不分白天黑夜，总有赤鱬在我身边打转。有时候是这条，有时候是那条，不过那时候我其实分不清楚，以为来来去去都是那几条。可我那时候恨它们啊。”舟子颜轻声说。

他透过蒙蒙雨雾，仿佛又看到那个偏激执拗的小孩。

“所以我就故意躲在房间里，一躲躲好多天。我知道神鱬担心我，我不吃不喝，它们就会一直陪着我，我是想拖着它们不让它们回雨里去……神鱬不能离开天雨太久，我其实是想让它们死。人心真可怕，莫名其妙就能狠毒到那种地步。现在每次想起来，都想回去掐死自己算了，小白眼狼的。”

一条赤鱬甩了他一尾巴。

像小时候说错话，大人就往你头上拍一下，不轻不重地教训你。

“说来好笑，真正差一点死掉的，不是赤鱬是我。爹娘死后，我就没怎么吃东西，自以为躲了好多天，事实上一天都不到，我就倒下去了。倒下去的时候，我忽然就又感觉自己被父亲背在背上……其实不是父亲，是赤鱬，很多很多条鱬鱼。”

它们聚集在一起，把他从昏暗的房间里托了出去。

它们的鳞片冰冷，身上的光却带着淡淡的暖意，那种熟悉到让人号啕大哭的暖意。

是父亲宽厚的肩膀，是母亲温柔的双手。

分散在无数条鱬鱼身上，成千上万，如海洋般将他包围。

他抱着最大的鱬鱼，眼泪无声地就流了下来。几条小小的鱬鱼游过来，贴着他的脸颊，轻柔地拭去他的泪水。

“再后来，我有时候很讨厌一些来鱬城的人，匆匆路过的就算了，一些知道了鱬城归水的家伙，总是觉得归水残忍而又血腥。他们什么都不懂，他们只看到一点东西，就在那边自以为文雅地痛斥这里野蛮无情。

“他们懂什么？”

舟子颜按了按自己的眼角，浮现出一枚赤红的命鳞。

“不是鱬鱼贪食血肉，是城人不愿意离开这里。

“鱬城的人没有死亡，活于世上只是一段短程。”

他们都是一尾游鱼，最后都会回到鱼群里。

第32章　鱬城夜市街如昼

“我有一把剑。”仇薄灯冷不丁说。

“啊？”

舟子颜一呆，没反应过来这话题是怎么跳跃的。

“别拿随随便便什么破烂东西去做阵眼，你是看不起苍天还是看不起鱬城？”仇薄灯起身，与蒙愣的舟子颜擦肩而过，“想祭天，就来找我借剑。”

红衣少年穿门而过，撑开一把油纸伞。

“当然，借不借，看我心情。”

（中略）

“让贫僧想想，具体是多少年前的事来着……算了，不记得了，反正就是以前百氏大族的太虞氏有位少族长。这太虞氏的少族长天生神骨，据说还能和扶桑的十日相感相应，未来必定是位放天牧的领袖。”不渡和尚索性一屁股坐下，一边狂风过境地扫荡桌上剩下大半的好菜好肉，一边滔滔不绝地讲着，也难为他能边啃鸡腿边口齿清晰地说话。不过这姿态，让人十分怀疑，其实他一开始说这件事，目的就是骗吃骗喝。

“太虞氏？”

陆净和左月生同时皱了皱眉。

百氏虽然都是古神后裔，但也有大氏小氏、强支弱支之分。而这太虞氏，便是百氏之首——也是最喜欢对仙门指手画脚的一个。但客观来说，太虞氏的实力十分强劲，几乎能够与稍弱一些的仙门媲美。

如果把太虞氏和鱬城放在一起，便如日月比之萤烛。

很难想象，这两方能有什么关系。

“然后这天生神骨的未来天牧领袖被鱬城的人杀了。”

不渡和尚咬住鸡腿的一头，一口直接将所有肉抽出吞进肚子里，呸一声把干干净净的骨头吐到地上。

“欸欸欸？”陆净瞪大眼，“我怎么没听说过？”

“所以说是秘辛嘛，”不渡和尚朝剩了一半的叫花鸡进军，“太虞少族长某天心血来潮，自个儿跑出百氏，游山玩水，游着游着就到了鱬城。然后这太虞少族长在鱬城干了件事……”

“什么事？”

不渡和尚打了个饱嗝：“他杀了一尾鱬鱼。”

“什么！”

左月生和陆净同时惊呼。

仇薄灯微微侧了下头。

“总之就是高高在上的少族长一剑杀了条鱬鱼。杀了鱼后，他说：‘这鱼我花十万两黄金买了，那谁，来个人帮我刮鳞炖汤。’鱬城人围困住他后，他仗着身上的神兵宝器，一路屠杀强行冲到了城门口，而且还不忘把他杀的鱬鱼带上。”不渡和尚撕着腿骨上的肉，“据说他来鱬城就是想尝尝这里的鱬鱼好不好吃。”

“我吃他个头！”陆净拍桌大骂。

“那你晚了一步。”不渡和尚说，“别说头了，这家伙连根肋骨都没留下。”

和尚把干干净净的鸡腿骨立在桌面上，伸出手指，摁在一端，然后用力往下压。鸡腿骨从上往下，一点点被压成灰。

“当时太虞氏的龙马天车刚一到城门，从城门的阴影里就飞出来一道剑光，把他的人头割了下来……等到太虞氏的人赶到鱬城时，他们的少族长已经被人剐肉碎骨，连块渣都不剩了。”

左月生和陆净拍案叫好，追问是谁做的。

“这贫僧就不知道了。”不渡和尚一摊手，“太虞氏要鱬城交出凶手，被鱬城拒绝了。差一点太虞氏就要兴师动众灭了鱬城，好在左施主你们山海阁插手了，把太虞挡了回去。至于杀太虞少族长的人是谁，要是连左施主你都不知道，那就更别提贫僧了。”

（中略）

四个人站在小酒馆门口，一起看着绚烂如画卷的鱬城长街夜市。

长街无灯，游弋往来的赤鱬却将它照得瑰丽无比。

大如巨鲸的赤鱬从街道上空暮霞般流过，背上负着几名举糖葫芦的孩童。孩童嘻嘻哈哈地笑着，有顽皮的顺着鱬鱼的脊背往下滑，然后被赤鱬一尾巴抛起来，重新落回鱼背上。小些的成群结队在一个又一个摊子的木杆布帘中转来转去。

所有鱬城人，不论是站着坐着还是走来走去，身边总有那么三三两两的游鱼。

仇薄灯眼前浮起归水时的一幕，想起舟子颜说鱬城的人都是一尾游鱼，死亡就是他们回到了鱼群里……彼将不离，鱬城的人每次回头转首，目光掠过鱬鱼，就知道他们爱的和爱他们的人一直在身边。

这是鱬城。

是人和鱼的城。

那一夜守在城门阴影里的人，心里一定藏了无穷无尽的愤怒和杀意。

他们的神明，他们的亲人，他们的知交，他们的归属，被那么轻蔑，那么无所谓地提起，在一些人口中成为“刮鳞炖汤”的玩意儿。

“换我我也拼死都要杀了那种牲畜不如的家伙。”陆净望着赤鱬从面前游过，忽道。

“我也是。”左月生说。

“阿弥陀佛。”不渡和尚双手合十。

“嗯。”仇薄灯应了一声，“走吧。”

（后略）

第 33 章　眉眼盈盈点绯鳞

（前略）

舟子颜恭恭敬敬地将太一剑捧上圜坛。

鱬城的大小祭祀，都在这里举行，但与前日举行归水相比，场面无疑郑重了许多。四方棂门下各立十二名祝师祝女，具敛容负剑。舟子颜将太一插至高台上后，陶容长老站在第二重坛上，低喝一声：“起！”

水声哗啦。

圜坛之外，数里银湖中，一片片青瓷碟破水而出，水珠飞溅里，瓷盏中心的红烛呼地一下齐齐燃了起来，仿佛水面上忽然生出无数片荷叶，荷上开出无数红莲。水纹与火光碰撞，转瞬间构成一个天地交融的阵。

水阁中旁观的娄江倒吸一口冷气。

“真厉害啊……”

他喃喃道，神色复杂。

烛火的每一次明暗，水波的每一次变幻，都是阵术的一次流转，如非亲眼所见，他是绝不可能相信，这世上竟然有人能同时计算火光和水纹，然后以这么微妙之物，布置出一个静谧无比的阵。

长老们的评价没有错。

舟子颜的确是山海阁古往今来的第一天才。

如果他没有离开山海阁，没有回到鱬城，没有在数亿鱬鱼上耗尽光阴，谁都能肯定地说他早已名震天下。

有些人就是这样，他生来就仿佛只为了让世人惊叹。

（中略）

陶长老立在圜坛上，灰袍猎猎作响，天高地厚，无穷的威势压向他的肩头。这位在天雪舟上与仇薄灯三人放赖的老人，忽然就腰背挺直，忽然就睥睨得随时都可以提剑赴秋郊斩鬼母。

他以一己之力支撑起整个沟通天地的阵法。

“呜呼！古之鸿蒙，混沌两间！

“上下形考，天地遂分。

“天载日月，地负万民。

“厚土瘴迷，瘟疫恣横。

“后有神虹，化而为鱬。

“明晦有时，枯荣有城。”

棂门之下的祝女祝师俯仰叩拜，绕柱而歌，女声尖锐，男音粗狂。

“他们唱的是什么？”陆净问。

“《般绍经》。”不渡和尚低声回答，“是鱬城人自己的天地说，他们认为古时世界混沌。后来天地分开，把浊气留在了地面，人被瘴雾驱逐流浪在大地上，悲苦之极无以言表，便向上天祈祷。苍天便降下一道赤虹，赤虹化为神鱬。”

神鱬驱逐瘴雾，于是人们在神鱬游栖的地方，建起了一座城，从此雾散便出城耕作，雾聚便待在城中休息。

《般绍经》不长，却唱过了天地初分，唱过了城墙拔地而起，唱过了人鱼相契，唱过了商旅往来不绝织机。

上歌青冥，下颂黄土。

最后舟子颜在高处，三跪九拜，声音高亢而凄厉：

“天怜我民！请以日月。

“日来月往，草木欣欣。

“天怜我民！请以四风。

“四风有序，鸟兽兴兴。”

万烛沐水而上，火光被水珠折射，亿万道水光亿万道火光交错，转瞬，光越过整个城祝司，向上下东西南北铺展开来。瞬息之间，整座城，都被笼罩在了光里，从天而降的雨，地面流淌而过的溪，全成了阵的一部分。

鱬城家家户户，门口都设一瓷盏，点一红烛。

男女老少，齐齐顿伏下身，三跪九拜：

“天怜我民！请以日月！

“天怜我民！请以四风！”

声音碰撞，聚往城池中心的三重圜坛。

陶长老为一城之声势，百万人之念想所牵，冠碎发乱。狂风穿过四方棂门，与水火一起，灌进高台正中心，如百川汹涌入海。

海浪狂潮中，舟子颜一点一点，艰难地站起来，如负万钧。

“请以日月！请以四风！”

他站直身，两袖一振。

山风海啸。

天地之间光与水的洪流倒卷，卷向陶长老，卷向待在水亭中的不渡和尚、叶仓、娄江、陆净、左月生……以及仇薄灯！

第 34 章　白衣若我

鸿宇忽空时岁忽寂。

左月生看见绵延而去的群山，陆净看见轩窗前水蓝长裙的女人，叶仓看见熊熊天火里燃烧的苍木，娄江看见两道正在倒下的身影……许许多多熟悉而远去的面孔和事物在瞳孔上一掠而过，光线破碎折转。

被它们淹没，就像被一场陆离的梦淹没。

“混账！”

陶容长老暴怒，大鹏般一跃而起，拔剑斩向圜坛最高处的舟子颜。

“你在做什么？！”

剑光快如闪电，舟子颜被劈成两半，却没有一丝血花迸溅出来。

他的身影如太阳出来时的露一样，迅速蒸发、消散。四周的天青瓷纹、殷红烛火、水雾霞虹……全部迅速褪去色彩，仿佛画布被斩破，陶长老连人带剑撞进宣纸背后的另一个灰尘暗淡的世界。

无风无水也无火。

青瓷盏立在龟裂的湖面，蜡烛燃尽只余一段焦黑灯芯，四柱棂门下的祝女祝师不见踪迹，水亭里的仇薄灯等人也消失了。

“水月镜花……不错，好阵术。”

陶长老站在舟子颜刚刚立着的地方，衣袖缓缓落下。

“这些年你长进不少。”

天穹是灰色的，圜坛是灰色的，回廊阁楼亭台以及更远的房屋也都是灰色的，唯独物影深黑。

“雕虫小技，让老师见笑了。”

舟子颜隐没在黑暗里，不见身形。

“教你阵术的人本事神鬼莫测，这要是雕虫小技，山海阁的所有墨师都该去死一死了。”陶长老说。

他右手把剑垂下，被剑尖一点寒芒指着的石面仿佛承受不住某种锋利，无声无息地出现蛛网般的裂痕，左手却滑出一杆烟斗，径自抽了起来。

“谁告诉你我们要来鳐城的？他们允诺了你什么？”

“老师不是听到了吗？”舟子颜似乎笑了笑，圜坛周围建筑的影子一点点拉长，渐渐盖过湖底长出的青瓷枯荷，“期我以日月，期我以四风。”

“蠢货！”

陶长老呵斥，烟杆在虚空中一敲，磕出几点暗红的火星。火星迸溅，落到湖底，落到水榭亭台扭曲的影子上，转瞬就把它们灼烧出白色的灰烟。

“愚不可及！冥顽不灵！什么人说的话都信？以为给那些家伙当走狗，替他们卖命，他们就真的会履行承诺吗？我看你的长进是长进到狗身上去了。”

“老师责之有理，可山海阁现在不也在当百氏的走狗吗？”舟子颜微微欠身，仿佛仍在从前的课堂上，等着老师解惑，“百氏南伐巫族，借道清洲，山海阁不仅应许，还伸以援手，这不是争当百氏的马前卒是什么？又或者——”

他打见面起就始终毕恭毕敬，一直到现在，长久以来扎在心底的那些尖锐刀剑陡然在声音里破鞘而出。

“这也是您说的权衡？”

烟斗悬停半空，四下死寂。

“恨我恨很久了吧？”陶长老慢慢地抽了口烟，吐出的雾模糊了他的眼，“安排住处的时候，是不是松了口气？毕竟我要是住城祝司里，光是克制杀意，就要花很大力气，很容易露出马脚吧。”

“子颜不敢。”

舟子颜冷冷地说。

“以前我就最烦你这个德行，心里拗得跟头牛一样，脸上口里还要什么都应好什么都应是。恨就是恨，还非要执什么弟子之礼，没点少年气。”陶长老松开烟斗，任由它磕落在黑石上，剑插至身前，左手与右手一起握住剑柄，白发被风吹动，“不过，恨我恨山海阁，都可以，唯独不该对太乙那位出手。你手里还提着他的剑吧？什么时候学会忘恩负义了？”

舟子颜低头。

太一剑在兵匣中，剑身微颤，竭力想破匣而出，却被十二根铜链紧紧锁住。

——我有一把剑。

——想祭天，就来找我借剑。

红衣少年撑开纸伞，拨开雨帘，渐行渐远，声音却被雨水留了下来。

舟子颜闭了闭眼：“他说鳙城很美，可这美是从心脏里飞溅出的血色，是最后一刹了……生无可期，死无可惧，负恩负义，子颜今日亦有权衡！”

他猛地睁开眼，目光冰寒。

“老师，请指教！”

世界被黑暗笼罩，阴影铺天盖地。

（后略）

第 36 章　东边日出西边雨

（前略）

雨。

寒透骨髓的雨。

“见鬼。”陆净结结实实地打了个寒战，握刀的手都有些哆嗦，“死秃驴，你他娘的是想冻死我们？”

不渡和尚皱着眉头，做了个小声点的手势：“几位施主莫要高声，我们并未出阵。”

“并未出阵……”

左月生皱着眉头，环顾四周。他们站在有几分熟悉的街道上，屋脊牌楼笼罩在蒙蒙细雨里，起伏斜飞的线条虽然还是显得十分阴沉黯淡，但已经不再是先前的那种一片灰沉。周遭的景象看起来，更像真实的鱬城——赤鱬未醒的鱬城。

左月生心里略微打了个寒战。

这是他第一次亲眼看见赤鱬休眠的鱬城，岂止不瑰丽不辉煌，简直孤凄如鬼城。

不渡和尚说他们还未出阵，那这又是哪里？

不渡和尚叹了口气，把自己黯淡了许多的佛珠举起来给众人看：“贫僧这串佛珠是佛陀亲赐之物，贫僧原本是想凭借它强行破开幻阵，带诸位重返鱬城，以证清白。没想到佛珠将我们反过来带到舟城祝的迷津里了。”

“舟……”娄江顿了顿，“舟谁的迷津？什么意思？”

“唉！迷津就是‘心魔’‘心障’一类的，称呼不同而已，意思差不多。”不渡和尚愁眉苦脸地叹气，“这事可就得怨我们佛宗的那些老家伙了，天天一口一个普度众生普度众生，整个法器都想着度世济人，也不分敌我。”

（中略）

“嘘。”

娄江一打手势，眼睛死死地盯着街巷的另一头。

“他来了。”

只见舟子颜果然牵着一个孩子走了过来，几个人下意识想躲，但双方距离极近，街道两侧又没什么东西好遮身，仓促间舟子颜走到了面前。

众人惊得个个手按刀剑。

“快到家了，不能再和你娘吵架了。”

“可是，我想当祝女。”小姑娘揉着眼睛，“子颜子颜，你和我娘说好不好？你现在是祝师了嘛，你和我娘说，我娘会同意的。”

“这个……”

一大一小沿着街慢慢走远了。

左月生慢慢地松开刀剑，和陆净对望了一下。

迷津里的舟子颜，比他们见到的时候要更年轻一些，还只是名祝师，哄小孩的架势也远没有他们见到时那么驾轻就熟……

（中略）

“走走走，跟上跟上。”

左月生一挥手，尾随其后。

一行人快要绕过街道拐角时，前面走的舟子颜忽然停下脚步，低下头对小姑娘说：“你在这里等一会，不要乱跑，我去和你娘先说一下。”

小姑娘乖乖地站住。

舟子颜摸了摸她的脑袋，向前走去。

娄江离他最近，一开始还以为他是发现了什么，手指下意识地攥紧剑柄。但很快，娄江便注意到了不对，舟子颜自己一个人绕过街角，悄无声息地站在一处檐角下，垂下眼帘，静静地听着从院子里传出来的谈话。

“……又比去年晚。”

"日头也不出雨也小了，这样下去可怎么办啊。"

"……"

娄江明白了。

舟子颜不是发现了他们，而是听到了院子里的谈话，所以让孩子先留在街角等等。只是娄江有些不懂，这些谈话和舟子颜的迷津又有什么关系。

正想着，院子里的对话逐渐变得激烈起来。

"他一个人拖累我们，当初就不该……"

"你瞎说什么！"男人粗暴地打断，"你这婆娘懂什么！"

"我是婆娘，你们说的那些大道理我不懂，"女人发狠，"那你倒是说说，他又做了些什么？他自己吃喝不愁，要什么山海阁给他什么，那我们鳙城呢？我们鳙城怎么办？"

"他不是回来了吗？"

"回来，回来有屁用。"女人冷笑，"当祝师又算什么，反正城一死，他照样回去当他的山海阁第一天才，耽误得了几年？又有好名声，又有远大前途，多划算的买卖。"

"……"

娄江转头去看舟子颜。

舟子颜脸色苍白地站在原地，等争吵结束过了一小会，他抬手揉了揉脸，若无其事地走上去，敲了敲门。

"谁呀。"

"杨婶，是我。"舟子颜温和地应。

院子里仿佛有东西被打翻，脚步声急急地传了出来，门嘎吱一声被打开，露出一张慌张的妇女脸庞："啊，子颜，是你啊，快进来快进来……老头子快去拿枣子！"

"不用了，"舟子颜神色如常，略有些歉意，"我刚刚遇到兜兜了，她说怕你骂她，不敢回来。"

“这死丫头。”妇女一边道歉，一边把人往里让。

后面的对话渐渐地就模糊了。

娄江后退几步，撞到了人。

左月生、陆净还有叶仓眉头打着结地站在背后，显然也听到了刚刚的争吵。

“几位施主，以前鱬城也是会出太阳的。”

不渡和尚捻着佛珠，淡淡地说。

（中略）

雨水弥漫，四周的景物迅速变化。

庭院、吵架的男女都消失了，娄江几个人静静地站在原地，心知这是迷津在发生变化。他们有那么一段时间，看不到其他的东西，只能听到纷纷杂杂的对话，有时尖锐有时窃窃，但都很模糊。

“子颜子颜，又有人归水啦。”

（中略）

舟子颜没有什么表情地继续执行归水仪式，握刀的手苍白有力，一把剜出了死者心脏。

“阿弥陀佛，善哉善哉。”

不渡和尚轻轻道。

“果然如此。”

“怎……怎么了？”陆净问。

“吞金自杀，”娄江回答，瞳孔中映出万千鱬鱼淹没死者的景象，“他是在……以身饲鱼。”

群鱼低旋徘徊，赤鱬不能言不能语。

但娄江却听到了它们的悲歌。

说要借剑的少年渐行渐远，长不大的小姑娘嗒嗒跑进水阁，拽着年轻的城祝往外走。一开始欢快地说着典藏，后面声音渐渐地就低了下去。

“子颜……今年归水的人好多。”

“嗯。”

“子颜，鱬鱼这次醒来是不是不会再沉睡了？”

“嗯。”

陆净呆呆地站在原地，定定地看着他们走远。

素窗边的女人抚摸着他的头顶，轻声说，十一，你要知道，我们很多时候都只是个过客，别人的喜怒悲欢我们不懂得……他们来到鱬城，看它烟雨绵绵，看它在阴沉晦暗中迸溅出来的天地霞色，他们惊呼，他们赞叹。

可他们真的了解这座城吗？

不。

他们什么都不知道，他们只是过客。

“唉，”不渡和尚愁眉苦脸地叹气，“难办了哦，原来不是舟子颜要杀我们，是整座城都要杀我们。”

知生无可期，知死无可惧。

举城皆同谋。

第 37 章　年少仗剑平不义

“我不懂，”左月生茫然地看着迷津中的舟子颜和兜兜远去，“这座城，不也曾剑斩太虞吗？”

他还记得那日在酒馆的血气上涌。

当时有仇薄灯，有陆净，还有他。他们围着一盏蜡烛，听一个不靠谱的和尚说鱬城的往事，说那太虞氏少族长嘶吼着咆哮着，说自己是未来的天牧者，说空桑千万载力如浩海，也说鱬城百万凡人百万兵，说鱬城满城着刀甲。

说这座城的人，与修仙者相比卑如蝼蚁的凡人在那一刻奋不顾身。

用菜刀，用剪刀，用牙齿，用所有荒唐可笑的武器。

修为最高的鱬城城祝已死，再无一人可与太虞少族长相抗，他肆意横斩，携鱬鱼破围而去，直到城门处，遇到了打暗影中飞出的剑光。

尸如山血如海，最后剑照十二洲。

其悲至此，其烈至此。

这么烈的一座城，当初能够百万人一起奋力起身的城，怎么就被困在冷雨中日复一日地磋磨着，磋磨到夫妻间口角相向悔意横生，磋磨到正值壮年的人吞金自杀以身饲鱼？

当初的那一剑哪去了？

“鱬城剑斩太虞到底是什么时候？”

娄江突然一把抓住不渡和尚，近乎失态地低吼。

“说啊！说！”

“归已三十二年，昭月二日。”

归已三十二年，昭月二日。三十二年……

娄江松开不渡和尚，踉跄地后退了一步，浑身生寒。他记得这个时间，他记得！他曾无数遍阅览过另一人的轨迹，透过简单的文字想象那个人在某一刻的意气风发，既嫉妒又向往……他看了那么多遍以至于最后那些数字都烂熟于心。

山海阁弟子宗卷载：归已三十二年，昭月二日，舟子颜归乡探亲。

距今约莫百年。

时岁的流逝要很久才能在修仙者身上看到痕迹，入了仙途，修为稍有所成，衰老就会很慢。修仙者的“年少”与“年老”和凡人是两个截然不同的概念。归已三十二年，舟子颜悟道。娄江不知道，他返回鱬城时，是否也带着荣归故里衣锦还乡的意气风发。

那一年，他十六岁。

百年后，娄江再次见到舟子颜，他依旧面容年轻，被陶长老呵斥的时候，神态腼腆局促，甚至还会掩面欲走。娄江读了他那么多年少风华，心里也下意识就觉得，他还是当初那个十六岁荣归故里的人，没有意识到，时间早已经过了百年。

一百年。

一百年里到底发生了什么？

让一个天才和一座烈如炽火的城，变成如今的模样？

娄江推开其他人，朝快要消失在回廊尽头的舟子颜冲了过去。

“娄江娄江！”

背后左月生他们在喊，娄江全然没听到。

他在舟子颜的虚影即将消失之前，一把抓住了年轻城祝的衣领，歇斯底里地吼：

“到底发生了什么？！”

你怎么就变成了这个样子啊？

他最嫉妒的人，也最崇拜的人。

手指擦过衣领，娄江被一股力量席卷，撞进了一片混沌里，等再次醒来，他跪在一间略微有些昏暗的净室内，头顶传来一道熟悉的苍老声音：“子颜，你太冲动了！我不是给了你聆听符，为什么不先告诉我？再不济，你也该把人带回山海阁，让山海阁来处理！”

“可他会死吗？”

娄江听到舟子颜的声音响起，压抑而低沉。

“交给山海阁来解决，他会死吗？”

他抬起头，看到了面带怒容的陶长老，熟悉而陌生。

娄江熟悉的陶长老是个有些不务正业的老人，整天在阁里阁外转悠，毫无架子。然而舟子颜记忆里的陶长老，则显得更加年轻，更加冷硬严肃，不抽烟也不风雅，更像传闻中曾镇守不死城数百年的山海阁顶梁柱。

“老师，”舟子颜轻声问，“山海阁会杀他吗？他会死吗？”

陶长老沉默，许久不答。

“他不会死！”

“你们不会杀他！”

娄江感觉到舟子颜的手藏在袖中颤抖着，他竭尽全力地克制着自己，维持着对老师该有的尊敬。

“他是太虞氏少主，未来是天牧之首，你们不会杀他！

“可他说什么？几件神器，几万黄金，就够赔我鱬城一条鱼，说什么一人一口棺材二十两，就算把全城人的杀光了，两百万两黄金，他太虞也赔得起！说什么一条鱼而已！

“就算是一条鱼，那也是护我鱬城千年万年的鱼！”

他笔直地跪着，胸腔里却沸腾无穷无尽的愤恨，鱬城比之百氏，有若萤火比之日月，如此微小如此渺茫。可萤火也敢沸腾，一若城池之内百万人的奋不顾身，一若十六岁的少年抱剑，积蓄着怒龙般的一斩。

“……你又何必非要在鱬城杀他？”陶长老说，“你明明可以在城外杀他。”

“老师啊，鱬城活着，就是这么一口气啊。”

舟子颜轻声说。

一口谁杀城中之鱬，谁必死城中的气。

鱬鱼数以亿万计，可每条鱼分开都很弱，只有汇聚在一起才能照亮山河。他们要护所有的鱼，就得守着这口气。

“今天百氏不死城中，明天就有千氏、万氏！鱬城……就没了啊！”

寒风穿堂，陶长老重重地叹息，负手而去。

“你这样，护不住的。”

护不住？

为什么护不住？

明烛一腾，画面一转，娄江只觉得自己，或者说舟子颜，又一次跪在了地面上，重重地磕头。他用的力如此重，以至于附着在他记忆里的娄江都感受到了那种刻骨铭心的痛意。

“弟子疑百氏私改日月之轨。

“弟子恳请山海阁问询空桑。”

一字一叩，满座静寂。

“子颜……求阁主与诸位阁老，问询空桑，彻查天轨。”

他抬起头，一字一句声音沙哑。

娄江见到了阁主，见到了白发苍苍的诸位阁老，见到了许许多多或严厉或慈祥的长老。舟子颜一位一位地望过去，他们或别过头，或眉峰紧锁，或摇首叹息……从未有过那么冷的穿堂风，冷得人的血和魂一点一点地凉下去。

“子颜，”最后阁主开口了，声音很慢，“太虞原本是要鱬城交出你的。你知道吗？”

“弟子知道。”

舟子颜的头一点点地垂了下去。

“弟子知是山海阁护我。”

“虽然当初司天之盟约规定，若仙门对日月之轨有异，可问询空桑。盟约迄今，仙门共问询空桑三次，每一次都是数洲血战，生灵涂炭。”阁主沉声，“你可知道？”

“子颜……知道。”

“那你可明白？”

娄江明白了。

明白了为什么连左月生这个少阁主都不知道鱬城曾剑斩太虞氏，明白了为什么舟子颜在十六岁之后就杳无音信，明白了百年来宗内完全不提这个人。

因为这不是什么光彩的事。

仙门统十二洲，各洲城池百万，城池与仙门契，因此每座城的城祝印都由各洲仙门统一铸造。城池向仙门纳贡，仙门则在大灾大厄之时，出手护城池。除此之外，当各洲城池遇到一城之力无法抗衡的不平事，也会向仙门寻求帮助，请仙门主持公道。

鱬城便是这么一座城。

它像清洲的其他城池一样，同仙门签署了城契。

太虞氏借自己在百氏中的权力和地位，更改日月出行的路线，使鱬城日渐少雨渐小。日月出行，其轨本就复杂莫测，高天之上只需要一小点极细微的偏移，就足以引起地面的生死变幻。太虞氏就是掐准了这种改动太过微小，在整体日月轨迹没有异动的情况下，山海阁绝对不会愿意问询空桑。

改天轨只是一族之所为，但查天轨却要查所有空桑百氏。

一边是一座凡城，一边是百氏空桑。

孰轻孰重，孰与权衡？

于是城契也只能做一声叹息，这世界的公道本来大多就是一纸虚言。

独年少才会当真。

“……子颜明白。

“子颜不怨，请辞山海。”

辞山海，归鱬城。

“子颜，你疯了！”陶长老死死地抓住断剑，剑刃切开了他的血肉，鲜血滴落到地面，“你到底做了什么！谁教你这种邪法！”

幻阵里千万道飞虹，千万道流火，水墨般的街道与房屋被撕扯，被燃烧，被抹去，又被复生。站立流光正中央的年轻人黑发成霜，他瘦削而苍白，仿佛一身的血都在迅速流走，化为数不清的盘绕着他的绯红鱼影。

鱼影从他的胸膛、他的心脏里游出来。

他站在那里，展开双臂，成了血肉的鱼巢。

随着群鱼游出，他的气息迅速地以某种可怕的速度暴涨，拔高，变得前所未有地危险。陶长老对那些危险浑然不觉，一直凝如铁封的神情破碎，露出掩饰不住的焦急和恐惧：“你到底做了什么！”

城祝可以通过城祝印借用城神的力量没错，但舟子颜此刻的变化，已经超过了通过城祝印借神力的范畴！

“老师，鱬城人都点过命鳞的。”舟子颜轻声说，“您知道命鳞是什么吗？”

“鱬鱼把它的命魂赋予我们，点过命鳞的人，就成了一尾游鱼，死后才能循磷火的指引，回到鱼群里。

“但是反过来，人如果愿意也是可以把命借给鱼的。”

是以城人吞金自杀，以身饲鱼。

他们将之称为“还命”。

鱬鱼佑我，赐我鳞红，我以命还之。

而他是修仙者，他可以修炼，他百年来夜以继日地修炼，以自己的灵识和修为来供养整座城的鱼。

“老师，我撑不了太久，可我要是死了，这座城怎么办呢？”舟子颜的眼睛空洞洞，“鱬鱼怎么办呢？”

“混账！”陶容长老逆赤流而上，鱼鳞割开他的血肉，白发如燃，“你杀得了我，杀得了其他人，你杀不了仇长老，你做的一切还是白费，你个蠢货！太乙那边我去说，百氏那边我去问！真想救这座城，你就把仇长老放出来！”

“我知道，”舟子颜轻声说，“那个人说过，我杀不了他。”

“所以，他自己来了。”

鱬鱼把他的力量还给他，他变得前所未有地强大，可他正在迅速地老去，那种老去是从灵魂里透出的疲惫和绝望。陶长老终于意识到横亘在他和学生之间的是什么了。

是百年岁月。

百年对仙人来说弹指一挥间，可对凡人来说却够了。

够一代人与一代人生死诀别，够祖辈的愤慨成为往事，够苦郁冷了热血，够一个人在绝望里不顾一切。

“老师啊，”舟子颜苍白地笑起来，“负恩负义，孰与权衡，学生也算是懂了。”

他自虚空中抽出了第二把剑，带着一身血一身火朝陶长老冲了过去。光线扭曲，世界颠倒，他像是在笑，又像是在哭，他放声悲歌。

“期我以日月，日月不至，我之奈何！

“期我以四风，四风不至，我之奈何！”

年少仗剑平不义，而今俯首求权衡。

我之奈何！

［节选自晋江文学城］

【粉丝评论摘编】

@周周在看小黄书：

一人为善，善微力薄。

一人为恶，恶深罪重。

可即便恶念绵延不绝贯穿大地，我眼里看到的善意却仍未曾有一日断绝，未曾有一日止步。哪怕它举步维艰，哪怕它寸步难行，哪怕它向前走一步都可能会被推回千千万万步。

于是意气风发的少年神君，掷地有声地说他赌！他赌凡人心底埋藏的那一丝善念终有一日能胜过满身的恶念！

可是神君他不知道，他不知道人性里埋藏的善意是那样渺小、那样微乎其微、那样脆弱易变，而恶念却只需要一丝便能焚烧起地狱的熊熊烈火啊。善意的成长是那样漫长又是那样曲折。

于是即便是作为永生存在的神君，也至今没能见到善意战胜恶念的那一天。

于是即便是被誉为无所不能的神君，也无力对抗千千万万人的恶念。

于是神魂零落大地。

于是三生三死。

于是当初朝气蓬勃满腔热血满怀喜欢的神君，即便身穿这世间最明亮热烈的颜色，即便有了这世间最张扬快活的性格，也还是觉得冷。

……

看清了吧，恶念和善意都是缺一不可的人性。……什么仙人两相护，什么安居乐业，什么仙、妖、人相亲相爱，自私与恶念永存，则争夺永存，直至只剩下一方存活，这才是真相。

那么，你后悔了吗？

不悔！

……

你们只看见了枎城城祝想要窃取神枎之力的贪欲，可我看见了神枎竭尽全力守护枎城的虔诚，哪怕整座城可能早已没有一个它的信奉者，可只要还有一个，它就会拼到底！很蠢吧，跟我一样，看见一点善意就又会燃起希望。可我看到的何止一点呢？笨拙地把守护鳐城扛在自己一人肩上的舟子颜、山海阁一代代阁主咆哮着的英魂、山海阁一年比一年拓宽的静海、受尽人间百苦却甘愿为她的善和坚持去死的武眉、生死存亡之际却向远比他强大的修士伸出一只手的凡人老者，还有一大群不走寻常路却善恶分明、心中有坚持有傲骨充满生机的新一代，这么多、这么多的希望啊！

（选自晋江文学城书评区，2021 年 7 月 11 日）

@一砚池：

这本怎么说呢，在某些时刻有种史诗般的宏大，人物刻画得立体，在我心里也算某种意义上的群像文了。不同于少年鲜衣怒马看尽长安花的肆意，这里的主角大多数时候是一种悲凉的置身事外，又在某一时刻露出慈悲心怀。

只有在少年人的生死之交面前，才显露出一些插科打诨的年轻意气。

（选自微博，2021 年 8 月 29 日）

@吃肉不长胖欧耶：

作者用华丽的辞藻、宏大的剧情塑造了一个一个有血有肉的角色，为我们铺开了一个瑰丽的仙侠世界。

每一幕都有画面感，仿佛身临其境。

（选自微博，2021年5月7日）

（导引、简介、节选、粉丝评论摘编：王玉玊）

人间待少年

——评吾九殿《美人挑灯看剑》

王玉玊

“一人为善，善微力薄。

“一人为恶，恶深罪重。”[①]

谁传道天下，谁就要为天下承担这份业障因果。

只有白衣神君敢赌，赌人间之善总会胜过恶。

于是神君传道于人，人方能修仙，以抵御大荒，神君带领众妖立四极、定天钟，欲使日月有序、四时有候，建立一片人、妖、神和睦而居的乐土，“瘴去风来，漫天繁星”[②]。

然而神君赌输了，输了三次，死了三次。

第一次复生时，神君身负万千业障，仍心心念念要斩断牧天索，阻止天外天诸神汲取人间气运，却被受他传道的诸仙门合力围杀于九淖。这段仙门忘恩负义的黑暗中古史，被后来人含混带过，只留下人间晦暗三千年。

神君再次复生之时，已不是那个永远仁慈、宽和、满心光明、无所不能的白衣神君，而是任性妄为的仙门第一纨绔仇薄灯，是太乙宗敬着、护着的小师祖，是师巫洛纵着、宠着的仇娇娇。但再烈的红衣再醇的酒都焐不化血里的冷，仇薄灯看着他热烈爱过的山河人间，如今依旧是贪嗔痴妄，危如累卵。在《美人挑灯看剑》的世界中，地上一座城对应天上一颗星，仇薄灯仰头看星辰寥落，便知人间惨淡如昨。人类困守十二洲，妖族聚居三十六岛，各自在大荒的包围

---

① 吾九殿:《美人挑灯看剑》第104章《谁愿意赌？谁敢赌？》，晋江文学城，2021年6月21日。
② 同上。

下勉力支撑，靠着代代仙门修士的命勉强填出一线生机。天外天诸神高高在上，靠牧天索吸取人间气运，空桑百氏代天牧民，为私欲而改天轨，张扬跋扈、为所欲为。于是师巫洛提刀登天阶、斩诸神，仇薄灯孤魂入大荒、封幽冥。

神君第三次为人间太平而死。

世界似乎变了，牧天索断、天外天被毁，诸神坠魔入大荒，曾为人上人的空桑百氏一朝跌落尘埃。但世界却并没有变好，依旧有仙门中人为了一己私利供奉大荒中的神魔，人与妖相互仇视、不死不休，大荒蠢蠢欲动，坐等人间内乱战火起，便要伺机吞灭人间。

以前的传奇故事中，若有危及人间的灾厄，大抵便会有英雄出世，力挽狂澜，救世于将倾，而后世界恢复和平，人人安居乐业，故事便有了圆满的结局。但《美人挑灯看剑》的故事，却像是永无止境的噩梦轮回。神君死了一次又一次，只剩下满心的悲与恨，那个人、妖、神和睦共处的空桑旧梦，依旧只是遥不可及的梦而已。

这人间远远不够好，一念之善永远胜不了众生为恶，所以总也成就不了光风霁月的未来；但这人间却也远远不够坏，不够说服仇薄灯彻底死心放弃、袖手旁观。枎城的神枎树灵纵使身死也要护佑一城百姓，鳐城全体百姓敢为一尾鳐鱼的性命剑斩太虞；山海阁的修士们投海为石，完成守山镇海的使命，入荒求索的修士大能点燃自身化作引路之灯，万里幽冥路便有百盏命魂灯；太乙宗与巫族历经数千年依旧矢志不忘、代代侍奉神君，曾参与九淖之围的仙门宗师也肯直面心中之愧，甘愿以死谢罪……一念之善或许永远胜不了终生为恶，却也从未肯熄一豆之光，所以人间依旧是人间，不曾与大荒同沦黑暗。

更可贵的是代代仙门少年。曾与仇薄灯同游十二洲的一众纨绔，左月生、不渡、半算子、叶仓、陆十一，各有各的顽劣、不靠谱与不务正业，却肯为同伴千里奔赴、性命相托，但见人间疾苦便不能袖手旁观。十二年后，少年初长成，左月生执掌山海阁，半算子守鬼谷，不渡披发成佛，陆十一用毒之术初成，而叶仓则成了太乙宗的沉稳师兄，他初出茅庐的师弟师妹们又开始了新一轮天不怕地不怕的闯祸人生。

少年仗剑平不义，一剑纵横三千里。

神君传的道，是护苍生之道，这话写在仙门典籍里，一代一代传下来。数千年后的少年们不曾亲受神君传道，却已将神君的道化作了自己的道。神君的理想或许永远都实现不了，但这理想的余火却在少年们的肩头代代传承，护佑人间。

从《小蘑菇》（一十四洲，晋江文学城，2019）中那个随时湮灭都毫不奇怪的废土末世，到《美人挑灯看剑》中总也无法实现的理想人间，在新一代作者的故事中，可以清晰地读出对人类社会的失望与对终极理想的怀疑。仇薄灯身上无能为力的悲与冷、怒其不争的痛与恨都浓烈得令每一个读者心有戚戚焉。或许每个人都希望他能成功，但每个人都知道他穷途末路，他注定惨败，他必死无疑。仇薄灯的悲与恨照见每一个人在复杂世界中的渺小与卑劣，也照见每一个人在时代洪流中的迷茫与无助。

但《美人挑灯看剑》的故事又不曾真的陷入死局——毕竟少年常热血，人间代代存星火。在这样的作品中，作者与读者不再以人类文明的无限上升为基点，而开始以人类文明的存续随时可能断绝为前提，重新思考文明与理想的价值。他们相信，即使一切终会归于虚无，即使大同之世永远无法彻底实现，去构想最美好的人类生活并为之而努力依旧有其意义。

因为理想之火将救赎每一个此刻，使之凝成永恒，虚无之渊里于是又开出浪漫主义的英雄之花。

成何体统

七英俊

七英俊，微博知名写手，粉丝数约 247 万。2012 至 2015 年间曾以笔名“七世有幸”在晋江文学城发表小说，代表作《呵呵》(2013)。2016 年起在新浪微博以“七英俊”为笔名发布《有药》(2016)、《粉黛》(2020) 等作，其中《有药》完结后立即由长江出版社出版，2020 年改编为同名动画。

《成何体统》于 2020 年 8 月至 2021 年 6 月在微博连载，总字数约 30 万。其更新方式是把每一章内容制作成文字长图，依次转发发布，每一章更新均有数万点赞、数千评论。正文共 64 章，连载过程中始发章节累计吸引 16 万转发、32 万点赞，显示出作品超高的关注度、讨论度与 IP 潜力，完结当日即宣布启动动画改编，后签出实体书、漫画、广播剧版权。小说展现了作者浸淫多年的微博“大纲文”写作功力，把近年流行的穿书题材写出了反转与突破。

【标签】穿书　群穿　宫斗

【简介】

这是一部多层穿书文，并且有多位穿书人。

职场社畜王翠花穿进了一本名为《穿书之恶魔宠妃》的无脑穿书文。

在这本穿书文里，马春春也穿进了一本宫斗文《东风夜放花千树》，并成为书中的“炮灰女”谢永儿。在原本的宫斗故事中，女主角是集万千宠爱于一身的妖妃庾晚音，她的故事线路是典型的女主配置：一面对暴君虚与委蛇，一面与男主端王暗通款曲，最后帮助端王暗杀暴君、登基封后。穿进这个故事后，马春春立即凭借知晓原书故事的便利，展开炮灰的逆袭，抢在原女主角庾晚音前吸引了端王的注意，最终成功抢夺女主的故事线。

王翠花穿进《穿书之恶魔宠妃》后，成为的却正是被逆天改命了的原女主妖妃庾晚音——不过幸好是在被炮灰抢夺故事线之前，仍是风光妖妃的庾晚音。

于是，摆在王翠花 / 庾晚音面前的路分外艰难，她知道炮灰在旁虎视眈眈，正面强攻并不容易，不如另辟蹊径，先跟暴君结盟，再想办法在这个全员恶人的故事里杀出一条血路。一筹莫展之际，庾晚音发现“暴君”夏侯澹的表现也有些异样，忍不住发出灵魂拷问：“How are you？”“……I’m fine，and you？”

两个穿书人抱团求生的爱情故事就此展开。选文节选自第 12 至 14 章。庾晚音给马春春 / 谢永儿灌药套出她与端王的密谋，却猛然发现：谢永儿基于已知剧情协助端王设下圈套，端王却刻意修改了细节——这意味着端王有可能是洞悉一切、站在更高层的“真人”，而她和夏侯澹只不过是又一个穿书套环里的“纸片人”。虽濒临崩溃，庾晚音不肯轻易放弃，咬牙坚持着与端王打了数回机锋、辨他虚实，最后在发现端王将“纸片人”的生命视若蝼蚁时，发出了抗议的怒吼。情节发展层层推进，节奏紧凑，抛梗密集，展现了作者写作“大纲文”的行文特点和纯熟技巧。

【节选】

第12章

（前略）

太后手下的大宫女得了指令，要让庾晚音吃下避子药。

这禁药的药方有点复杂，其中几味药材不能过明面。幸好大宫女也不是第一次办这事儿，着人暗中采买，很快备好了一包药粉。接下来只需倒入汤水或茶水，妃嫔服之，至少一年不能受孕。

结果她愣是没找到机会。

庾晚音现在用膳饮茶都在贵妃殿里，那贵妃殿的守卫竟比皇帝寝殿还森严，让人无从下手。

大宫女正在犯愁，忽然听到消息：庾晚音出了贵妃殿，往皇帝的寝殿去了。

今日不是谢嫔侍寝吗？这时候过去争宠献媚也太傻了吧，皇帝既然已经厌烦了她，哪里还会见她。

大宫女摸到寝殿后门，找了相熟的小宫女打听，对方悄声道："陛下放庾贵妃进去了。"

大宫女："……"

这是哪一出？同时叫两个妃嫔，难道……皇帝要玩花的？

想到先前那些侍寝妃嫔的待遇，大宫女打了个寒噤，不敢再妄测了。

小宫女接过药粉："姐姐，那这避子药到底要给谁喝？"

事发突然，大宫女手上的药粉只有一服。她纠结了一下，心想听太后的吩咐总不用担责任："给庾贵妃。"

谢永儿还没到，庾晚音当着宫人的面上演了一出争风吃醋、凄凄切切挽留君心的戏码。

夏侯澹一脸不耐烦地摆摆手，语出泣鬼神：“那你也留下，你俩一起吧。”

庾晚音：“嘤，谢陛下垂怜。”

四周宫人瞳孔地震。

庾晚音把宫人糊弄过去了，这才柔若无骨地贴到夏侯澹耳边，低声道：“我把迷魂药带来了。”

夏侯澹：“OK。”

庾晚音坐到他身边，一个小宫女乖觉地奉上了一杯热茶。

小宫女指尖有些颤抖，然而庾晚音自己心中有鬼，没注意到。

夏侯澹挥退宫女，看着庾晚音从袖中取出迷魂药，倒入面前的热茶中。

庾晚音：“记得给她喝。”

夏侯澹：“我尽量。她要是不肯怎么办？”

庾晚音胸有成竹：“你就直接让她喝，她会喝的。”

她认真晃了晃，待药粉完全溶化，才端着茶走去寝殿后方，放到了龙床前的小桌上。

等她转身走去殿前，刚才的小宫女又从角落里冒了出来，望着那杯茶满面惊恐。

庾贵妃不仅没喝那杯茶，还要给谢嫔喝？难道她已经识破其中的避子药？不可能啊，这避子药难配，加入茶水后浑然一体，没有异味，就算全喝下去也辨别不出。

又或许，庾贵妃心机深沉，猜到太后会有这一手，所以让谢嫔当替死鬼？

这小宫女有把柄抓在大宫女手上，根本不敢忤逆对方。眼见着任务即将失败，她咬一咬牙，蹑手蹑脚地上前端起了那杯茶。

庾晚音备好迷魂药，回到殿前陪夏侯澹坐了一会儿，眼见着天色已晚，谢永儿也该来了，便说：“我去殿侧躲一下，免得她看见起疑，等她药性发作了你再喊我出来。”

夏侯澹：“那你安心坐会儿，让他们给你上盘茶点。”

庾晚音坐到殿侧屏风后，小宫女迅速端来了茶点。

庾晚音挥退左右，悠闲地嗑起了瓜子。

谢永儿来了，仪态万方地见了礼。

夏侯澹歪坐在殿前，还是那副神经质又危险的样子，阴恻恻地看了她一眼，也不寒暄，惜字如金道：“来吧。”

谢永儿屈辱地跟着他走向寝殿深处的龙床。夏侯澹坐到床上，苍白的手指点了点桌上的茶杯，又蹦出一个字：“喝。”

来了，庾晚音所说的避子汤。

谢永儿求之不得，端起来“吨吨吨”一饮而尽。

夏侯澹：“……”

这么积极吗？

谢永儿咽下茶水，没品出什么怪味儿，只当庾晚音描述有误，腹诽了一句。

夏侯澹见她喝得如此爽快，喝完了一副“现在要办事了吗”的表情，视死如归就要脱衣服，忙道：“谢嫔。”

谢永儿动作一停：“陛下？”

夏侯澹：“……”

你就不能喝慢点，给迷魂药一点起效时间吗？

夏侯澹不得不开了金口：“那日宫宴上，听你演奏一曲，颇为难忘。谢嫔既好雅乐，不如唱首曲儿助助兴。”

谢永儿心下鄙夷：我唱的曲子你能欣赏吗？

她酝酿了一下，寂寞如雪地开了口：“明月几时有，把酒问青天……”

夏侯澹又开始掐大腿。

谢永儿的歌声在空荡荡的寝殿中回响，辗转飘入了殿侧。

正在嗑瓜子的庾晚音呛到了，捂着嘴闷咳几下，端起茶杯抿了一口。

“噗——”

夏侯澹等了半首歌的时间，见谢永儿眼神清明，举止如常，不禁又看了一眼她手中的茶杯。

殿侧忽然隐隐传来呛咳声。

夏侯澹顿了顿，站了起来。

谢永儿的歌声随之一停，疑惑地望向他。夏侯澹随口道：“你在此等着。”就走了出去。

他大步走到殿侧屏风后，用气声问：“怎么？”

庾晚音边咳边道：“出大问题了，谢永儿那杯不是迷魂汤，这杯才是，我刚才一喝才发现的！”

夏侯澹：“为什么？”

“我也不知道，我明明……算了，现在不是纠结这个的时候。”庾晚音将茶杯塞给他，“幸好我只抿了一小口，问题不大，你快去给她趁热喝。”

“她刚喝一杯，又给她一杯？你当她傻吗？”

半分钟后。

夏侯澹：“喝。”

谢永儿接过新的茶杯，一仰头又一饮而尽。

夏侯澹：“……”

谢永儿这回品出味道不对了，心想这杯是真的。

话又说回来，刚才那杯该不会是搞错了吧？这暴君智商有问题吗？原文里有这个设定吗……

这个念头刚转完，她的眼神就开始涣散。

夏侯澹等了几秒，张开五指在她面前挥了挥："谢嫔？"

谢永儿晕晕乎乎如在云端："嗯。"

夏侯澹："这是几？"

谢永儿大惊："你智商真有问题？"

夏侯澹："……"

夏侯澹转身招呼庾晚音："出来吧，她傻了。"

庾晚音刚才抿了一小口迷魂药，至今没什么感觉。这药效也就是加强版的烈酒罢了，抛开剂量谈毒性都是伪科学，自己这么一口应该不碍事。

听见夏侯澹唤自己，她戴上了事先准备好的狐狸面具，款款走到谢永儿面前，瓮声瓮气地演了起来："马春春，你过得还好吗？"

谢永儿已经跌坐在地，打了个酒嗝："你谁？"

庾晚音蹲下去望着她，仿佛在打诈骗电话："连我你都不记得了？"

谢永儿对着那面具看了半晌，若有所悟："你知道我的名字，那一定是《东风夜放花千树》的作者太太了？"

庾晚音心里一惊：这家伙脑洞还挺大。

她顺势道："没错，想不到你穿进我的书里，居然搅动风云……"

谢永儿突然打断道："我爸妈还好吗？"

庾晚音："……"

庾晚音："挺好的，你还是关心一下你自己吧。想不到你居然搅动风云……"

谢永儿再度打断："我爱豆后来拿了第几名？"

庾晚音转头去看躲在一边的夏侯澹。

夏侯澹用口型道："说她爱听的。"

庾晚音："第一。"

一声脆响，谢永儿悲愤地摔了杯子："不可能！狗 × 平台不会当人的，你骗我！"

庾晚音："……"

这家伙作为一个纸片人，人设会不会过于丰满了一点？

庾晚音重整旗鼓，压沉了声线彰显威严："说正事。想不到你居然搅动风云，将端王唬得团团转，还把书里的剧情线都搞乱了，你要如何负责？"

谢永儿呸了一声："我要是按照你的剧情走，只能作为炮灰早早死掉呗。"

庾晚音循循善诱："你不该把那几个落榜考生的名字剧透给端王。端王保他们入朝为官，固然能让他们免于不公正待遇，但也夺去了他们经受磨砺的机会啊。正所谓天将降大任于斯人也……"

谢永儿勃然大怒："狗作者，你以为我不记得原文了？"

"原文怎么了？"

谢永儿："原文里李云锡和杨铎捷揭发那混世魔王作弊之后，一出考场就被套麻袋打死了；尔岚女扮男装被发现，遭人轻薄羞辱之后逐出都城，含恨自杀；还有……"

庾晚音回头朝夏侯澹疯狂比画：记下来记下来！

夏侯澹：在记了在记了。

谢永儿一口气报了五六个人名："什么天降大任，他们跟我一样，都只是你随手造出又随手捏死的炮灰罢了，还不许我们反抗吗？"

然而庾晚音已经没在听她的慷慨陈词了。

庾晚音凑到夏侯澹身旁，看了看他刚记下的人名，心满意足道："没错儿，就是他们。找到这些人才，燕黍亩产一千八，旱灾通胀都不怕。"

谢永儿坐在原地，醉醺醺地嚷嚷："狗作者？没话说了吗？"

夏侯澹："但这些有抱负的读书人肯定恨死了昏君，否则也不会那么容易被端王挖墙脚。怎么在科举之前就骗他们为我所用，还得研究研究。”

谢永儿转头四顾：“人呢？”

“来了！”庾晚音敷衍地喊了一声，又低声对夏侯澹说，“我想过了，得靠你的演技。而且在取得他们信任后，你还得说服他们改名，否则这几人一入朝为官，知道他们底细的谢永儿就会察觉异常。”

“狗——作——者——你把我害得好——惨——啊——”谢永儿喊着喊着带上了哭腔。

庾晚音一阵头大：“来了来了。”

她没有哄醉鬼的经验，只好蹲下去拍拍肩摸摸头：“别哭了，比上不足比下有余，那庾晚音才是真的惨。”

谢永儿越有人哄越是悲从中来，大哭道：“端王根本不信任我，我只是个工具人……”

她哭得太大声了，庾晚音怕被宫人听见，刚要去捂她的嘴，忽然听她含含混混说了两句什么。

一瞬间。

就在那一瞬间，庾晚音浑身的血液都冷了。

她不经意地侧过头去，瞥了瞥夏侯澹。

夏侯澹正对着刚记下的人名苦思冥想，没有注意这边的闹剧。

庾晚音心跳如擂鼓，将耳朵凑近谢永儿：“你刚才说什么？乖，再说一遍。”

谢永儿：“我说他不信任我……呜，我明明教他给副统领下春药，却偷听到他跟谋士说，说要毒那人的马……”

谢永儿给端王出主意，让他去策反禁军赵副统领，是写在《穿书之恶魔宠妃》里的情节。

按照原文，端王应该采纳她的建议，用春药放倒副统领，然后引他去轻薄禁军统领最喜欢的小妾。最后再让统领撞破这一幕，从此与副统领结仇。

副统领是个没脑子的草包，为了自保，不得不与端王结盟，弄死统领，取而代之。端王通过控制他，就控制了禁军的势力。

庾晚音记得策反这件事，却记不清具体过程。

如今听谢永儿一说，她才想起，原文里的端王确实是这么做的。

那么，为什么胥尧的记录里，会是另一个计划？

谢永儿发完酒疯后，倒头就睡。

庾晚音跟夏侯澹一人扛头，一人扛脚，将她搬上了龙床，还扯乱了床单和她的衣服，伪造出一个事后场景。

"她喝了那么多迷魂汤，醒来后什么都不会记得。"庾晚音说，"到时你再骂她几句，就说她害怕得精神错乱，发了一晚上疯什么的，让她信了就行。"

夏侯澹："她不会信的。她都发疯了我还不埋她，必有蹊跷。"

庾晚音有点头晕，不耐烦地挥挥手："那你就演一下那个吧，就那个，'女人，从来没有人敢这么对我，你引起了我的注意'。"

夏侯澹："……你认真的吗？"

庾晚音："你自由发挥吧……我累了，先撤了。"

庾晚音匆匆赶回了贵妃殿。

她抖着手翻开胥尧的书，抱着微末的期待确认了一下，最后一丝希望破灭了。胥尧的确是这么记的："邀赵副饮酒，毒其马，使疯马踏破先帝仪仗。"

那仪仗是先帝在时赐给端王，嘉奖其战功的，一直被供在端王府的中庭里。

破坏御赐之物的罪名，远胜过"玩弄统领的小妾"，足以吓破赵副统领的胆。

庾晚音合上书，茫然地望着跳动的灯烛。

为什么？

为什么端王脱离了原文的剧本，不再信任谢永儿，甚至修改了理应照办的计划？

她难以置信地甩甩脑袋，试图晃走愈演愈烈的眩晕，再度翻开书，一行一行地从头确认。

被修改的不止这一个计划。

改动的都是一些很小的细节，比如原文里中秋之夜做的事，被延迟了一天；又比如暗杀某大臣的地点，从某别院改为了另一个别院。

如果没有今夜之事，她或许永远不会注意到这些细节变化，即使发现了，也只当自己记错了。

如果没有拿到胥尧这本书，她就只能依照《穿书之恶魔宠妃》的剧情，指挥着夏侯澹左冲右突，试图挫败端王的阴谋，却永远在细节上失之交臂，最终万劫不复……

庾晚音发现自己在发抖。她将手靠近灯烛去烤热，却抖得更厉害了。

为什么？

她以为自己料敌机先，为什么端王能预判她的预判？

难道，当她以为自己在最高层时，端王却站在更上一层，俯视着她露出微笑？

他知道所有这一切吗？

自己在他眼中，也只是个纸片人吗？

他先前故作懵懂不觉，都是在故布疑阵，迷惑自己吗？

今晚发生的事情，也会被他看见吗——就像读书那样，看得清清楚楚？

然后，他只消再度更改一个日期、一个地点，他们就又成了猫爪下玩弄的耗子。

庾晚音瘫坐在椅上，感到自己的身躯在不断下沉，没入黑暗的泥潭……

肩上突然多了一只手。

那只手轻柔地拍了拍她："你怎么了？"

庾晚音眼睛发直："我完了，玩儿完了，GG[①]了。"

"为什么这么说？"

庾晚音充耳不闻，只顾自言自语："等死吧，别挣扎了。端王才是真人，我们？我们就是几行汉字，删除键一按就没了的那种……"

夏侯澹从她身后绕到身前，蹙着眉观察她的神情。

那点儿迷魂药终究还是发作了。

或许是因为跟避子汤的药材发生了什么反应，这迷魂药来势汹汹，庾晚音只喝了一口，此刻也如堕五里雾中，浑然不知身在何处。

她听见有一道声音平静地问："所以，你想放弃了吗？"

"我……"庾晚音困难地思考了一下，灵机一动，"我还有一条路，可以现在就举白旗，然后投靠端王呀！你说他会收留我吗？"

没有听到回复。

庾晚音忽然想起另一节，沮丧道："不对，他都知晓一切了，根本不需要我。"

安静持续了一段时间。

接着那道声音说："或许你可以让他爱上你。"

庾晚音笑道："夺回属于我的女主剧本？哈哈哈，不行的啦，他有谢永儿了。"

"谢永儿不如你。"

"那确实。"庾晚音相当客观地点头，"你这提议也不是完全不可行。"

夏侯澹静静地望着她："所以，你要试试吗？"

"唔……"庾晚音陷入沉思。

① Good Game 的缩写，本是游戏中的礼貌用语，输的一方在退出前打 GG，表示认输也间接称赞对方。后衍生为"完蛋了""结束了"等意思。

仿佛过了一个世纪，她面露困惑："我好像不太乐意。"

"为什么？"

"他太可怕了。"庾晚音低下头，"肯定要耍心机就能让我死心塌地爱上他，然后为他付出所有，耗尽剩余价值，最后飞扑到他身前为他挡下一刀，或者一箭，无怨无悔死在他怀里。"

她挥动着想象力的翅膀，把自己说得凄然泪下："然后他掉几滴眼泪把我厚葬了，回头去找谢永儿……男人都是这么成大事的！"

夏侯澹："……"

夏侯澹伸手替她抹去泪水，极其缓慢、极其温柔地问："那夏侯澹呢？"

"他？他不会吧，他说了的。"

第13章

先前庾晚音一人得道，庾家鸡犬升天。

庾少卿在朝堂里只是个毫无作为的老透明，勉强算是端王党，但又备受排挤。

眼见着庾晚音以前所未有的速度蹿升贵妃之位，门庭冷落的庾府忽然热闹了起来，从前不给正眼的人们都要来探探情况、说句好话。

庾少卿透明了这么多年，如今受到一点巴结，不禁飘了，开始畅想起加官晋爵的美好未来。于是攀上几个大员的关系，借赌牌之名行了点贿。

万万没想到，第二天就被太后抓住小尾巴，直接办了。

他一遭贬谪，庾府再度门可罗雀。

一屋子人正唉声叹气，忽然听见通传："端王到——"

庾少卿受宠若惊。

这种时候，堂堂端王怎会屈尊过来？难道自己对他还有什么意想不到的价值？

夏侯泊还是那副谦谦君子貌，上座之后温言道：“庾大人近来如何？”

庾少卿抹了把老泪：“下官倒是还好，只是担心贵……贵妃娘娘会不会因此失了圣心，过上苦日子啊……”

夏侯泊便配合地安慰道：“听闻庾贵妃聪慧贤淑，圣宠隆眷。本王下回进宫，也会为你探问一二。”

庾少卿千恩万谢，只等他的后文。

然而没有后文了。夏侯泊与他寒暄了一盏茶的工夫，又客客气气地告辞走了。从头到尾，庾少卿都没猜出这尊大神的来意。

夏侯泊出了庾府，身后便有两道影子贴了上来，跟着他上了马车。

夏侯泊：“找到了？”

手下呈上了一小纸：“这是属下在庾晚音的闺房中搜到的。”

纸上是庾晚音入宫之前，在家眷抄的诗文。

夏侯泊看了几眼，手下又呈上了另一张纸：“这是藏书阁里找到的。”

藏书阁火势稍缓后，端王让手下打着救火的名号冲入其中，一是为了确认胥尧已死，二是为了看看尸身附近有没有不利于自己的证物。

手下没在胥尧那里搜出什么，却带出了庾晚音书案上的一张纸。

破碎的纸张边缘已经烧焦，上头留了几笔斑驳的墨痕。

夏侯泊将两张纸比对了一下，淡淡地笑了：“看出什么了吗？”

手下：“……这两幅字，真是同一个人写的？”

夏侯泊点了点纸张：“看来是时候与她会一面了。”

庾晚音睁开眼睛又闭上了，猛然翻身，将头埋进了枕下。

她昨晚只喝了一小口迷魂药，没有断片。相反，所有对话她都记得清清楚楚。

端王有可能在最高层。

她原本想瞒着夏侯澹调查此事，结果却亲口告诉了对方："我可以举白旗投靠他……"

幸好自己最后还是对夏侯澹表了忠心的，否则这会儿应该已经在土里了。

然而那表忠心的方式……

庾晚音用枕头捂住耳朵当鸵鸟。

说完那句"他不会吧，他说了的"，她就彻底晕了，一头栽向夏侯澹。

夏侯澹也没再说什么，将她抱上床，好像还替她盖了被子，就转身走了。

庾晚音不知该如何面对他。她自己心里也觉得不可思议。

穿来之后庾晚音告诫过自己三千遍，谁也别信，她玩不起。不能恋爱脑，不能冲动行事，不能游戏人生。人家天选之子死了，这本书会腰斩；她死了，这本书最多砍掉三页。

所以到底从什么时候起，她就在潜意识里把自己给卖了？

卖了也就算了，还让人知道了！简直是在对夏侯澹挥手绢：我是颗傻棋，来呀利用我呀。

这样下去不行啊……

"小姐？"丫鬟小眉在床边催促，"该起了，今日要觐见太后的。"

庾晚音梳妆打扮时，小眉便在一旁闲话："听说今早陛下寝宫中有个小宫女被严刑拷问，之后就被拖出去了。好像是往茶水中下了避子药，小姐你没事吧？"

庾晚音在脑中过了一遍关于那杯茶的细节，想明白了前因后果。

"不要紧，我只喝了一点点，大部分是谢嫔喝的。"

小眉愣了一下，委婉道："她现在已是谢妃了。"

庾晚音："……"

小眉眼圈一红："陛下怎可如此荒唐，竟让你们两人在同一夜……还封她为妃！老爷夫人该多心疼啊，呜呜呜……”

庾晚音想起来了，自己好像是让他对谢永儿演一出霸道总裁爱上我的戏码来着。

小眉犹在愤愤不平：“听说她还故作惶恐百般推辞，然后陛下说，说他从未见过像她这样特别的女人。”

庾晚音：“……”

夏侯澹确实演上了。

众妃请安时，他又出现了，这回没给庾晚音一个眼神，直接坐到了谢永儿旁边。

谢永儿不自在地往旁边让了让，他又挤了挤。

谢永儿奉茶给他，他接过时特意摸着她的手。

坐在一旁的庾晚音瞬间感觉到无数道视线偷瞄向自己，包括太后的。她非常入戏地凄然低下了头。

太后心里盘算着该准备新的避子汤了。

太后：“这花朝宴也临近了，皇帝可有什么打算？”

夏侯澹：“到时，就让谢妃献舞吧。”

他眯眼看着谢永儿：“听过谢妃奏乐唱曲，却还没领略过你的舞姿呢。”

庾晚音心想：那要是跳起极乐净土，夏侯澹能憋住吗？

夏侯澹恰在此时不经意地瞥了她一眼，仿佛想象出了类似的画面，嘴角儿不可见地一抽。

庾晚音赶紧别开视线，免得笑场。

无论如何，夏侯澹作为队友，比起端王还是可靠得多。

夏侯澹陪坐了一会儿就走了。

等到谢永儿随着众妃嫔鱼贯而出，就发现安贤没有随着皇帝离开，而是等在外头。

见她出来，安贤笑道：“谢妃娘娘，奴婢送你回去。”

皇帝身边的大太监把宝押给了谢永儿！

庾晚音又感觉到无数道视线。她黯然一笑，独自走开了。

在原文里，这老太监为了巴结庾晚音，在谢永儿失势时狠踩过她一脚。后来谢永儿斗赢了，安贤又去捧她，却被她送进了大牢。

如今少了失势这一节，谢永儿没跟他结仇，反而乖觉地走到了他身边。

她毕竟是恶魔宠妃本妃，对得宠一事虽然不耐烦，也要充分利用。

不如先利用安贤除去几颗眼中钉？

两人走出一段，谢永儿楚楚可怜道：“安公公可否赐教，陛下究竟看上了我哪一点？”

安贤笑道：“陛下说，他昨夜看你疯疯癫癫，有一股鲜活之气，跟别的宫妃不一样。今早又视妃位如粪土，好生单纯可爱。”

谢永儿：“……”

太土了！

庾晚音没管这边的土味小剧场，独自踱去了藏书阁。

藏书阁正在旧址上重建，进程相当缓慢。

她望着那些精细作业的工匠发了一会儿呆，脑中盘算着端王的事，忽听有人唤道：“庾贵妃。”

庾晚音转头，身边多了个工匠打扮的人，二话不说塞给她一物：“请收下。”

庾晚音莫名其妙低头一看，是一封信笺，信封上没有落款。

“这是……”她抬起头来，对方已然不见踪影。

庾晚音走到无人处拆开信，只有寥寥数字：“子夜御花园，石山后一叙。”

落款处画了只王八。

御花园周围巡守的侍卫似乎被支开了。庾晚音没提灯烛，借着月光摸索前行，便听石山后传来一道温煦的声音："晚音。"

夏侯泊果然等在那里了，月光下一袭白衣犹如谪仙。

庾晚音独自赴约，多少有点心慌。本想带个人保命，然而无论是北舟还是暗卫，肯定都会找夏侯澹告密，所以她只得偷溜出来。

她必须知道他在第几层，才能决定接下来怎么走。

她做了个深呼吸，沉下心来进入角色，面露娇羞："殿下，怎么这样叫我。"

夏侯泊笑而不答，只说："今日早些时候遇到了庾少卿，他颇为牵挂，不知你在宫中过得如何。"

庾晚音长叹一声："陛下今早封了谢妃。"

说到这个名字，她瞄了一眼夏侯泊，昏暗中看不出他有什么神情变化。

庾晚音索性直接问道："殿下以为谢妃如何？"

"她是陛下的妃子，我不敢妄议。"

"……那我呢？"

"你？"夏侯泊慢慢朝她走近了一步，"晚音，咱们已经认识这么久了，有些话是不是也该说开了？"

庾晚音作含情脉脉状："比如？"

端王也含情脉脉地说："比如，你究竟是谁。"

站稳了，庾晚音想。

夏侯泊："又比如，陛下是谁，谢永儿是谁。"

庾晚音没能控制自己倒退了一步。

最坏的猜测成真了。

他能看穿谢永儿，也许是因为谢永儿这恋爱脑说漏嘴了什么。进一步看穿自己，也许是因为自己在哪里露出了马脚。但看穿夏侯澹那个影帝，却绝无机会。

他只能是站在更高层。

夏侯泊微笑道："不必如此紧张，我对你一向没有恶意。你也能预知一些事情，便更该明白，选我才是明智之举。"

庚晚音："你……你既然全都知道，还需要我做什么？"

夏侯泊愣了愣："你误会了，我来找你，并非是为了知道什么，只是因为心悦于你。"

庚晚音感到荒诞极了："我们连物种都不一样，你怎会心悦于我？"

夏侯泊仿佛顿了一下："这并不妨碍。"

庚晚音："啊？所以你是喜欢我这个角色吗？"

夏侯泊温柔地笑了笑："所以从一开始就来找你啊。"

寝宫里一灯如豆。

"庚贵妃去了御花园。我跟去看了一眼，她在与端王私会。"北舟直截了当道，"离太远了没听清说了些什么，不过气氛似乎挺旖旎。"

夏侯澹："……"

北舟忧心道："澹儿，此人如果已经投敌，是不是处置了她比较好？叔知道你喜欢她，但她可是你的枕边人，一旦生了异心，就太过危险了。"

夏侯澹用一只指尖拨弄着烛火，没有说话。

一旁跪着的暗卫熟练道："属下去办？"

夏侯澹慢慢道："你们有没有想过，站在她的角度，跟随端王确实更稳妥。"

北舟很困惑："为何？你不是已经掌握了端王的计划吗？"

夏侯澹苦笑了一下。

昨晚庚晚音匆匆告辞，脚步虚浮地逃回贵妃殿，然后发现了端王的秘密。她当时并没打算告诉自己，只是那一杯迷魂药让她说了真话。

她信任自己，但她太怕端王了。

"想活下去，也是人之常情。"

北舟叹息了一声："你不该让儿女私情冲昏头脑……那女子真有如此重要？"

夏侯澹："她是我的浮木。"

北舟与暗卫面面相觑。

怎么就成浮木了？

暗卫没遇到过这种场面，试探道："陛下，埋吗？"

夏侯澹："你再问一个字，朕就埋了你。"

庾晚音摸索着朝贵妃殿走去，每一步都重逾千钧。

她脑中一团糨糊，所有计划，所有抱负，乃至所有自我认知，完全裂成了无数碎片。

不玩了，这还怎么玩。

或许对方把她当一本书读的时候，真的喜欢她这个纸片人？虽然听上去很奇怪，但对她来说绝对是利好消息。他都抛了橄榄枝，干脆早点投奔过去，还能显示一下诚意……

然而在意识深处，始终萦绕着一丝违和感。

她的脚步越来越慢，最后停在了原地。

不对吧。

被恐惧攫住的大脑开始艰难地重新运转。

如果夏侯泊真在更高层的话，怎么会让他们看见胥尧的书呢？

费心伪造一本书，故意让他们看见，从而对他的身份产生怀疑，这对他有什么好处？

想要打败夏侯澹，最简便的方式当然是什么都不让他们知道。

为什么不索性销毁那本书？

犹如冰面碎裂只需一道缝隙，一旦有了这个疑问，更多的疑问便争相涌上。

他如果知道她是穿的，可以直言相告，为什么要几次三番地试探她？

今夜她说"物种不一样"的时候，他是不是顿了一下？

……

庚晚音重新迈出步子，越走越快。

这一切其实还有另一种解释，那就是端王仍然是纸片人。

但是，他通过某种方式察觉了异常，猜测他们换了芯子。

在他眼中，他们或许类似于开了天眼的半神，所以可以预知未来，还能察觉他的一些秘密。

所以端王不信任她和夏侯澹，也不信任谢永儿——对他而言，他们三个才是同类。

通过胥尧那本书可以看出，谢永儿给他的建议，都被他修改了细节。这算不算是一种试探，试探他们究竟能预知到哪一步？

可是，他并没有把握，自己修改细节之后就能逃过他们的天眼。

所以他才要接近她，故弄玄虚套她的话，进而策反她……

但还有一个疑点：一个纸片人究竟是怎么生出“换了芯子”这么前卫的概念的？

就连谢永儿都没能找出同类，他却明确怀疑了三个人。

这真的是“智计超群”就能解释的吗？

如果没有更多的证据，还无法判断他究竟是哪一种。

庚晚音思前想后，暗暗下了一个决心。

第 14 章

翌日，她找到了夏侯澹：“我要拿那几个考生做一个实验。”

夏侯澹：“……什么？”

“是这样，现在关于端王有两种假设，他有可能比我们更高一层，也有可能还在最底层。所以我想试他一试。”庾晚音花了一晚上想出这个计划，此刻正在兴头上，没注意到夏侯澹探询的眼神，风风火火道，“谢永儿报出的那几个考生，你能联系上吗？”

夏侯澹望着她。

她夜会端王，不是去投诚的吗？

夏侯澹：“已经在找了，应该没问题。我打算近日微服出去与他们见一见，看看能不能打动他们。”

“好，那我们事先放出消息，让端王以为这场会面在 A 地，然后到了当日，再偷偷去 B 地碰头。现在有了暗卫和北舟，这点秘密应该能够保住。”

夏侯澹隐约明白了她的思路：“所以你想看看端王会去哪里查探？”

“对，如果他得了 A 地的情报，就去 A 地守着，那就是纸片人。如果他朝两边都派了人，那他还是纸片人——我们的行踪被发现了，但端王多疑谨慎，两地都不会放过。”

庾晚音缓缓道：“只有在一种情况下，他才会舍弃 A 地，直奔 B 地——他在更高层，预判了这一切，所以确知 A 地可以忽略。”

夏侯澹鼓起掌来：“不愧是庾姐。”

庾晚音：“嘿嘿嘿，一般一般。”

“但你有没有想过，万一他预判了一切，包括我们现在的对话，所以故意朝两边都派人呢？”

“他不会装纸片人的。”庾晚音咬咬牙说了出来，“他私下联系过我，想让我相信他在更高层，然后效忠于他。有这个机会证明自己，他巴不得呢。”

夏侯澹微微挑眉：“这种事，你就这么告诉我了？”

庾晚音被他看得有些心虚，不自觉地提高了声音：“我这不是不信他吗，能选的话我肯定跟你混啊。”

“庾晚音。”

“嗯？”

夏侯澹揉了揉额头：“如果实验结果证明，他在更高层呢？”

庾晚音：“……”

夏侯澹：“如果是那样的话，你可以去投靠他。这是真心话。”

类似的台词他之前也说过，但庾晚音只当是怀柔之策，没往心里去过。

夏侯澹语声平淡：“我不会拦你，但你离开之后，就失去了我的庇护，这点你应该也懂。”

这……是在威胁吗？

庾晚音小心道：“然后你要做什么？”

“我？”夏侯澹仿佛认真考虑了一下，“我多半会在力所能及的范围内杀一些人，然后坐等自己的结局吧。”

庾晚音心凉了一下：“……你听上去有点跟暴君重合了。”

夏侯澹没精打采道：“没办法啊，你天天头疼欲裂试试看。”

庾晚音无法真正害怕夏侯澹，哪怕他说着最危险的台词。

她也思索过为什么。或许是因为他的表情和语气——三分抱怨，三分低落，像一个吃火锅时聊着跳槽冲动的同事。不仅与他在外扮演暴君时判若两人，也不太像个高高在上的总裁。

他浑身都释放着“这是同类，可以相信”的气息。

她甚至无法报之以谎言，随口哄他“就算是那样我也不会跑路”。因为大家都一样，大家都明白，公司破产了，员工都是会走的。

跟她看的文里那些女主角比起来，她的恋爱脑只有三分之一，胆子则只有二十分之一。那点虚无缥缈的温情，在死亡面前不堪一击。

庾晚音早就知道自己是这个德行，但面对着夏侯澹，心中还是有些不好受。

她转移了话题：“北叔在替你四处验毒呢，他连我都查过了。以后会好的。”

接下来的几天，夏侯澹一方面朝考生寄出了密函，另一方面朝端王放出了假消息。

几日后。

夏侯澹："考生们到 B 地了。端王的人目前只去了 A 地。"

庾晚音神情松弛下来："那就八九不离十了，这孙子是装的。总之先去赴约，静观其变吧。"

所谓的 B 地是一处游湖。

今日天阴，游人并不多，湖中稀稀落落漂着二三船。

夏侯澹和庾晚音这回扮作通身贵气的公子哥儿，在"家丁"们的簇拥下包了一只富丽的画舫，朝湖中心缓缓荡去。

画舫远离湖岸之后，又有一艘小渔船朝它靠近过来。

暗卫在双船之间放下踏板，须臾接上来了六个人。

盘丝洞二人组今天又是慈眉善目二人组，摇着折扇站起身来，文质彬彬地迎接来客。

六个学子大多是单薄的文人身形，只有当先一人较为健硕。见过礼后，他们才卸下了脸上的人皮面具，露出六张或年轻或沧桑的脸。

当先那个健硕学子瞧上去年过三十，神情倨傲中隐隐带了些不满，口中道："我等前来赴约，是有感于阁下的来信，愿与知音一叙。不过今日一看，阁下对我等并不似信中那般相见恨晚。"

他这暴躁老哥似的一开口，庾晚音就对上号了。李云锡，所有考生中最穷苦的一个。胸有大才而屡试不第，生性刚正不阿，在《东风》里因为揭发某关系户作弊，最终横死街头；在《恶魔宠妃》里则被夏侯泊笼络，成了其一大助力。

夏侯澹忙拱手道："劳烦各位舟车劳顿，又受了这遮头盖面的委屈，在下心中实在过意不去。个中情由，容后解释。如信中所言，在下确实仰慕诸位才名已久，诸位的锦绣文章，尤其是其中的赋税徭役之论，在下常常口诵心惟，掩卷而思。”

他仿佛生怕姿态摆得不够低，说完当场对着原作者背了几段，背得声情并茂、摇头晃脑、啧啧感慨。

学子们：“……”

有点羞耻。

读书人毕竟面皮薄，被这么一捧，总也要摆出个笑脸回赠两句。

夏侯澹顺势请他们落了座，换上一脸忧国忧民：“诸位无疑有经国之才，只是如今世道混乱，科举犹如一潭死水，徇私舞弊大行其道，寒门学子几乎没有出头的机会。在下见诸位一年年苦读，心有不忍啊。”

李云锡：“谁人不知所谓选贤任能，早已成了笑话？只是我一心未死，承仰乡亲荫泽，不甘百无一用罢了。”

他这话戳中了考生共同的痛点，余人纷纷附和。

有人说朝中能臣凋零，大夏要完，自己恨不能以头抢地唤醒那暴君。

有人提出端王文韬武略，尚可称贤王；又有人冷笑道端王一心自保，不敢出头。

有人辩驳端王无罪，罪在暴君，陷民生于水火。

甚至有人指责庾晚音妖妃祸国。

最后有人喝茶上头了，振臂一呼：“王侯将相！”

夏侯澹：“宁有种乎？”

学子：“正是！”

庾晚音呛咳出声，拿胳膊肘捅夏侯澹。

学子们冷静下来一想，也有些胆寒：“……阁下可真敢说。”

唯有李云锡嗤笑道：“有何不敢？在座诸位皓首穷经，能救大夏几何？”

夏侯澹：“没错，读书救不了大夏人。”

李云锡：“你们且抬眼看看，不见青天，唯见烂泥！硕鼠硕鼠，无食我黍！

既为苍生，无有不可！”

夏侯澹激情鼓掌：“说得太好了，有李兄这般胸襟抱负，大夏才有望啊！”

学子们都感动地看着他：“阁下果然信如其人。话已说到这个份上，不知阁下能否告知大名？”

夏侯澹摇了摇折扇，儒雅道：“敝姓夏侯。”

船舱里寂静了一下。

学子们纷纷站起身来望着他：“端……端……”

夏侯澹：“单名一个‘澹’字。”

庾晚音脚趾抠地。

她应该在船底，不应该在船里。

夏侯澹又指了指她：“这是祸国妖妃庾晚音。”

暗卫积极地围了上来。

凝固在原地的学子们终于动了，七零八落地跪了下去，面如死灰。

只有两个人还硬杵在原地不肯跪。

其中一个自然是李云锡，另一个是刚才附和得最起劲的杜杉。

此时李云锡自知必死，反而不慌不忙，瞪着那对恶人夫妻满脸不忿；杜杉却双腿发抖，只因脸面比天大，愣是不肯输给李云锡。

夏侯澹摆摆手挥退了暗卫：“诸位都请起。”

他倒是没有丝毫不自在，就仿佛刚才放言要反了自己的人不是他。

“诸位只知暴君苛政鱼肉百姓，殊不知朕这个皇帝早已被架空。如今的朝政，半数由太后把持，半数由端王左右。他们以朕的百姓为赌注，一场接一场地豪赌，朕心如刀割，却别无他法。今日一叙，只为朝诸位剖开这颗拳拳之心。”

他再次示意，学子们讪讪地重新落座了。

只有李云锡仍然梗着脖子站着:“陛下既有此心，何不整顿科举，广纳人才，却要我等形同做贼，蒙面来见？如此纳才，未免有失君仪。”

“适才说过，确有苦衷。”夏侯澹道，“太多双眼睛盯着朕，单是动一动科举，便会立即遇到多方阻挠。若非暗卫四处搜罗，诸位的锦绣文章，根本到不了朕的案上。此时只能暗中联系，再缓缓图之，将诸位送去合适的位置上大展宏图。”

他叹了口气:“诸位一入朝野，定会被太后或端王党盯上，或吸纳，或利用，或针对，拖入他们的豪赌之中。到了那日，唯愿诸位莫忘了今日舟上痛陈之辞、鸿鹄之志，站直了身子，做大夏的脊梁啊。”

庾晚音服了。

听听，真是催人泪下。

这总裁到底是做什么生意的，这么有演员的自我修养?

学子中甚至已经有两人红了眼眶，庾晚音辨认了一下，一个是扮男装的大才女尔岚，还有一个是方才抖着腿不肯跪的杜杉。

杜杉一脸感动道:“陛下竟寄如此厚望于我等，真是……”

李云锡:“真是成何体统！”

夏侯澹:“……？”

庾晚音:“……？”

李云锡暴躁道:“天子此言，何其轻巧？一句苦衷，就要将寒门学子的血肉之躯塑成棋子，去为你抛头颅，洒热血，废太后，除端王。夹缝求存，所以你不能抒发己志？多方阻碍，所以你不能整肃朝纲？堂堂天子连这等担当都没有，又何必演什么千金买骨，推别人去做脊梁！”

夏侯澹:“……”

挺押韵的。

角落里抱胸而站的北舟动了一下，似乎想去砍了他。夏侯澹几不可见地摇了摇头。

李云锡提高声音，说得咬牙切齿：“草民的乡亲父老，每家每户，无一不是一年到头起早贪黑地耕织，存留的粮米却只够果腹。草民一对弟妹，出生不久赶上歉年，被父母含泪活活饿死……如此赋税，去了该去的地方吗？中军连年奋战对抗燕国，将士的军饷里竟掺了三成砂石！陛下，陛下，你睁眼看过吗？”

杜杉慌了：“李兄，也不必如此……”

李云锡嘲讽道：“适才是谁说若能面圣，定要以头抢地、以死相谏？圣上就在眼前，怎么一个个都哑巴了？”

杜杉涨红了脸，被堵得哑口无言。

庾晚音这会儿真的有些汗颜了。

她是小康家庭出身的普通社畜，学校里也没教过如何拯救一个国家。加上人在书里，始终有种虚幻感，没法对纸片人的处境感同身受。所以集结这些学子时，确实没想过会面对这一通拷问。

可是……她现在没法确定自己不是纸片人了。

所以其他纸片人的痛苦，真的那么虚假吗？

此时李云锡一通抢白，夏侯澹显然也招架不住了，沉默不语。庾晚音不由得帮着说了一句：“陛下当时处置了户部尚书的，闹得很大，诸位应该听过。”

一旁的杜杉欲言又止，几番挣扎后开口道：“月前消息传来，草民的家乡百姓无不欢欣鼓舞，为陛下烧香祈福。”

他没再说下去。

庾晚音仿佛脸上被人挥了一拳。

那户部尚书死后，太后党立即推上了另一个喽啰占位。

无须再说，她也能猜到民生没有丝毫改善。那家家户户的高香终究是白烧了。

李云锡失望地摇了摇头，似乎无意多谈，转身要走。

他刚一转身，暗卫就动了。

所有人都明白此人绝不能留——他怀着如此仇恨离开，却又已经知晓夏侯澹的密谋，等于一颗定时炸弹。

杜杉颤声道：“李兄。”

暗卫直接亮剑，李云锡不为所动，大步向前，似乎打定了主意要血溅画舫。

“等等！”庾晚音喊道。

她小跑到李云锡面前，语无伦次道：“李……李先生，陛下今日来此，绝不是为了将各位卷入朝党之争。说难听点，那尸位素餐之辈——也包括皇室——死也就死了，可百姓又有何辜？”

众学子震惊地看着她。

你刚才说包括谁？

庾晚音：“但如今局势已经如此，赋役不均，胥吏舞弊，贪官横行，国库空虚，我等能力有限，实在是恶补也来不及了，需要诸位的帮助啊。”

她深深一礼，恳切道：“晚音口拙，说不出什么大道理，唯有恳请各位，不为什么暴君妖妃……”

众学子震惊地看向夏侯澹。

夏侯澹毫无反应。

庾晚音：“也为家乡父老计议吧！”

她再度深深一礼，抬起身来时发现李云锡盯着自己，神情有异。

庾晚音抹了把眼泪，诧异于自己的演技。但另一方面，她又不确定自己还是不是在演。

“陛下，贵妃娘娘。”一个安静清瘦的考生开口了。

“草民生来患有恶疾，如今只剩两三年寿数。”

庾晚音想起来了，此人叫岑堇天，是个农业奇才，在原文里不能算是端王党，一腔赤子之心，为社稷呕心沥血了两年。

然后旱灾来了，他看着焦枯作物、遍地饿殍，怀着生不逢时的憾恨咽了气。

兄弟祭天，法力无边，端王当着众人的面向他祭酒，发誓为其报仇，然后反了。

岑堇天："敢问陛下，草民有生之年，能否看见河清海晏、时和岁丰？"

夏侯澹与他对视片刻，郑重道："此为天子之诺。"

岑堇天浅淡一笑，跪地道："愿为天子效犬马之劳。"

所有学子最终心平气和地围坐在一起，与夏侯澹商议了两个时辰，最后还唤上烈酒共饮了一杯。

夏侯澹与庾晚音亲自将他们送回渔船，望着他们戴回伪装，撑舟离去。

两人还没有转身回舱，便听喀啦一响。

不远处的渔船，就在他们眼前开始迅速下沉。

事发突然，所有人都愣住了。

夏侯澹猛地转头："暗卫，掉头救人！"

有几个通水性的学子果断弃了渔船，朝着画舫游来，余下的还在徒劳地往外舀水。

便见平静的水面骤然生变，游到半途的学子忽地呛水挣扎起来，身后凭空冒出了几道刺客的身影！

庾晚音一声尖叫，只见水中一片暗红漾开，杜杉已经被刺客从背后抹了脖子。

夏侯澹的暗卫纷纷跳入水中去与刺客缠斗，试图保护学子。

北舟站在船头，目光如电扫视了一圈，指了指湖岸某处，简短道："那里。"

话音刚落，也不见他如何动作，举起的袖中就咻地射出一物，闪电般直冲着湖岸而去！

紧跟着岸上传出当的一声巨响，有人挡下了这一物。

直到此时，庾晚音才看清他所指的地方，确实立着几道人影，其中一人被其他人挡在身后。

虽然看不清眉目，但用脑子一想也是夏侯泊无疑。

北舟袖中咻咻连声，竟是攻势不断。夏侯泊的侍卫举剑抵挡，渐渐吃力起来，护着夏侯泊左躲右闪，很快就倒下一人。

水中的刺客发觉不妙，分了几个人来阻挠北舟。

夏侯澹的暗卫顿时占了上风，护着哭爹喊娘的学子游向画舫。

庾晚音左右一看，船上有两只救生用的木桶，一头连着绳子，连忙抱起来抛向众人："抓住！"

李云锡体魄健壮，无须暗卫帮助，自己游得最快，一把抱住了一只木桶。庾晚音连忙往回拉绳。

松弛的绳子猛然紧绷！

一名刺客在混战中受了伤，又被打落武器，只能闭气入水伺机而动，此时突地冒出头来，拖住了李云锡。李云锡猛烈挣扎，刺客只是死死钳着他不放，要把他拖入水里。

李云锡口鼻呛水，终于呼道："救——咳咳咳……"

庾晚音使出了吃奶的劲儿拽绳子："别放手！"

她吃不住那头的重量，整个人都朝船沿滑去。背后伸来另一双手，与她一道抓住了绳子。

夏侯澹咬牙道："我也拉不过。"

庾晚音："闭嘴，拔河！"

"端王来了，你的实验结果如何？"

"我已经不在乎了。"

无论是因为预见了此处，还是追踪到了此处，夏侯泊终究来了。

他来了，就要在他们眼前杀死所有学子。

是控制，也是震慑。

他要吓破他们的胆，让他们再也生不出反抗之心。

按照她胆小如鼠的本性，此时也确实该被吓破胆。

但是物极必反。

庾晚音怒发冲冠。

她一直觉得站在端王的角度，从小遭受太后虐待、夏侯澹欺负，苟延残喘到了出宫建府，又有感于朝政腐败，想要取而代之，一切行为有他的道理。

然而，水中挣扎的这几个人，是未来的股肱之臣、社稷栋梁，是稳住大夏的最后希望。

如果他是纸片人，那就是在滥杀无辜。

如果他来自更高层，明知他们是谁，还轻易下令抹杀，那就是为了自己乱世枭雄的未来，提早宣判了旱灾中无数人的死刑！

“我恶不过他，这点他赢了。”庾晚音死死拽着粗糙的绳子，掌心皮开肉绽，“但哪怕他是神，我也绝不会投诚！”

夏侯澹的手心也磨出了血，听她咬着牙关说得含混：“你说什么？”

庾晚音青筋爆出，朝天怒吼：“干他！”

（后略）

[节选自微博]

【粉丝评论摘编】

@霍这只猪不想再沉：

如大家所见，我，又通宵了。

原因是一本书：《成何体统》by 七英俊。

穿书，双重穿书。

多人穿书。

不同纬度穿书。

从来没有看过一本穿书穿得如此……清新脱俗丝丝入扣反转再反转看到后面几乎毛骨悚然（男主我时不时会代入老温[①]）。

上一次看书看出白毛汗还是看《垃圾桶》（编者注：指的是骑鲸南去《不要在垃圾桶里捡男朋友》）的时候，一共一千三百多页，前三百页我还当普通穿书金手指文看，轻松搞笑，后来越发觉得事情不对，救命，原来我才是傻子。直到最后一章的最后十个字都在让我不停惊叹……真的哭了，好久没看到这么好的文了，久旱逢甘霖，一定要看。

太喜欢了以至于我困得吊儿郎当还是要写一堆字来表达我的激动和感恩，文章在作者微博里面有百度云链接（真是菩萨不要钱还让我看书）。

（选自微博，2021 年 7 月 11 日）

@添福大师：

在首页刷到完结的消息，点进去看了开头女主问皇帝那句“how are you”忍不住狂笑，心想这是什么沙雕[②]穿书玩梗文，谁知道后面骗了我这么多眼泪！

不想剧透，但是男主夏侯澹真的太不容易了！我们鱼和蛋（编者注：庾晚音和夏侯澹的昵称）在这个世界里，是同盟，是伙伴，更是彼此的一桩浮木，

① 指《天涯客：山河令》里的温客行。
② 多指有趣搞笑的人和物。

是能在异世里坚持下去的曙光。

而开头那句让我爆笑的“how are you”大概也是蛋在满心绝望之时的一线生机吧！

（配角也都写得好好！）

（选自微博，2021 年 6 月 21 日）

@·无声惊雷·：

非传统穿书文，男女主都穿进了穿书文中，所以主要角色四个，一个是原男主，一个是穿越者 LV1，男女主是穿越者 LV2。主沙雕风，我对沙雕向的文比较无感，不过这篇虽然是古言，由于一直在玩梗，全是违和感反而没有违和感了。构思不错，剧情节奏快，反转多，还是挺有意思的，不建议看剧透。

缺点主要在于行文好像大纲文，类比一下就是普通小说的画面感是电视剧，这篇就像在看皮影戏，纸片感很强，所以对于角色的情感代入很有限，包括后面其实发了很多便当[①]，但也没有觉得很难过。其中有一段插叙的伏笔设计还是挺喜欢的，总体不错。

（选自微博，2021 年 9 月 16 日）

@啾脩啾脩咻咻啾咻：

喜欢喜欢！我们还可以多层叠加套娃，比如现在在看文的我们穿越到了七英俊的提纲文里，我们是谁呢？不是王翠花，是那个穿书了的富二代霸总，我们有两个选择：

A. 马上把手机扔海里，继续享受这个有浴霸的快乐世界，也许还能碰到王漫妮[②]。

---

① 与“领便当”相对应，来源于电影《喜剧之王》，剧中男主角是个小演员，只能演些过场角色，导演不用他时便给他一个便当把他打发走。后来引申为作品中人物的死亡。

② 王漫妮是电视剧《三十而已》里的角色。

B.继续穿书，先把马春春王翠花这两个抢皇位的宰了，和王爷搞基 HE[①]。

（选自微博第一章评论区，2020 年 8 月 4 日）

（导引、简介、节选、粉丝评论摘编：肖映萱）

① HE，即 Happy Ending 的缩写，指大团圆的结局。

多重穿书的社畜猜心游戏
——评七英俊《成何体统》

肖映萱

“你以为我在第一层，其实我在第五层。”

这是2020年的一个网络流行梗，源自电竞主播大司马的一次游戏直播。大司马在一通“菜鸡”操作后，向“只看到了第二层”的观众们说出了这句托词，用以掩饰自己的失误。此后这个梗流传开来，以高深莫测的口吻，把看似最简单的思路，说成深思熟虑后的化繁为简，既自夸又自嘲，颇有戏谑效果。

而七英俊的《成何体统》，却在字面意义上诠释了五层的世界：

宫斗文《东风夜放花千树》，妖妃碾死炮灰女，跟心机王爷联手，除掉暴君、登基封后，是第一层；

穿书文《穿书之恶魔宠妃》，马春春穿进《东风》成了炮灰女，抢了妖妃的故事线，成功逆袭，是第二层；

《成何体统》的女主角王翠花，穿进《穿书之恶魔宠妃》成了妖妃，跟同是天涯穿书人的张三——他穿成了前两层的故事线里不得善终的暴君——结成联盟，努力存活下去，是第三层；

高于这三个文本世界，王翠花和张三原本属于的现实世界，是第四层；

在与原文本的“真命天子”端王的交锋中，王翠花惊恐地发现，这个角色竟然没有完全听信穿书者的预言，悄悄地改变了剧情，有可能他才是那个洞悉一切、从更高维度来的真正的“主角”——在这样的假设中，她和张三都像马春春一样，是自以为“真”的“纸片人”，而端王所属的那个世界才是真正的现实，这是第五层。

小说就在这样的层层嵌套中紧锣密鼓地高速推进着，引着读者追随主角陷入战战兢兢、如履薄冰的焦虑之中，头皮发麻地问出——我到底在第几层？

这样的解谜叙事，并非七英俊的首创，在近年流行的“剧本杀”游戏中，类似的嵌套结构和找出谁是“卧底”（在小说中表现为谁是“真人”）的玩法早有先例。难得的是，七英俊把自己已经玩出过另类花样的群穿类型（其代表作《有药》即是一篇不走寻常路的群穿文）与穿书设定、多层套娃结构融合起来，凝练到极致，在短短十余章里呈现一场密集的烧脑轰炸。这一表现效果，有赖于其大纲文写作的高超技艺。

所谓大纲文，是指小说只写主要情节，略过具体细节描写，形如一部剧情大纲——从主角王翠花、张三这样任性的取名方式，足可窥见大纲的不修边幅。大纲文多见于微博等不以VIP付费阅读为盈利模式的平台，往往由一个脑洞生发而来，不重篇幅，只追求即时的惊喜和刺激。于是，妨碍故事推进的所有细节全被省去，只剩榨干了水分的纯情节。如脱口秀般，小说一番接着一番地抛出包袱，把一重重的反转、一个个的爆梗砸向读者。唯有层出不穷的离奇和脑洞，才足以刺激到谙熟惯常套路、阈值被锻炼得越来越高的熟练读者。

当然，带来刺激的反转和爆笑，只是吸引读者进入文本的手段和外壳，要触动人心，还得靠故事的内核。在这个找真人、找真实、找真情的猜心游戏里，作者讲了三种故事，每一种都有摄人心魄的魅力。

对王翠花/庾晚音来说，这是一段社畜的艰难求生之旅。后宫如职场，端王和马春春/谢永儿是Boss和他的辅助，对手深不可测，外挂人手一个。她像蝼蚁一样谨小慎微，却也像太阳一样积极乐观，总是拼尽全力，绝不轻言放弃。一旦确认了张三/夏侯澹是自己的同类，是可以并肩作战的同事，即使不能完全放心，她也会拉着他一路“苟”到最后。故事的结尾，她不甘二选一的困局，对“天道”发出挑战，秉持的也是职场社畜最朴素的逻辑：老天爷也要讲道理，既然让我干了活儿，就要给我好处，才算公平。

对张三/夏侯澹来说，这是一场“真人”抵抗“纸片人”同化的灵魂救赎。

他比女主早了十年进入文本世界，在等待同类的漫长岁月里，少年的现代灵魂在暴君的躯壳中被一点点消磨殆尽，毫无办法地看着自己被原主的宿命蚕食吞噬。自己到底还有几分是“真”、几分是“假”，那些只有是“真”才会坚守、才配拥有的“善”，他还配得上吗？于是只好欺瞒，一个谎言接着另一个谎言，直到骗得女主爱上自己、不舍离开；只好重新夺回“真人”的灵魂，和女主一起重建一个太平盛世。他们起初只想“苟”着生存下去，后来竟也燃起了“不能把世界拱手让给恶人”的热血，看似中二，却是《成何体统》真正的价值底色。由于《穿书之恶魔宠妃》遵循的是抢夺胜利者故事线的炮灰逆袭经典套路，文本世界里的主要角色都遵循着以恶制恶的行为逻辑，真假之辨几乎可以等同于善恶之争。所以女主对“纸片人”的悲悯并非泛滥的圣母心，而是对人性最后的坚守，才能和视人命如草芥的“非人”反派划清界限。而在半真半假的马春春身上，“真人”与“纸片人”的辩证法更是发挥到了极致，当她跳出“纸片人”的逻辑，想要去看看外面的大千世界，就拥有了真实的人性，也拥有了可以与主角们平等对话的灵魂。

对“鱼蛋”CP来说，这是相互寻觅的恋爱故事。男主漂泊无依的灵魂找到了他唯一可以确认的“真实”，挽留、爱上女主是理所当然的自我救赎。而女主对男主的爱恋，却是经过了反复确认的。初次的惊觉，是发现自己对夏侯澹怀有真善美的期许，而“社畜是不会要求同事真善美的”——这种期许通常是对喜欢的人。女主开始清醒地审视自己的“恋爱脑”，分析其中有多少成分是战友间的“吊桥效应”。而后的试探，终于在一句“他矢口否认纸片人有灵魂，却相信一个纸片世界里有地狱”里得到了确认——不只满足于同类的安全感，价值和道德的认同，才是更高的追求。至此，女主和文本世界达成了和解。即使世界是假的，但我们两个人是“真的”，那便不再孤独，那便无所畏惧。

五层世界，三种故事，编织成一段社畜的猜心游戏。然而真正的社畜读者们是不能奢求公平、善良、爱情的，小说圆了这个梦。女主与文本世界的和解，亦是读者与现实世界的和解。

2020—2021 中国网络文学大事记

2020 年

1 月

18 日，阅文集团与东方卫视共同举办“2019 阅文原创文学风云盛典”，发布 2019 年度中国原创文学风云榜，爱潜水的乌贼《诡秘之主》、叶非夜《好想住你隔壁》分别位列男频、女频榜首，猫腻《庆余年》获 2019 阅文原创文学风云盛典超级影视改编作品推荐。

30 日，中国音像与数字出版协会发出《数字阅读行业战“疫”倡议书》，倡议精选优质内容供全国用户免费阅读。

31 日，中国作协网络文学中心发布《致全国网络作家和网络文学工作者的公开信》，号召网络文学界“开展主题创作，传播正能量”“提振鼓舞战胜新冠肺炎的信心”，各地网络作协和文学网站纷纷举行“抗疫”主题的创作活动。

2 月

3 日，江月年年在晋江文学城连载《影帝他妹三岁半》。此后，晋江涌现了大量标题中带有“三岁半”“五岁半”的小说，这类小说以幼童为主角，将亲情作为叙事核心，是 2020 年度的热门题材。

18日，中国社科院发布《2019年度网络文学发展报告》。报告以“阅文集团数据为蓝本”，“在内容创新、作家迭代、粉丝社群、IP联动及网文出海几方面进行梳理，试图勾勒网络文学的年度画像”。

20日，《诡秘之主》在连载期间均订（付费章节平均订阅数）超过10万，打破了网络文学界连载作品订阅纪录。完结作品的订阅纪录一直由天蚕土豆的《斗破苍穹》保持，全渠道均订超过20万。

26日，偶像明星肖战粉丝因不满“博君一肖”（电视剧《陈情令》主演王一博×肖战的真人同人CP）同人小说《下坠》（作者MaiLeDiDiDi）中对肖战的女性化描写，组织起对该小说的连载平台LOFTER、AO3以及其他同人作品连载平台的批量举报，造成27日百度AO3贴吧被封，LOFTER众多同人作品被屏蔽、封禁。这一举报行动立即遭到同人圈的激烈反扑，在微博组织起“227大团结”行动，对肖战LOFTER标签广场进行“屠版”。此后，事件因29日AO3网站被中国大陆网络限制访问而进一步发酵，大批愤怒的同人用户发起对肖战粉丝群体与肖战及其影视剧、商务代言等相关作品的抵制行动。3月11日，最高人民检察院主办的《检察日报》以两个版面连发五篇文章，总结、评论这一事件，引发了围绕网络真人同人创作的法律问题展开的大量讨论。此外，偶像明星粉丝群体（即“饭圈”）的反黑、举报、氪金打榜等如今已成为追星常态的活动，偶像是否能对这些粉丝行为进行有效的引导、约束，“耽改剧”及其演员的主流化困境等话题，也引发热议。“227事件”以对中国大陆网络同人创作的沉重打击为代价，令这些在中国偶像粉丝网络社群文化中潜藏多年的问题暴露无遗。

27日，豆瓣阅读举行第二届长篇拉力赛，内容要求更加趋于类型化，分为女性、悬疑、幻想三组。赛事至同年9月落幕，最终总冠军是女性组的《装腔启示录》（作者柳翠虎）。其他分组冠军分别是：悬疑组《雪盲》（作者李大发），幻想组《双宿时代：占据陌生肉体的我们》（作者鹳耳）。

北京大学网络文学研究论坛发布《中国网络文学双年选（2018—2019）》

作品榜。女频有《破云》（淮上）等10部入选，男频有《诡秘之主》（爱潜水的乌贼）等10部入选。

3月

17日，阅文集团公布2019年业绩报告。阅文集团2019年实现总收入83.5亿元人民币，同比增长65.7%。其中，版权运营收入44.2亿元，同比增长341%，在线业务收入37.1亿元。在2018年报告中，阅文在线业务营收为38.3亿元，核心的在线业务收入呈现下降趋势。

20日，电视剧《鬓边不是海棠红》在爱奇艺播出，同年8月在北京卫视播出。该剧改编自晋江文学城作者水如天儿的同名小说，是女频民国京剧名伶题材的代表作。

4月

21日，今日头条小说频道更名为“番茄小说”（与此前推出的小说APP同名），并宣布全场免费。字节跳动进一步整合旗下小说平台，全力投入免费阅读的新模式。

27日，起点中文网创始人吴文辉、商学松、林庭锋、侯庆辰与罗立从阅文集团集体离职，时任腾讯集团副总裁、腾讯影业首席执行官程武接管阅文。吴文辉在离职信中表示：创始团队“成功从无到有，开创了网络文学的商业模式、运行体系和版权拓展机制，尤其是奠定了付费阅读这样影响深远的基础商业规则，铺就了整个行业发展的基石”，但如今“需要一个崭新的管理团队和协作模式，以便更好地强化网络文学与网络动漫、影视、游戏、电竞等腾讯数字内容业务的联动，更广泛地跟行业开放合作，进一步激发网络文学生态和优质 IP 的潜在能量”。

29 日，阅文作者小僧无花在龙的天空论坛发帖《今天下午，刚到手的新合同》，引述的部分合同条款被指为“霸王条款”并激起极大愤慨。随后几天，争议扩展到免费阅读、作品版权等方面，作者权益受大平台侵占的问题在微博、知乎引发大讨论。部分作家随即号召在 5 月 5 日举行“网络文学 5.5 断更节”，通过中断小说更新来表示抗议，争取权益。这是网文作者与文学网站之间规模最大、影响最广的冲突，背后既有网络作者缺乏权益保障的积怨，也有阅文管理层变动、付费模式调整给作者群体带来的焦虑。

5 月

2 日，受阅文合同事件影响，作家月影梧桐在个人微信公众号发表《愿以卑微之力挽天倾》，表示愿以自筹 7 成、众筹 3 成的方式创办“联合阅读”，设立一个“专注于文化读书，不注重 IP 和版权开发的小众平台”。6 月 21 日，更名为“息壤中文网”正式开放。

3 日，阅文集团在官方微信公众号发布《关于近期不实传言的说明》与《关于阅文作家系列恳谈会和调研的安排》，宣称该合同是“2019 年 9 月推出的合同”，并决定于 5 月 6 日召开恳谈会，与作家代表商议合同细节。

6 月

3 日，阅文集团推出“单本可选新合同”，作者可自主选择是否免费，同时授权可只到完本后 20 年，回应了作者关于免费阅读和作品版权的核心诉求。

5日，阅文集团发出《关于进一步扩大网络文学正版联盟的公告》，宣传将联手行业伙伴坚决打击一切侵权盗版行为。

5日，国家新闻出版署印发《关于进一步加强网络文学出版管理的通知》，要求规范网络文学行业秩序，加强网络文学出版管理，引导网络文学出版单位始终坚持正确出版导向，坚持把社会效益放在首位，坚持高质量发展，努力以精品奉献人民，推动网络文学繁荣健康发展；要求网络文学控制总量，实行网络文学创作者实名注册制度。相关内容引发作者群体对网文是否也会配发书号的讨论和担忧。

19日，中国作协网络文学中心和《文艺报》发布《2019中国网络文学蓝皮书》。提及收费阅读模式触及发展天花板，收入增长停滞；以流量换收益的免费阅读模式发展迅速，迫使各网站纷纷跟进，支撑中国网络文学发展的付费阅读商业模式受到挑战。

24日，晋江文学城作品文案页开始展示作品的“立意”信息，引导作者赋予作品正能量的创作动机。许多作者戏谑应对，如把种田文的立意写成“建设社会主义新农村”，引发网友热烈讨论。

7月

20日，鲁迅文学院第十七期网络文学作家培训班开学典礼在京举行。考虑到疫情防控需要，借助网络平台进行授课和交流。

8月

11日，阅文集团公布2020年中期业绩，上半年净亏33.1亿元，为上市以来首次录得亏损，主要亏损源自新丽传媒的“商誉减值”。

31日，由国家图书馆与阅文集团主办的“珍藏时代经典，悦享网络文学”发布会在京召开。阅文集团成为国家图书馆互联网信息战略保存基地，同时，来自阅文平台的百部作品被典藏入馆。收录标准并不完全依据商业成绩与传播广度，对现实题材也给予了一定倾斜。

9月

3日，趣头条旗下的米读小说宣布，已与快手就短剧IP开发达成战略合作。时长几分钟的短剧成为网络小说改编的新赛道。

4日至6日，第四届中国“网络文学+”大会在京举办，发布《2019中国网络文学发展报告》。报告显示，2019年网络文学行业市场规模达到201.7亿元，作品数量达2590.1万部，作者数量达到1936万人。在网络文学出海方面，输出作品数量达3452部。5日，番茄小说作为免费阅读模式代表主办其中一场分论坛。

10日，四月天小说网新站重新上线。原四月天小说网成立于2006年，是老牌言情站点，2010年被中文在线收购后并入17K女生网，原网站被关闭、注销。本次上线的新站，是中文在线借“四月天”老品牌建立的全新平台，主打古言。

28日，《人力资源社会保障部　文化和旅游部关于深化艺术专业人员职称制度改革的指导意见》发布，明确表示要畅通网络作家等新的文艺群体从业人员职称评审渠道，确保其与国有文化艺术企事业单位艺术专业人员在职称评审上享有同等待遇。

28日，中国作协、中共深圳市委宣传部共同主办的中国网络文学排行榜（2019年度）发布仪式在深圳举办。《浩荡》等10部作品入选中国网络小说排行榜，《庆余年》等6部作品入选IP影响排行榜，《天道图书馆》等2部作品及“起点国际”入选海外传播排行榜。

10月

15日，中国社科院文学研究所网络文学研究室成立。中国社科院文学研究所所长刘跃进表示，此次网络文学研究室成立，是当下文学学科发展的现实需要，也是网络文学学科建设史上的一个大事件。研究室将聚焦对网络文学及相关文学现象作文学、文化及理论方面的勘察，坚持追踪、关注中国当下网络文学发展进程，综合研究并构建符合网络文学发展特点的前沿理论和评价体系。

29日，中国互联网协会与工信部网络安全产业发展中心联合发布《中国互联网企业综合实力研究报告（2020）》，连尚文学入选“中国互联网成长型前20家企业名单”，为唯一上榜的网络文学公司。

11月

4日，掌阅科技公告，字节跳动旗下量子跃动拟受让公司4505万股，占公司总股本的11.23%。字节跳动为旗下番茄小说领军免费阅读再添重要筹码。

8日，豆瓣用户夏天慢点走发布帖子《刚刚看到的这个凡尔赛博主象[①]们看到了吗》，吐槽微博用户蒙淇淇77炫富行为的虚假，“凡尔赛”一词迅速流行。蒙淇淇77被发现曾是言情小说作者。此后，各类社交平台出现了大量被称为“凡尔赛文学”的戏仿文字。

16日，2020首届上海国际网络文学周启动，发布《2020网络文学出海发展白皮书》。

---

① 加入豆瓣小组小象八卦的成员被称为小象。

12月

10日，由中国版权协会主办的2020年中国版权年会在珠海举行，公布了2020年度最具版权价值网络文学排行榜，30部作品中18部出自阅文集团旗下平台。

20日至22日，第十届中国数字出版博览会在北京举办，番茄小说获2019—2020年度“优秀品牌奖”“优秀展示奖”。

26日，电视剧《阳光之下》播出。该剧改编自贝昕（常用ID：鲜橙）《掌中之物》（若初文学网），这一作品以“反斯德哥尔摩”为标签，是言情“虐恋”模式的反类型代表作。

29日，艺恩咨询发布2020年阅文女频年度好书阅读推荐榜，共有20部来自阅文女频的作品入选。榜单显示，女频题材正突破言情类型格式，呈现题材多元化、主流化的发展趋势，内容则更加多元化，其中高糖、轻松、逆袭三大内容类型最为热门。

CNNIC发布第47次《中国互联网络发展状况统计报告》。截至2020年12月，我国网民规模达9.89亿，较2020年3月增长8540万，互联网普及率达70.4%。网络文学用户规模达4.6亿，较2020年3月增长475万，占网民整体的46.5%；手机网络文学用户规模达4.59亿，较2020年3月增长622万，占手机网民的46.5%。

2021年

1月

25日，腾讯集团、阅文集团和七猫小说入股中文在线，成为中文在线的重要投资方。

31日，老鹰吃小鸡的《万族之劫》完本。小说自2020年2月6日开始连载，在不到一年的时间里，更新了830多万字，平均日更两万多字。不但获得2020年的年度月票总冠军，还收获了单月九连冠，是“小白文”套路和市场彻底成熟的表征。

2月

14日，改编自愤怒的香蕉同名小说的古装剧《赘婿》在爱奇艺播出，成为2021年的首部爆款剧。

22日，网络剧《山河令》在优酷首播，改编自priest小说《天涯客》(晋江文学城,2010年)。同年9月，广电总局提出“抵制‘耽改’之风”,《山河令》或将是最后一部爆款“耽改剧”。

25日，豆瓣阅读举行第三届长篇拉力赛，分为言情、女性、悬疑、幻想四组。赛事至同年9月落幕，最终总冠军是女性组的《粉色野心家》(作者兰思思)。其他分组冠军分别是：言情组《梁陈美景》(作者大姑娘浪)，悬疑组《回声》(作者S飒)，幻想组《复读人生》(作者十三弦声)。

3月

4日，全国政协十三届四次会议开幕。全国政协委员、中国作协网络文学委员会主任陈崎嵘提案“建议筹建全国性网络作家组织”“建议增设全国性网络文学奖项”“建议加大打击网络盗版力度”。

8日，网络剧《司藤》首播，该剧改编自尾鱼小说《半妖司藤》(晋江文学城，2014 年)，播出后收视与口碑双丰收。同年 11 月 18 日，尾鱼发微博称，除《司藤》之外，目前根据她的原作改编的其他的影视剧本她均不认可。该言论发出后引发热议，网文改编剧本是否应当参考原作者意见、作者是否应有编审权、小说与影视是否存在不同审美规律等议题是网友争论的重点。

18 日，中国社会科学院发布《2020 年度中国网络文学发展报告》，用“迭代”为关键词概括 2020 年的网络文学发展状况。

小说《伏波》在晋江文学城连载期间，遭到读者强烈攻击，指责这篇“女强文”中出现男性角色嫖娼、女主是处女男主却非处男的情节，是“厌女”的表现，不配为“女强文”。作者捂脸大笑在评论中回应，该男性角色并非男主，女主在文中并无感情线描写，自己也曾在“作者有话要说”中标明，主角角色都有过性经验，不存在女主是处女这种可能被解读为“媚男”的设定，嫖娼的情节则是为表现这一男性角色的前后转变设置的。然而做出解释后，《伏波》和捂脸大笑仍被打上“厌女”的标签，遭到持续的网络暴力。同年 9 月，捂脸大笑宣布停止网络写作。捂脸大笑 2013 年开始在晋江文学城发布作品，是有一定人气的老牌作者。这一事件把近年来女性读者关于“女强”“双处双洁”等问题愈演愈烈的争论推向了高潮。

4 月

9 日，2021 年全国网络文学工作会议在武汉举行。

13 日，市场监管总局会同中央网信办、税务总局召开互联网平台企业行政指导会，要求平台企业做到“五个严防”和“五个确保”，包括“严防垄断失序”和“严防规则算法滥用”。阅文集团在被约谈之列。

5月

7日，网络历史小说作家水叶子去世，年仅42岁。水叶子原名徐兵，时为汉江师范学院中文系教师，代表作有《天宝风流》《唐朝公务员》《尘根》等，在“唐穿小说”领域颇有造诣。

11日，阅文集团2021年度白金、大神作家晋升名单发布。陈词懒调和老鹰吃小鸡等6位作者新晋白金作家。

26日，2021中国网络文学论坛在重庆开幕，中国作协网络文学中心发布《2020中国网络文学蓝皮书》。

6月

1日，会说话的肘子新书《夜的命名术》正式上架，21小时内订阅量突破53000，打破了起点中文网的首订纪录。

7月

2日，北京磨铁文化集团在深交所披露上市招股说明书。招股书显示，旗下拥有磨铁中文网、锦文小说网、墨墨言情网和逸云书院四家原创文学平台和磨铁阅读、来看阅读两个移动阅读平台的磨铁文化，总营收虽呈递增趋势，但网络文学阅读业务的收入却逐年递减。2020年，图书策划和发行占总营收的77.53%，数字阅读业务仅占8.21%。

8月

16日，阅文集团发布2021年中期业绩报告。上半年，阅文集团总收入同比增长33.2%至43.4亿元，整体免费阅读业务的日活跃用户数量突破1300万，上半年净利润6.65亿元。报告也显示，阅文集团自有平台的平均月活跃用户由1.3亿人减少至1.14亿人，平均月付费用户由1100万降至930万，付费用户平均月消费同比增加6.7%至36.4元。次日，阅文集团股价大跌，跌幅10.58%。

9月

7日，中国作协召开全国重点网络文学网站联系会议暨加强职业道德建设座谈会。

16日，中国作协主办的“中国网络文学影响力榜（2020年度）”发布。

26日，“2021中国国家网络文学周”开幕，主题为“网络文学的世界意义”，会上中国作协发布了《中国网络文学国际传播发展报告》。

10月

9日，第五届中国“网络文学+”大会开幕，中国音像与数字出版协会发布《2020中国网络文学发展报告》。报告显示，2020年中国网络文学市场规模达249.8亿元，用户规模达4.6亿人，日均活跃用户约757.75万人，全年新增作品 315.9 万部，累积作品数量达 2905.9 万部。

21 日，晋江文学城宣布将尝试实施作品“分年龄阅读推荐体系”，晋江要搞作品分级的消息引发网络热议。在向全体用户发送的站内通知《关于开始逐步实施分年龄阅读推荐体系的说明》中，晋江称：出于保护未成年人的目的，将逐步“把作品按照不同的标签、类型及其他特点，做不同年龄的阅读推荐体系，让那些有争议的、尖锐的、思想性更复杂的文章，暂时远离那些心智还不够成熟的读者，同时也是留给成年人一个更加安心的阅读空间”，并会优先把“最受社会关注的小众题材按照轻重缓急逐步做分级”。

26 日，上海七猫文化传媒有限公司正式收购北京幻想纵横网络技术有限公司，老牌付费网站纵横文学和新兴免费平台七猫小说合并，网络文学的付费模式和免费模式走向深度融合。

11 月

8 日，字节跳动推出付费阅读平台常读小说和久读小说。其中，常读小说以女频为主，久读小说则主打男频。以免费阅读平台番茄小说打入网络文学行业的字节跳动开始投身付费阅读市场。

12 月

1 日，九库文学网董事长潘勇去世。网名为黄花猪猪的潘勇是起点中文网早期的核心员工，也是 17K 中文网的主要创始人。

14 日，中国文学艺术界联合会第十一次全国代表大会、中国作家协会第十次全国代表大会在北京人民大会堂开幕，习近平出席大会并发表重要讲话。

15 日，改编自烽火戏诸侯同名小说的古装剧《雪中悍刀行》在中央电视台八套和腾讯视频同步播出。

16 日，韩国互联网巨头 Kakao 收购网络小说翻译平台 Wuxiaworld。据报道，收购价为 3750 万美元。

20 日，第四届茅盾新人奖获奖名单发布，王冬（蝴蝶蓝）等 10 人获网络文学新人奖。

2021年选系列封面绘图画家介绍

黄菁 广西艺术学院美术学院教授，中国美术家协会会员，广西美术家协会理事，漓江画派促进会理事，中国南方油画山水画派研究院研究员，北京当代中国写意油画研究院理事。

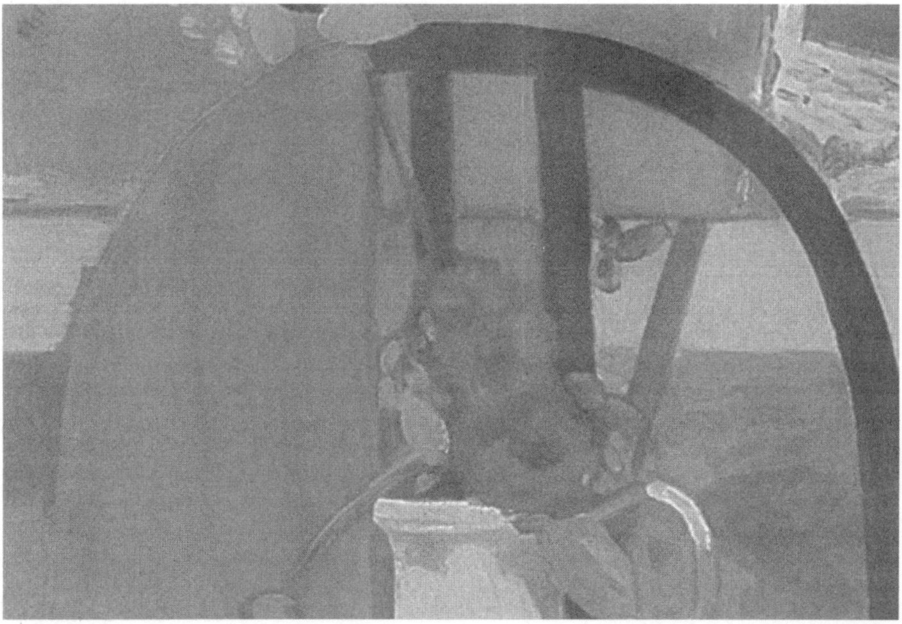

《自然之召唤》 黄菁　100 cm × 100 cm　布面油画

黄菁画作短评

（黄菁）不会把自己设计在一个既得的视觉符号里，以此换得所谓风格的建立，即便建立了符号或图式，他也会在有新鲜视觉到来时搁置它而另开新局。因为黄菁忠实于自己的感受，相信作品的独立价值。他认为每个画家都有一定的概念惯性和思维，这其实是风格、特点确立的基础。然而好画家却往往是在建立概念后，打破概念，再建立概念的循环渐进中确立自己并找到快乐的。因而黄菁选择一个题材一种画法的时候，也会很在意它是否可持续发展，是否有开拓专题的前景。

——刘新（广西艺术学院教授）